No dejes, propicio lector, de leer a fondo y escudriñar para tu singular salud, bienestar y saber, este libro de destilación. Aprende la alta y prodigiosa virtud de las hierbas, conoce el inestimable conservante de la salud del hombre que Dios ha provisto que crezca cada día a nuestro alcance, utiliza sus efectos con reverencia y dale gracias al Celestial Hacedor.

Laurens Andrewe: *The Vertuose Boke of Distyllacyon of the Waters of all Maner of Herbes* (El virtuoso libro de la destilación de las aguas de toda clase de hierbas), por Hieronymous Braunschweig (1527).

El arte de la aromaterapia

Paidós *Vida y Salud*

Títulos publicados

1. G. Vithoulkas - *Esencia de la materia médica homeopática*
2. M. Hage - *El gran libro del dolor de espalda*
3. G. Vithoulkas - *Las leyes y principios de la homeopatía en su aplicación práctica*
4. T. Bertherat y C. Bernstein - *El cuerpo tiene sus razones*
5. F. M. Alexander - *La técnica Alexander*
6. W. H. Bates - *El método Bates para mejorar la visión sin gafas*
7. M. Feldenkrais - *El poder del yo. La transformación personal a través de la espontaneidad*
8. A. Munné - *El amanecer del cuerpo. Un camino de transformación corporal, psíquica, emocional y espiritual*
9. R. Tisserand - *El arte de la aromaterapia*

Robert Tisserand

El arte de la aromaterapia

Aceites esenciales y masajes para la cura del cuerpo y la mente

PAIDÓS
Barcelona
Buenos Aires
México

Título original: *The Art of Aromatherapy*
Originalmente publicado en inglés por Ebury Press, Londres
Publicado en la actualidad en inglés por Ebury Publishing,
perteneciente a Random House Group Ltd., Londres

Traducción de Luis Romano Haces

Cubierta de Mª José del Rey
Imagen de cubierta: Corbis

1ª edición en la colección Paidós Vida y Salud, 2007

ISBN: 978-84-493-1998-3
Depósito legal: B-9.913/2007

Impreso en Litografía Rosés, S. A.
Energía, 11-27 - 08850 Gavá (Barcelona)

Impreso en España - Printed in Spain

Sumario

Prólogo 9
Introducción a la edición revisada 15

1. Sobre los aceites esenciales 19
2. Desde los tiempos antiguos 25
3. Principios básicos 59
4. Los olores 77
5. El cuerpo 95
6. La mente 119
7. Baños aromáticos 131
8. El masaje 147
9. El cuidado de la piel 181
10. Sugerencias y recetas prácticas 201
11. Los aceites esenciales 227

Tablas 335
Algunas relaciones complementarias del Yin y el Yang . . 341
Glosario de términos médicos 343
Índice terapéutico 347
Índice de propiedades 357
Prescripción de esencias para uso interno 363

Epílogo 365
Bibliografía 367
Información relativa a la seguridad en el uso de los aceites esenciales (actualizada en 1994) 375

Prólogo

> Mi padre bajó unas cuantas botellas de encima de la chimenea y mezcló varios líquidos en un cuenco. Hizo entonces una compresa doblando un pedacito de franela, lo empapó en el líquido y se la puso al hombre en el costado. Antes de una hora se le habían ido los dolores y ya no tenía la cara desfigurada del todo como antes. Cogido a la mesa en mi excitación, no podía separar los ojos de él. ¡Era un milagro!
>
> —¡Papá, has hecho *tú* eso!
>
> —Querido mío, El que hace que crezcan las plantas es El que lo ha hecho.
>
> MAURICE MESSÉGUÉ, *Hombres, plantas y salud*

En otros tiempos no había diferencia entre la ciencia y el arte, entre el conocimiento y la capacidad. Un hombre podía ser a la vez barbero, dentista, cirujano y herbolario; o podía ser un gran pintor, filósofo y matemático. El antiguo boticario equivalía a una combinación de herbolario y farmacéutico modernos. Después de los siglos XVI y XVII fue teniendo gradualmente menos de herbolario y más de farmacéutico.

Conforme hemos escindido el conocimiento en arte y ciencia, la ciencia ha ido adquiriendo más poder y predominio. A primera vista parece cosa práctica y sin duda lo es, tener teléfonos, ordenadores, televisores, etc. Sin embargo, igual que un niño con un juguete nuevo, malempleamos nuestra capacidad, y no sabemos tampoco cómo moderar ni controlar ese tipo de cosas, ni aplicarlas a los usos para los que han sido creadas. En vez de eso se convierten en instrumentos de propagación del sufrimiento —la guerra, los prejuicios políticos y el desbarajuste económico.

La palabra misma «conocimiento» ha perdido parte de su significado. Ahora se refiere a algo que *conoce* uno —un hecho, un conjunto de hechos—. No implica ya en absoluto la menor capacidad práctica. Hemos llegado a un momento en el que el dinero, el poder y la realidad científica se han convertido en fines propios en vez de ser medios de conseguir una vida más cómoda, pacífica y feliz. Nuestra mente nos ha sacado de las casillas y al mismo tiempo que vamos haciéndonos obsesivos, vamos haciéndonos también más neuróticos. Al mismo ritmo que los médicos aumentan su conocimiento de la enfermedad, la enfermedad se hace más rebelde y se propaga más. Conforme se van formulando y lanzando al mercado medicamentos nuevos, aumenta proporcionalmente el daño que hacen esos medicamentos.

En estos últimos años ha habido, o se ha iniciado, una fuerte reacción contra esa tendencia. Artes del tipo de la astrología, la acupuntura y la agricultura orgánica se benefician de una enorme oleada de interés. La palabra «natural» se ha convertido en el núcleo mismo de gran cantidad de publicidad, y disfrutan de un gran auge los alimentos naturales —¿qué otra clase de alimentos puede haber?

Hemos ido demasiado lejos en un sentido y estamos empezando apenas a tratar de recuperar el equilibrio. Es un proceso natural, tan inevitable como el oscilar mismo del péndulo. Pero existe también la impresión de que el único modo de parar esa oscilación del péndulo que se mueve cual gigantesca guadaña por todo el mundo, segando atrás y adelante, reside en que cada uno de nosotros hallemos el punto de equilibrio y nos detengamos en él.

Por ese motivo, aunque este libro trata del lado estético de la aromaterapia, y personalmente me inclino hacia el enfoque intuitivo del entendimiento, no he desdeñado sus aspectos científicos. En estos últimos años ha habido una investigación considerable de las propiedades medicinales de las esencias, así como un resurgimiento del interés existente por las posibilidades farmacéuticas de la botánica en general. Hace tiempo que la ciencia médica ha desechado la idea de que *todos* los preparados farmacéuticos se pueden hacer por vía sintética y sin el empleo de las plantas y de sus extractos. En paralelo a la tendencia del «regreso a la Naturaleza» hallamos que los farmacólogos están buscando medicinas nuevas en los bosques y los campos, así como en los tubos de ensayo.

Los herbolarios de los siglos pasados tenían un amor profundo hacia la naturaleza y un gran respeto por las plantas, y en algunos sentidos daban la impresión de entenderlas mejor que nosotros hoy en día. Sabían dónde hallar sus plantas creciendo al natural. Sabían en qué estación y en qué momento del día había que recogerlas; qué planetas las regían y cómo afectaban sus propiedades. No sabían, en cambio, virtualmente nada sobre los componentes químicos de las hierbas ni por qué tenían determinadas propiedades. Pero sabían algo sobre las enfermedades y sabían qué hierbas eran buenas para determinados padecimientos. Aquel saber no se basaba en ningún tipo de ciencia, exceptuando la de la prueba y ensayo, añadida a la experiencia de sus antecesores y, algo acaso aún más importante, a su propia intuición.

Fue su intuición o inspiración lo que los llevó a combinar con éxito la astrología con la medicina herborística y lo que los llevó a la formación de la teoría de las signaturas. Como su saber se basaba casi por completo en la experiencia, era (y sigue siendo) un conocimiento más práctico que el del experimento y la prueba científica. Tenemos el caso de que a menudo sale un fármaco al mercado sólo para ser retirado años después, porque se ha comprobado que era inseguro; lo mismo ocurre con los aditivos alimentarios. La prueba del tiempo sigue siendo la definitiva y las medicinas naturales, igual que los alimentos naturales, son las únicas seguras.

Cuando empecé a preparar el material para este libro, decidí consultar el mayor y más variado número de fuentes posibles —desde los libros de perfumería hasta las farmacopeas, de Estados Unidos a China, desde los manuscritos más antiguos hasta los últimos hallazgos científicos—. Enseguida me di cuenta de que eso exigiría la dedicación de una vida entera, pero espero haber compilado una relación cabal de cada tipo de bibliografía. Estoy muy en deuda con las obras del doctor Valnet (cuyo libro *Aromathérapie* constituyó mi primera introducción en esta materia) y lo estoy también con las del profesor Rovesti y con la multitud de los demás libros y artículos consultados.

La aromaterapia es un tema que, al menos en Inglaterra, ha estado impregnado hasta ahora de lo mágico y lo misterioso. Esto puede darle cierto atractivo, pero produce también una gran dosis de confusión y malentendimiento, y deja a la mayoría de la gente en un estado de ignorancia relativa. Espero que este libro ayude a derramar algo de luz sobre este tema.

Entonces, ¿qué es la aromaterapia? ¿No es más que una rama de la medicina herbolaria? Esto último es cierto en el sentido de que constituye un empeño curativo mediante medicinas de origen botánico, pero ahí termina la comparación. De hecho, el National Institute of Medical Herbalists (Instituto Nacional de Médicos Herbolarios), una de las mejores escuelas herborísticas del mundo, no enseña la utilización de aceites esenciales, ni la mayoría de los herbolarios emplean esencias. Además, la medicina herborística se basa en el principio orgánico de utilizar la hierba entera, o su extracto, y los aceites esenciales encajan difícilmente en esta categoría.

Las esencias son como la sangre de una persona. No son la planta entera, pero son en sí mismas unas sustancias orgánicas enteras. Igual que la sangre, mueren (pierden su fuerza vital) si no se las conserva debidamente. Igual que la sangre, contienen las características del cuerpo (o la planta) de donde proceden. Son como la personalidad o el espíritu de la planta, y su acción terapéutica se efectúa a un nivel más elevado y sutil que el de la planta orgánica entera, o su extracto, ejerciendo en general un efecto mucho más pronunciado en la mente y las emociones que la medicina herborística. Las propiedades de las hierbas y sus esencias pueden ser con mucho las mismas, pero su acción terapéutica es en sí diferente.

La aromaterapia es novedosa si consideramos que sus remedios pueden aplicarse tanto por vía externa como interna al tratamiento de las enfermedades internas. En palabras de René-Maurice Gattefossé, pionero de la aromaterapia moderna: «Sus productos son de uso externo, pero su potencia penetrante es lo suficientemente grande para actuar en los órganos subyacentes a las zonas donde se hace su aplicación tópica». El cerebro, el sistema nervioso y los órganos sensoriales se derivan todos del ectodermo del embrión al mismo tiempo que la piel. Su origen común implica que mantienen conexiones muy íntimas durante toda la vida, y es razonable suponer que los productos aplicados a una zona de la piel afectan los órganos subyacentes, aunque no se produzca penetración alguna. Esta asociación se refleja en la ley de Hilton que asegura que el nervio que inerva una articulación, inerva y estimula también a los músculos que la mueven y a la piel que hay sobre ella.

Éste es un libro personal. Rara vez he vacilado en expresar mi opinión, aunque, naturalmente, no espero que todo el mundo esté de acuerdo con todo lo que digo. Aunque las propiedades asignadas a las esencias se basan ampliamente en una investigación científica, no se las puede considerar probadas en su totalidad. Este libro no trata de ser un libro de texto de medicina. Cualquier persona que tenga una enfermedad seria debe consultar a un médico práctico cualificado. Aunque creo firmemente en la curación natural, conozco casos en los que algunas personas se han hecho daño o se lo han hecho a otros por insuficiencia de conocimientos.

La aromaterapia no se puede separar de una serie de cosas: los principios básicos de la terapéutica natural, el masaje, la dieta y nuestra actitud entera frente a la vida. Éste es el motivo de que se dediquen tantas páginas a esos mismos temas. Los límites de cualquier temática están sencillamente donde los sitúe uno, y es difícil hablar de cualquier cosa sin tocar otros temas relacionados con ella.

Las formas se relacionan con el color, los olores, gustos, estados de ánimo, elementos, órganos, plantas y enfermedades; todas las cosas están interrelacionadas. Claro está que las analogías nunca son perfectas, pero nos capacitan para ver el orden del universo y la correlación existente entre cosas aparentemente desconectadas entre sí. De lo que estamos hablando realmente aquí es de cualidades o vibraciones. ¿Cómo puede saber uno si dos cosas tienen la misma cualidad o la misma vibración? Sólo sintiéndolas, empleando ese sexto sentido que llamamos intuición. Cuanto más desarrollemos nuestra intuición, más capaces seremos de ver el orden y la perfección del universo, y nuestra vida se hará más profunda y más rica.

Introducción a la edición revisada

Fue en 1975 cuando empecé a trabajar en este libro, hace casi exactamente diez años. Esos diez años han contemplado un enorme aumento de la percepción y popularidad de la aromaterapia, y ahora ya se la acepta como una forma de medicina «alternativa». Durante este período, con cada artículo de revista o de periódico sobre aromaterapia, con cada entrevista de radio o televisión, y con la aparición de otros libros sobre el mismo tema, *El arte de la aromaterapia* ha crecido cada vez más en estatura.

Este libro ha crecido también en otro sentido —se ha convertido en internacional—. La primera traducción que apareció fue la alemana, seguida de cerca por ediciones en italiano, español, holandés y, más recientemente, en japonés. Se publicó además una edición aparte en Estados Unidos. Sólo la edición inglesa ha vendido más de 20.000 ejemplares.

Aunque no hay duda de que este libro ha desempeñado un papel muy significativo en la aparición y desarrollo de la aromaterapia en estos años, este hecho es parte a su vez de una tendencia de más envergadura hacia el cultivo de la forma física y el empleo de los alimentos sanos y las terapias naturales.

De esa manera mucha gente está volviéndose hacia las formas de tratamiento «alternativas», y existe el posible peligro de que, casi cegados por la luz de su fe recién hallada en todas las cosas naturales, esperen curas milagrosas: no curas milagrosas como resultado del recetario de los médicos, sino como resultado de la aguja de la acupuntura o del aceite esencial. Las terapias naturales en su conjunto no se basan, ni pueden basarse nunca en «bolitas mágicas»; en fármacos maravillosos naturales. Un organismo estragado durante años por el alcohol o el tabaco, por la basura alimentaria o la ansiedad, por el sobretrabajo o la negligencia, sencillamente no va a ser capaz de responder de un día a otro a ninguna clase de remedio natural. Una curación verdadera exige tiempo y requiere además conocimiento y cooperación de parte del paciente.

Hay dos puntos que desearía dejar muy claros:

Primero, hay miles de personas que utilizan ya los aceites esenciales como remedios caseros, y no veo aquí el menor inconveniente *siempre que esos aceites se utilicen de un modo prudente y adecuado.* Creo que todos deberíamos poner más interés en nuestra propia salud, y por ese motivo imparto seminarios de un día para neófitos. Puede ser divertido emplear los aceites esenciales como ambientadores caseros en el baño o en el masaje, y pueden ser también útiles en extremo como remedios caseros en muchas afecciones de menor importancia.

En segundo lugar, tenemos que darnos cuenta de que la automedicación, aunque tiene su lugar, tiene también sus limitaciones. Trátese usted mismo en las afecciones sencillas y corrientes, pero ante cualquier problema prolongado o arraigado, acuda a la consulta profesional. Este libro no está concebido como un manual de automedicación para enfermedades del tipo de la disentería, el cáncer o la tuberculosis. Si tiene dudas, consulte a su terapeuta.

La aromaterapia se practica de muy distintas maneras y por muy diversos tipos de personas, incluyendo médicos (en Francia hay literalmente centenares de practicantes de medicina general que se han preparado en materia de aromaterapia), psicoterapeutas, esteticistas, quiromasajistas, aromaterapeutas y no profesionales. Al ponerme a escribir un libro que se dirige a todo el mundo, me arriesgo ya sea a aburrir a los terapeutas más cualificados o bien a enredar a los neófitos o no iniciados en un lío de jerigonza técnica. Inevitablemente, algunas secciones de este libro resultarán más legibles o más interesantes para algunos lectores que para otros.

La aromaterapia es muy versátil: no sólo empleamos los aceites de maneras distintas, ingeriéndolos, aplicándolos en masajes, inhalaciones, baños, etc., sino que los aceites actúan a su vez a tres niveles distintos. En el sentido literal de la palabra «aromaterapia» los aromas desempeñan un importante papel. Digamos que aunque sea en un aspecto psicosomático, nos hacen *sentir* realmente mejor, y el *sentirse* mejor puede ejercer una influencia terapéutica enorme en los síntomas físicos. Cantidad de enfermedades físicas están relacionadas de hecho, hasta cierto grado, con el estrés.

La aromaterapia no es sólo psicosomática. Todos los aceites actúan sobre el cuerpo físico de varias maneras y figuran entre los agentes antibacterianos más potentes que conoce el hombre. Presentan con certeza una alternativa interesante y viable a los medicamentos antibióticos.

Los aceites esenciales se pueden emplear también para «equilibrar» los sutiles flujos de energía del organismo de una manera similar a la acupuntura. Se trata de algo que he estado investigando en años recientes y constituye una parte significativa de los cursos sobre aromaterapia que imparto en la actualidad.

En esta nueva edición revisada se ha excluido el aceite esencial de poleo por motivos de seguridad, se ha mejorado y hecho más legible la sección de «recetas», y se han hecho gran cantidad de cambios y añadidos.

He observado cómo iba creciendo este libro del mismo modo que observa uno cómo crece un hijo —con paciencia mezclada con frustración, pero, en conjunto, con una sensación de orgullo y asombro—. Tengo la esperanza de que ayude a ensanchar un poco los horizontes del lector.*

ROBERT TISSERAND
Enero de 1985

* Esta introducción fue escrita a raíz de la publicación en 1985 de la 4ª edición, revisada y actualizada, de *El arte de la aromaterapia.* En 1992, Robert Tisserand realizó una nueva revisión y actualización para la 13ª edición del libro a la que corresponde nuestra traducción. (*N. del e.*)

Capítulo 1

Sobre los aceites esenciales

> Dios, con su infinita bondad y generosidad, ha otorgado al hombre por medio de las plantas casi todo el alimento, la ropa y la medicina.
>
> GERARDE, *Herbal* (1636)

Los aceites esenciales se emplean en tres clases de bienes de consumo: alimentos, artículos de limpieza y medicinas. En los alimentos se los utiliza como condimentos naturales tales como los aceites de limón, naranja y lima de las mermeladas. En los cosméticos se emplean por un lado en los perfumes y, con menor frecuencia, como ingredientes activos naturales; se emplean también mucho para dar sabor a las pastas dentífricas. En medicina no sólo se utilizan como elementos para dar sabor sino como ingredientes terapéuticos por derecho propio. Bien conocido es el empleo del aceite de clavo contra el dolor de muelas, el de menta para la indigestión y el de eucalipto para hacer inhalaciones. Se emplean también esencias en una serie de productos medicinales patentados, incluyendo cremas y pomadas antisépticas, inhalaciones (como el bálsamo de Siam o tintura de benjuí), tónicos para el pelo (ron de laurel), pomadas para enfermedades de la piel, linimento rubefaciente para el dolor reumático, y un largo etcétera. Se les incluye principalmente en preparados de uso externo, aunque recientemente se ha concedido en el Reino Unido la patente de un producto disolvente de cálculos biliares que contiene una serie de esencias.

Los aceites esenciales son olorosos y sumamente volátiles (se evaporan enseguida expuestos al aire). Son del todo diferentes a los aceites grasos y tienen una consistencia más parecida al agua que a un aceite. Su composición química es compleja, pero generalmente contienen alcoholes, ésteres, cetonas, aldehídos, y terpenos. Las sustancias odoríferas se forman en los cloroplastos de las hojas. Allí se combinan con glucosa dando lugar a glucósidos, que son transportados por las estructuras de la planta en cuestión.

La mayoría de las esencias son incoloras, aunque unas cuantas (especialmente las absolutas) tienen color, unas rojo (la benzoína), otras verde (bergamota), amarillo (limón) o azul (manzanilla). Son solubles en alcohol, éter y aceites fijos, pero insolubles en el agua.

Estos aceites aparecen en forma de gotillas diminutas en gran número de plantas, especialmente los más empleados por sus propiedades culinarias y medicinales. Pueden encontrarse en las raíces (cálamo aromático), hojas (romero), flores (espliego, «lavanda»), corteza (canela), resinas (mirra) y en la cáscara de algunas frutas. Se puede demostrar la presencia del aceite esencial en las naranjas exprimiendo un trocito de corteza contra una cerilla encendida: las gotillas del aceite saltan, ardiendo fugazmente al pasar a través de la llama. El perfume de las flores y hierbas se debe a su contenido en aceite esencial, igual que el típico olor de las especias.

Las esencias se extraen normalmente por destilación. Ésta consiste en colocar material de la planta dada en una cuba y hacer pasar vapor a través de él. Las esencias se evaporan junto con el agua y otras sustancias. Se enfría a continuación el destilado y las esencias (que no son hidrosolubles) se separan fácilmente del agua. A veces se da preferencia a otros métodos, siendo la alternativa más común la extracción mediante disolventes volátiles. El material vegetal (flores, por lo general) se somete a lavado en un disolvente idóneo, como el alcohol, hasta que la esencia queda disuelta en él. Entonces se la separa sometiendo el líquido a destilación a una temperatura precisa, que condensa el aceite, pero no el disolvente: el aceite así obtenido recibe el nombre de «absoluto».

Y se usa también otro método, normalmente en los cítricos, efectuado exclusivamente a mano. Se separa la piel de la pulpa, y se la exprime a continuación en un balde que recoge el aceite junto con un poco de zumo. Esto ha sido sustituido actualmente casi del todo por la presión mecanizada, y en otros casos por una destilación.

Mientras están en la planta, las esencias cambian constantemente de composición química y se mueven de una parte a otra de la planta, según el momento del día y las estaciones. Ésa es la razón de que las plantas destinadas a la extracción de aceites tengan que ser recolectadas en determinada época del año, en determinadas condiciones meteorológicas y, por lo general, en determinado momento del día. El olor y los componentes químicos de las esencias cambian de acuerdo con las diferentes condiciones del suelo, el clima y los métodos de cultivo. Ésa es la causa de que los aceites de determinados países, por ejemplo los de la rosa de Bulgaria y los de la canela de Ceilán, estén considerados de mejor calidad que los de los demás países.

La cantidad de esencia existente en la planta varía entre alrededor de un 0,01% y el 10% o incluso más. Los pétalos de las rosas, por ejemplo, contienen poquísima esencia y se necesitan hasta 2.000 kg de pétalos para obtener 1 litro de aceite.

Algunos aceites, como los de la rosa, el jazmín, el clavel y el nardo, son especialmente densos y están muy concentrados. Se les conoce como «absolutos», y como están tan concentrados (y son tan caros) hace falta muy poca cantidad. Hay esencias, como la de la rosa otto de Bulgaria, que son sólidas a la temperatura ambiente y es preciso calentarlas para que adquieran la fluidez normal de las esencias.

El calor, la luz, el aire y la humedad ejercen por lo general un efecto deletéreo en los aceites esenciales. Por ese motivo hay que conservarlos siempre en botellas oscuras y herméticas y en sitios frescos y secos.

Hay cientos de plantas aromáticas y sólo unas cuantas de ellas se utilizan para la producción comercial de esencias. Alrededor de un tercio de las plantas empleadas tradicionalmente en la medicina herbolaria son aromáticas. No hay dos de ellas que huelan exactamente igual, y las propiedades de cada una son únicas. La esencia de una planta es como su personalidad. Todos los animales, incluyendo los humanos, tienen su propio olor característico, muy al margen de lo que denominamos olor corporal. Por lo común, no nos damos cuenta de nuestra propia fragancia ni, normalmente, de la de otras personas. Sin embargo, es posible que la percibamos a un nivel subconsciente y que ello pueda influir nuestros mutuos sentimientos más de lo que nosotros mismos apreciamos.

Hay pocas dudas de que la fragancia tiene algún empleo práctico dentro del reino vegetal. Los animales (y probablemente los seres humanos) son atraídos en lo sexual por unas sustancias aromáticas llamadas feromonas. Peter Tompkins y Christopher Bird sugieren en su libro *La vida secreta de las plantas* que las esencias desempeñan un papel similar:

> Las flores que no son fertilizadas emiten una fuerte fragancia durante ocho días al menos, o hasta que la flor se marchita y cae; en cambio, una vez fecundada, la flor deja de exudar su fragancia, normalmente en menos de media hora.

Esta idea sitúa las plantas bajo una luz más sexual o animal de la que se les había aceptado generalmente hasta ahora. Sin embargo, hay plantas que presentan otros rasgos animales, como las plantas carnívoras, que comen insectos. Una idea más comúnmente aceptada es que la fragancia de una planta atrae a determinados insectos que, al desplazarse de una planta a otra, hacen que se produzca la fertilización. Es un hecho que se utilizan comercialmente aceites esenciales para atraer o repeler determinados insectos. Las esencias de muchas plantas constituyen un mecanismo defensivo natural que repele insectos que de otro modo les harían daño.

Se ha afirmado también que las esencias son simples productos de desecho del metabolismo vegetal. ¿No cree el lector que si nos damos cuenta de su empleo dejan de ser un mero producto de desecho? Me cuesta creer que las esencias, unas sustancias tan complejas y agradables por lo general, sean sencillamente productos de desecho. Prefiero creer que las plantas aromáticas fueron creadas para que el hombre las utilice y disfrute de ellas, en forma de perfumes y medicinas, y que el principio aromático sirve además como elemento de ayuda en la fertilización de las plantas. Después de todo ¿es una mera coincidencia que nos agrade tanto la vista de las flores y su fragancia?

Un artículo publicado en Rusia en 1965 sobre el papel fisiológico de los aceites esenciales en las plantas revela los resultados de un estudio hecho en la alcaravea, el enebro y el cilantro. Indica que los aceites esenciales no son secreciones sin más de las plantas, sino que «participan activamente en el desarrollo de éstas». La evaporación de esencias de la superficie de las plantas es, claramente, un mecanismo de defensa contra la infección por bacterias, hongos y parásitos. Las plantas aromáticas tienen un aura protectora de perfume del mismo modo que todos los seres vivos tienen un aura de luz. Ese aura aromática protege también a las plantas contra los excesos de calor y frío.

> La voz procede de dentro y de dentro procede la fragancia. Del mismo modo que uno puede distinguir los seres humanos en la oscuridad por el tono de las voces, también en la oscuridad se puede reconocer cada flor por su perfume. Cada uno lleva consigo el alma de su progenitor.

Estas líneas fueron escritas por Gustav Fechner, un médico alemán del siglo XIX. Era una persona de gran intuición espiritual, que podía ver las auras de las plantas. Él consideraba que las «personas vegetales», que pasan tranquilamente su vida en un mismo sitio, podrían muy bien extrañarse de que los humanos nos afanáramos tanto por ir de un sitio a otro. Escribía:

> ¿Además de esas almas que corren y gritan y devoran, no podría haber también otras almas que florecen en el silencio, exhalan fragancia y satisfacen su sed con el rocío y sus impulsos a fuerza de retoñar?

Fechner se preguntaba: ¿no podrían las flores comunicarse entre sí mediante los perfumes mismos que exudan, dándose cuenta de su mutua presencia de un modo más deleitante que por medio de la verborrea de los seres humanos, rara vez delicada o fragante, exceptuando, por coincidencia, el caso de los amantes?

Capítulo 2

Desde los tiempos antiguos

> Nuestros antiguos padres tenían unas hierbas excelentes,
> hierbas excelentes para aliviar el dolor,
> esmirnio y caléndulas,
> eufrasias, lirios y énulas campanas.
>
> RUDYARD KIPLING

Nuestros lejanos antepasados, hace decenas de milenios, tuvieron que saber qué podían comer y cómo hacerlo incluso antes de saber hacer fuego y cocer los alimentos. Hasta en tiempos tan remotos hubieron de aprender, por simple experiencia, que algunas plantas eran venenosas, otras provocaban vómitos o diarrea y otras ayudaban a hacer la digestión. Con toda seguridad empleaban la nariz, tanto como la vista, para determinar si una planta era la que buscaban, o si servía para comerla.

Es imposible sugerir la fecha en que se emplearon plantas por primera vez como medicina. Las virtudes curativas de las plantas deben haber sido descubiertas gradualmente, en el curso de los milenios. Cuando el hombre aprendió a encender el fuego, tuvo que haber quemado a veces plantas aromáticas y descubierto que unas eran buenas para ingerirlas con la comida cocinada y que otras tenían un olor agradable. Al no existir en Europa árboles de gomas aromáticas, nuestros ancestros emplearon probablemente el romero y el tomillo como incienso.

Quemando plantas aromáticas debieron de haber descubierto otras propiedades de ellas; a veces «les haría bien» respirar el humo, otras veces los haría sentirse amodorrados o estimulados. («Ahumar» a un paciente es una de las formas más antiguas registradas de tratamiento con plantas; ese humo se utilizaba a menudo para expulsar a los malos espíritus.) Se procedió también a utilizar aquellas plantas para otros fines: tal vez se quemaban como ofrenda al Sol o a la Madre Tierra, o al nacer un niño o al morir un enemigo. Al notar los efectos de las infusiones y las cocciones en el organismo, y los efectos del «humo de hierbas» en la mente, el hombre primitivo les atribuyó naturalmente algún poder. Entonces adquirieron un significado real como ofrendas y estuvieron asociadas con las formas más antiguas de lo ritual y lo mágico. Aún hoy en día, en algunas partes del mundo, las hierbas sólo se recogen cuando la Luna y las estrellas están en determinada posición, y se recita una salmodia especial cuando se recolecta la planta, siendo precisa en algunos casos una salmodia diferente para cada clase de hierba.

Los sentidos de nuestros lejanos antepasados eran con toda probabilidad más agudos que los nuestros. La civilización puede aportar refinamientos en algunos sentidos, pero no puede aumentar la agudeza de nuestros instintos básicos ni la percepción de nuestros sentidos. No empleamos la nariz para «oler» la dirección del viento o dónde está situado un enemigo, o las huellas de un animal, aunque hay algunos pueblos en América del Sur capaces de rastrear por el olfato. La olfacción de perfumes finos puede aumentar nuestra capacidad de apreciar fragancias sofisticadas, pero hemos perdido la facultad de oler a un enemigo, una hierba venenosa o una enfermedad concreta. Hemos dicho antes que el sentido del olfato está vinculado muy íntimamente con el proverbial «sexto sentido».

Durante el período Neolítico del mundo oriental, hace entre seis mil y nueve mil años, el hombre descubrió que algunas plantas como el olivo, el ricino y el sésamo contenían un aceite graso que se podía extraer mediante presión. La planta del lino, utilizada para hacer telas, produjo también el aceite de linaza —a partir de sus semillas—. Si en aquella época el hombre era capaz de cocer el pan y de utilizar hierbas para cocinar y en la medicina, es muy plausible suponer que podía obtener también aceites fragantes. Sin duda alguna usaba aceites grasos para frotarse el cuerpo y el cabello. Al darse cuenta de que aquellos aceites se volvían rancios después de un tiempo y empezaban a oler mal, es posible que empezara a perfumarlos con las hierbas aromáticas empleadas comúnmente en la cocina, para quemar y en las medicinas. Si el hombre del Neolítico hizo aceites perfumados de ese modo, pudo haber descubierto entonces que producían efectos similares a los de esas hierbas cuando se frotaba el cuerpo con ellos.

En las salas egipcias del Museo Británico se pueden ver una serie de vasijas, hechas en su mayoría de alabastro, de entre el 3000 y el 2000 a.C. Algunas de ellas tienen un aspecto muy parecido al de los potes de ungüentos y otras, de orientación más vertical, se destinaron probablemente para contener aceites perfumados. De acuerdo con la época en que vivieron, los antiguos egipcios fueron un pueblo increíblemente adelantado; tanto es así, de hecho, que las pirámides que construyeron siguen planteándonos una serie de cuestiones sin resolver que no pueden desentrañar las mentes más científicas. En palabras de Eugene Rimmel:

> Mientras los judíos y otros pueblos vecinos estaban confinados a la simplicidad de la vida pastoril, los egipcios disfrutaron ya de sofisticados refinamientos, que llevaron a un extremo aún no superado, si es que ha sido igualado, por quienes, después de ellos, han empuñado con éxito el cetro de la civilización.

¿Cómo fueron construidas las pirámides? ¿Cómo lograron los egipcios que unas piedras de tal tamaño encajasen entre sí con tal perfección para constituir aquella forma enorme y perfecta que contenía cientos de metros de túneles y tumbas? No se ha hallado hasta ahora ninguna respuesta satisfactoria. Acaso una de las claves del motivo de su forma sea el hecho de que conserva los cadáveres, tanto si están embalsamados como si no. Pero si ésa es la razón ¿cómo llegaron a descubrirla los egipcios?

Si atendemos a sus edificaciones, sus tallas, su cultura y su arte, vemos una nación en el apogeo mismo de su civilización. Se trata del mismo período en el que se supone que fue escrito uno de los libros más antiguos del mundo. *El clásico de medicina interna del Emperador Amarillo*, un texto chino, fue escrito por Huang Ti, el Emperador Amarillo o Señor Amarillo. Este antiguo autor conocía también cosas que ahora apenas estamos empezando a comprender. Su libro trata principalmente de las causas y tratamiento de la enfermedad, y es el texto más importante de todos los acupuntores, incluso de los chinos.

Mientras los chinos desarrollan la acupuntura, los egipcios, entre otras cosas, iban adquiriendo el conocimiento de las esencias. La XII Dinastía coincidió con la edad de oro de la joyería egipcia; durante esa época se empleaban también muchísimo los cosméticos. Consistían principalmente en sombreado de ojos de «kohl» (un antiguo equivalente de nuestro «rimmel»), verde por lo general, y diversos ungüentos y pomadas para embellecer la tez. Utilizaban ocre rojo para colorear los labios y las mejillas, y alheña (ligustro) para pintarse las manos y las uñas de un amarillo-naranja intenso. Utilizaron también el albayalde para emblanquecer la cara, pero probablemente no lo emplearon demasiado al ser tan venenoso. Se han recuperado algunas cajas de cosméticos muy bonitas de la época de la XII Dinastía (aproximadamente 2000 a.C). Esas adornadas cajas contienen pequeños potes y tarros de piedra que podrían haber contenido algunos de los cosméticos arriba mencionados, incluyendo ungüentos perfumados.

Cuando fue abierta la tumba de Tutankamón en 1922, se descubrieron una serie de vasijas y tarros para perfume de ese tipo; algunos de ellos contenían ungüentos. Los habían colocado en la tumba al sellarla en el año 1350 a.C., hace más de tres mil años. Los tarros estaban hechos de calcita y el contenido, que se había solidificado, reveló después la presencia de incienso y de algo que recordaba el espicanardo indio. Estaban mezclados en una base de grasa de animal que constituía el 90% de la mezcla. El olor, aunque comprensiblemente muy débil, aún se podía percibir.

Al principio aquellos ungüentos tenían probablemente un valor muy alto y los usaban sólo las familias reales y acaso los sumos sacerdotes. Posteriormente se convirtieron en algo menos sagrado y fueron empleados más por la gente común y corriente, que los utilizaría en forma de cosméticos, aceites de masaje, medicinas, etc. Existen papiros que registran el empleo medicinal de las hierbas nada menos que en el reinado de Jufu, que hizo construir la Gran Pirámide unos 2800 años a.C. Todos esos datos demuestran que a la magia se le daba justo el mismo crédito que a la medicina: a fin de que un remedio ejerciera todo su efecto, había la costumbre de que el médico recitara una fórmula mágica cuatro veces. Ese tipo de recitación fue común en muchas otras civilizaciones y todavía la emplean los herbolarios o brujos curanderos en diversas zonas de África. Se ha hallado una antigua tablilla babilónica que contiene el siguiente ensalmo, para recitarlo en casos de fiebre:

> El hombre enfermo [...] debes colocar
> [...] debes cubrirle la cara
> Quemar ciprés y hierbas[...]
> Para que los grandes dioses le quiten el mal
> Para que el espíritu malo quiera apartarse
> [...]
> Quiera un espíritu benigno, un genio benigno estar presente.

El papiro de Ebers, procedente de la XVIII Dinastía, revela que los médicos egipcios tenían un completo conocimiento de las propiedades de gran número de hierbas. He aquí una receta para la inflamación de los ojos (traducida de jeroglíficos):

> Mirra
> Semilla del «Gran Protector»
> Óxido de cobre
> Pepitas de limón
> Gálbulos de ciprés
> Antimonio
> Boñigas de gacela
> Vísceras de orix (un antílope)
> Aceite blanco

Las instrucciones de su empleo eran las siguientes:

> Ponerlo en agua, dejarlo reposar una noche, colarlo a través de una tela, y untarlo sobre el ojo durante cuatro días.

La mirra se utiliza aún como agente antiinflamatorio. He aquí una receta para hacer una compresa cosmética facial, hallada en el mismo papiro:

> Bola de incienso
> Cera
> Aceite fresco
> Gálbulos de ciprés
> Machacar, mezclarlo batiendo, ponerlo en leche fresca y aplicarlo a la cara durante seis días.

El incienso podría hacer referencia a la mirra, al incienso puro o a una mezcla de los dos. Hacían con él bolas pequeñas para quemarlas en una especie de incensario. Esta receta muestra una semejanza asombrosa con las mascarillas faciales naturales modernas. En otro papiro escrito alrededor del año 2000 a.C. se encuentra el relato de un viaje del autor a Nubia, en el que dice:

> Haré que te sean llevados aceites finos y perfumes escogidos, y el incienso de los templos, que da alegría a todos los dioses. De mirra tú no tienes mucha; todo lo que tienes tú es sólo incienso corriente. Ashipu llegó y me entregó, y él me dio un cargamento de barca de mirra, aceite fino, perfumes diversos, pintura para los ojos y colas de jirafas.

Los primeros en administrar las sustancias aromáticas fueron los sacerdotes; fueron los primeros perfumistas y los primeros aromaterapeutas. Al hacerse más común el empleo de las sustancias aromáticas, las emplearon también los médicos. Las recetas anteriores muestran familiaridad con las propiedades de las gomas aromáticas y sugieren que se empleaban ya desde algún tiempo antes. Junto a la base de la esfinge de Gizeh hay una tabla de granito que muestra al rey Tutmosis (1425-1408 a.C.) ofreciendo incienso y libaciones de aceite a un dios con cuerpo de león. Las sustancias aromáticas ya se empleaban también mucho en las medicinas y preparados cosméticos de aquella época. La XVIII Dinastía, que se inició alrededor del año 1580 a.C., presenció un considerable aumento de la riqueza, comercio y poder de Egipto; florecieron la literatura, el arte, la pintura y la escultura, y durante ese período aumentó considerablemente el conocimiento de las sustancias aromáticas.

Durante los mil quinientos años que siguieron a la XVIII Dinastía los egipcios perfeccionaron su conocimiento de las propiedades médicas de las sustancias aromáticas, de la perfumería y de la elaboración de ungüentos y aceites perfumados. No existía siempre una clara diferenciación entre las medicinas y los perfumes, empleándose a menudo un mismo agente para ambos fines. Conservaban sus preparados en botellas, vasijas o tarros hechos de alabastro, ónice, vidrio u otros materiales duros, o a veces en cajas hechas de madera o marfil ahuecados. Las sustancias aromáticas empleadas incluían mirra, incienso, madera de cedro, orégano, almendra amarga, espicanardo, alheña, enebro, cilantro, cálamo y muchas otras plantas del país. Gradualmente se fue formando un considerable comercio internacional de gomas y especias. En Heliópolis, la Ciudad del Sol, al que adoraban bajo el nombre de Ra, quemaban incienso tres veces al día: al salir el Sol se quemaba «resina», mirra al mediodía, y una mezcla de dieciséis ingredientes, llamada *kuphi* o *kyphi*, cuando éste se ponía. Este último preparado fue empleado posteriormente tanto por los griegos como por los romanos. El químico francés Loret sugiere que sus componentes principales eran cálamo, sen de la India, canela, menta, melisa, alfóncigo, *Convolvulus scoparius*, enebro, acacia, alheña, ciprés, «resina», mirra y pasas. Plutarco decía del *kyphi* que «lo arrullaba a uno hasta dormirlo, suprimía las ansiedades y ensanchaba los sueños».

Existen muchas referencias de que los egipcios empleaban «aceite de madera de cedro» en los procesos de momificación. Lo más probable es que fuese una esencia pura extraída comprimiendo la madera, aunque se ha sugerido también que utilizaron una forma primitiva de destilación, y algunos de los tarros hallados en tumbas egipcias al parecer dan apoyo a esta teoría; de ser cierta, equivale a decir que la destilación fue conocida en Egipto por lo menos dos mil años antes de los árabes, sus supuestos inventores. La mayoría de los demás aceites egipcios y desde luego todos los de los períodos griego y romano fueron infusiones de hierbas y gomas aromáticas en aceite graso. El aceite graso más utilizado en Egipto fue el aceite de ricino.

Los egipcios no fueron el único pueblo que empleó sustancias aromáticas en ese período. Existe una tableta de arcilla de Babilonia, de alrededor de 1800 a.C. que es una orden de «importación de aceite de cedro, mirra y ciprés». Ello sugiere que el conocimiento de la extracción del aceite de madera de cedro, así como el comercio internacional de sustancias aromáticas, se remonta a hace nada menos que cuatro mil años. El óleo de madera de cedro era apreciadísimo tanto en Babilonia como en Egipto; se empleaba en aceites y ungüentos para el cabello y el cuerpo, y era un ingrediente básico en todos los cosméticos más caros. Se empleaba también para untar las hojas de papiro a fin de protegerlas contra los insectos. El uso de la mirra, el aceite de madera de cedro y otras sustancias aromáticas en el proceso de la momificación demuestra ampliamente sus propiedades antisépticas. Las momias mejor conservadas son las que están embalsamadas más a fondo con gomas y especias. Esto acarreó también el empleo de esas gomas como agentes rejuvenecedores, para conservar la lozanía de la piel. Por grande que fuese en Egipto el consumo de perfumes en los ritos religiosos y las honras fúnebres es difícil que igualase a la cantidad de sustancias aromáticas empleadas para fines cosméticos. Uno de los modos predilectos de aplicarse perfume, muy empleado por los hombres egipcios, consistía en colocar un cono de ungüento sólido sobre la cabeza: se fundía lentamente, cubriendo de perfume la cabeza y el cuerpo.

Los pueblos judíos iniciaron su éxodo de Egipto alrededor de 1240 a.C., y su viaje hasta la tierra de promisión duró unos cuarenta años. Poco después de su partida, el Señor le dio a Moisés una serie de mandamientos, incluyendo el modo de hacer un óleo santo y un incienso santo:

> Yavé habló a Moisés, diciendo: «Toma aromas: quinientos siclos de mirra de primera; la mitad, es decir, doscientos cincuenta siclos, de cinamomo aromático, y doscientos cincuenta siclos de caña aromática; quinientos siclos de casia, según el peso del siclo del santuario, y un *hin* de aceite de oliva». Con esto harás un aceite para la unción sagrada y un perfume compuesto con arreglo al arte de la perfumería, que será el óleo para la unción sagrada (Éxodo, 30,22-25).

Ese aceite estaba destinado únicamente a fines sagrados, y no era empleado en absoluto entre la gente. Sin embargo, no podríamos reproducir esta receta hoy en día, aunque quisiéramos, porque hay mucha inseguridad y divergencia de opiniones en lo tocante al verdadero origen botánico de las palabras «mirra» y «cálamo»; parece probable que no se refieren a las plantas que conocemos hoy por esos nombres. El óleo santo fue empleado para consagrar a Aarón y a sus hijos, lo que les confirió un sacerdocio perpetuo de generación en generación. La ceremonia se limitó a la acción del Sumo Sacerdote y se efectuó derramando aceite en la cabeza en cantidad suficiente para que le descendiese por la barba y las filacterias de sus vestiduras.

> Yavé dijo a Moisés: «Toma aromas: estacte, uña aromática, gálbano e incienso purísimo. Aromas e incienso entrarán por cantidades iguales, y harás con ellos el timiama, compuesto según el arte de la perfumería, salado, puro y santo (Éxodo, 30,34-35).

Aquel perfume se reservaba también para el empleo ritual; cualquiera que desobedeciese ese mandamiento sería «excluido de su pueblo». La palabra «perfume» es empleada aquí en su sentido original, tomada del latín *per* (mediante) y *fumum* (ac = humo), o sea, para incensar. Los verdaderos ingredientes de aquel *incienso* se han perdido también para nosotros, debido a la confusión, aún mayor, que se origina de las palabras «estacte», «ónica» y «gálbano», aunque hay una concordancia general en que se trata de gomas aromáticas.

La purificación de las mujeres hebreas requería doce meses y se efectuaba en los seis primeros mediante una unción regular con «óleo de mirra», que era probablemente un aceite infundido. En los seis meses últimos se empleaban varias sustancias aromáticas. Como las mujeres judías no siempre podían efectuar el baño ritual mientras vagaban por el desierto, discurrieron llevar consigo una bolsita de tela que contenía mirra y otras sustancias aromáticas. La llevaban por lo general entre los pechos, colgada del cuello por un cordón, y constituía un desodorante eficaz y de larga duración.

El Cantar de los Cantares de Salomón contiene mucha poesía de gran belleza que hace referencia a menudo a sustancias aromáticas:

> Es mi amado para mí bolsita de mirra que descansa entre mis pechos.
> Es mi amado para mí racimito de alheña de las viñas de Engadí.
>
> Sus mejillas son jardín de balsameras, teso de plantas aromáticas; sus labios son dos lirios que destilan exquisita mirra.
>
> Yo soy narciso de Sarón, un lirio de los valles.
> Como lirio entre los cardos es mi amada entre las doncellas.
>
> Tu plantel es un vergel de granados, de frutales los más exquisitos, de cipreses y de nardos.
> De nardos y azafrán, de canela y cinamomo, de todos los árboles aromáticos, de mirra y de áloe y de todos los más selectos balsámicos.
> Eres fuente de jardín, pozo de aguas vivas que fluyen del Líbano.

Los griegos aprendieron muchísimo de los egipcios en lo tocante a perfumería y a las propiedades y usos de las sustancias aromáticas. Heródoto y Demócrates, que visitaron Egipto durante el siglo IV a.C., declararon que la gente de allí era maestra consumada en el arte de la perfumería. Fue en esa época cuando los egipcios se familiarizaron con el arte de la extracción floral como se observa en los grabados del templo de Edfu. Un relieve muestra cómo extraían perfume de las flores de la azucena, *Lilium candidum*, una de las plantas más antiguas que hallamos en los jardines de las aldeas. No está claro si se trataba de la destilación de una esencia aromática o de un agua aromática. Herodoto, que viajó mucho, hace mención también de que las mujeres asirias «machacaban con una piedra madera de ciprés, cedro y árbol de incienso y derramaban sobre ello agua hasta que se ponía algo espesa. Se untaban con ella el cuerpo y la cara y les impartía un olor sumamente agradable». Cuando se la quitaban al día siguiente, les quedaba la piel suave y hermosa, e impregnada de una fragancia deliciosa.

Los egipcios atribuían a menudo la eficacia de las medicinas aromáticas a la creencia de que habían sido formuladas en su origen, o utilizadas, por alguno de sus dioses. Los griegos asignaban un origen divino a todas las plantas aromáticas. La mitología griega atribuye a los dioses la invención de los perfumes y, según una antigua creencia, los hombres adquirieron su conocimiento de ellos de Eone, una ninfa de Venus. Eugene Rimmel nos explica que «en aquellos remotos tiempos los únicos perfumes conocidos existían al parecer en forma de aceites perfumados con flores, principalmente rosas». Homero los denomina generalmente con el nombre de *elaion* (aceite), añadiendo a veces la especificación «de rosa» o «ambrosíaco». No se menciona en absoluto la destilación, y a todas luces no la conocieron ni los griegos ni, posteriormente, los romanos. Si en realidad supieron de hecho los egipcios cómo destilar esencias, cosa que parece improbable, tendrían que haberse reservado celosamente tal conocimiento. Acaso conocieran realmente aquel secreto sólo unos cuantos sumos sacerdotes, y cuando Egipto se sometió al mandato de Roma, ese conocimiento murió con ellos y permaneció enterrado durante casi mil años.

El empleo de las medicinas y cosméticos aromáticos fue tan común y corriente en Grecia como en Egipto. Parece ser que a los griegos les preocupaba mucho qué parte del cuerpo debían ungir con sus perfumadas preparaciones. Diógenes se aplicaba siempre sus ungüentos en los pies, y comentaba con los que se burlaban de él a cuenta de aquella excentricidad que «cuando uno se unge la cabeza con perfume, se escapa en el aire, y sólo las aves salen ganando con eso, mientras que, si lo froto en mis extremidades inferiores me envuelve el cuerpo entero, y me sube gradualmente hasta la nariz». Anacreonte, al que preocupaba menos el lado económico del asunto, recomendaba que se ungiese el pecho por ser la sede del corazón (tanto del corazón emocional como del físico). Los griegos más pudientes tenían la costumbre de ungir diferentes partes del cuerpo con diferentes perfumes; citando a Antífanes:

> Se baña él
> en una gran tina dorada, y se impregna los pies
> y piernas en rico ungüento egipcio;
> se frota la mandíbula y el pecho con denso aceite de palma
> y ambos brazos con fragante extracto de hierbabuena;
> las cejas y el pelo con mejorana,
> las rodillas y el cuello con esencia de tomillo molido.

Los griegos, romanos y todas las demás civilizaciones «perfumadas» de la Antigüedad, y también sin duda de tiempos más recientes, no veían nada malo en que el varón se perfumara con tanto derroche como la mujer.

Como he indicado antes, muchos de los perfumes antiguos se utilizaban también por sus propiedades medicinales. Como estaban compuestos totalmente por ingredientes naturales, constituyen un exacto equivalente de los productos aromaterapéuticos modernos. Uno de los perfumes griegos más famosos se llamaba *megaleion*, por su creador, Megalo. Además de ser utilizado por su fragancia se lo usaba también para reducir la inflamación de la piel y curar las heridas. No es de sorprender, puesto que contenía gran cantidad de mirra. Roy Genders nos cuenta con exactitud cómo se preparaba ese producto:

> Se hervía el aceite de balanófora [un aceite graso] durante diez días y noches para quitarle las impurezas antes de añadirle la resina «que-

mada». Se exprimía entonces la mirra durante varios días, y sólo se utilizaba la parte aceitosa conocida como «estacte», que se mezclaba primero con canela y casia.

Tanto en los templos de Asclepios (Esculapio), dios griego de la medicina, como en los de Afrodita aparecen inscritas en placas de mármol las recetas de una serie de perfumes medicinales. Según la leyenda, Asclepios, hijo de Apolo y una ninfa, nació en Epidauro, que se convertiría enseguida en una gran ciudad con un centro curativo, con baños y templos de salud. Administraban las esencias curativas unas sacerdotisas que habían sucedido a los antiguos magos, y durante largo tiempo compitieron con éxito con los artículos producidos por los perfumeros y boticarios «de la calle». ¡Todo un templo griego de la aromaterapia!

Una de las curaciones más célebres efectuadas en el sacro balneario fue la de Milto, hija de un modesto artesano griego. Acostumbraba a llevar cada mañana una ofrenda al templo de Afrodita, en forma de una corona de flores recién cortadas; la pobreza de su familia le impedía hacer una ofrenda más valiosa. Empezó a salirle en la barbilla un tumor, lo que la entristeció muchísimo, porque era una jovencita muy hermosa. Dice la leyenda que una noche se le apareció en sueños Afrodita y le dijo que se aplicase en la barbilla algunas rosas tomadas de su altar. Hizo como la diosa le había recomendado, y recuperó su belleza hasta tal punto que terminó sentándose en el trono de Persia como esposa favorita de Ciro.

Maresteo, un famoso médico griego, se dio cuenta de que las plantas aromáticas, especialmente las flores, solían tener propiedades o bien estimulantes o sedantes. Dijo que la rosa y el jacinto eran capaces de dar alivio y vigor a una mente cansada, y que la mayoría de las flores de olores afrutados o especiados tienen propiedades similares. El lirio y el narciso, por otra parte, son más agobiantes, y ocasionan estupor si se inhala su perfume en cantidad suficiente. Teofrasto creía que el perfume de las flores estaba contenido cerca de la superficie de los pétalos, y se desprendía por efecto del calor del Sol; al perfume de las raíces sólo lo hacía desprenderse el calor del cuerpo o, como en el caso del incienso, el fuego mismo. Recomendó el uso del aceite de oliva para absorber el perfume de las flores, no sólo por su pureza, sino también porque el perfume duraba mucho si se le absorbía en aceite o grasa. Escribió Teofrasto:

> Hay que esperar que los perfumes tengan propiedades medicinales en vista de las virtudes de sus especias. Demuestran la existencia de esas virtudes el efecto de los emplastos y de lo que algunos llaman cataplasmas, dado que hacen desaparecer los tumores y abscesos y producen un efecto distinto en el cuerpo y también en sus partes interiores. Si uno se coloca un emplasto en el vientre o en el pecho, le produce un olor perfumado en el aliento.

El nombre de Cleopatra es legendario, y está inseparablemente unido a la perfumería. Aunque no era de pura sangre egipcia, fue la última de las reinas de Egipto. El antiguo arte de la preparación de perfumes y cosméticos había seguido desarrollándose en Egipto hasta la época de Cleopatra, aunque para entonces había quedado atrás su cenit. Ella era más griega que egipcia y regía un imperio agonizante; la fuerza de su personalidad fue suficiente para subyugar tanto a Julio César como a Marco Antonio, y ordenó el asesinato de Tolomeo XV. Se ha insinuado que no era muy hermosa, y que logró seducir a Marco Antonio gracias a su derroche en perfumes. Está escrito que en una ocasión empleó la ingente suma de 400 denarios en ungüentos simplemente para suavizar y perfumarse las manos. Podía permitírselo: en aquella época era dueña de un «vergel de bálsamos» que, en términos actuales, valdría millones. Después de la derrota de Marco Antonio por Octavio y la muerte del primero y de Cleopatra el año 30 a.C., Egipto se convirtió en una provincia romana.

Los romanos eran desde luego todavía más dispendiosos que los griegos en cuanto al empleo de perfumes. Los tenían guardados en botellas, *unguentaria*, normalmente de alabastro, ónice o vidrio. Los destinados al baño se contenían en una caja redonda de marfil llamada *narthecium*. Los perfumeros romanos, *unguentarii*, muy numerosos, ocupaban un distrito aparte en la urbe, el *vicus thuraricus*, sito en el Velabro. En Capua, ciudad famosa por su lujo, ocupaban una calle entera. Los romanos empleaban tres clases de perfumes: «ladysmata», ungüentos sólidos, *stymmata*, aceites perfumados y *diapasmata*, polvos perfumados o aromáticos. Entre los ungüentos sólidos figuran el *rhodium*, que olía a rosas y el *narcissum*, extraído de narcisos. Tal vez los aceites perfumados más célebres fueron el *susinum*, que se hacía de miel, cálamo, canela, mirra y azafrán, y el *nardinum*, que incluía cálamo, costo, cardamomo, melisa, espicanardo y mirra. Algunos de esos mejunjes eran muy caros, vendiéndose hasta a 400 denarios la libra. Los romanos los usaban para perfumarse el pelo, el cuerpo, la ropa, las camas e incluso sus banderas militares y las paredes de las casas. Empleaban gran cantidad de óleos y ungüentos perfumados para darse masaje tanto en los baños públicos como en casa.

Ovidio, el poeta del amor erótico, escribió un libro sobre cosmética, *Medicamina faciei*, del que sólo ha sobrevivido un fragmento. Recomienda el incienso fino como un cosmético excelente, aduciendo que, si es tan grato a los dioses, no es menos útil a los mortales. Mezclado con nitro, hinojo, mirra, pétalos de rosa y sal amónica lo presenta como un excelente preparado «de tocador». La miel era el ingrediente principal de las mascarillas faciales y está incluida en otra de las recetas de Ovidio, junto con semillas de altramuz, judías, nitro rojo, y raíz de lirio; se hacía una pasta de todo ello para quitar las manchas de la piel.

La palabra «untar» (o ungir) equivale a frotar o dar masaje. Tanto en las ceremonias religiosas como con fines curativos o sencillamente para aliviar unos músculos doloridos, el masaje aromático se emplea desde hace mucho tiempo. Con certeza uno de los sanadores más grandes de la Antigüedad fue Jesucristo. Empleó también aceites aromáticos para curar:

> A unos les aplicó las manos, y quedaron curados; a otros sólo les dijo unas palabras, y recuperaron del todo la salud; pero otros tenían

que ir a lavarse en determinadas albercas, y a otros les untaba un óleo sagrado (*El Evangelio Acuariano*, 74, 3).

Justo antes de la Última Cena Jesús mismo fue ungido, esta vez con un fin exclusivamente espiritual:

> María, tomando una libra de ungüento de nardo legítimo, de gran valor, ungió los pies de Jesús y los enjugó con sus cabellos, y la casa se llenó del olor del ungüento (San Juan, 12,3).

Alguno de los discípulos, de menos entendimiento que María, recriminaron a ésta el haber despilfarrado dinero en un perfume de tan alto precio.

En *El pergamino de Jesús* se sugiere que «Huerto de Getsemaní» es sencillamente una mala traducción y que se le conocía en realidad como el «huerto de Jessamine» o jardín de los jazmines. El autor aduce además algunas pruebas muy impresionantes de que la losa empleada para cubrir la tumba de Jesús en ese huerto era en realidad una piedra utilizada en la elaboración del aceite de jazmines. Recogían las flores del jardín, las colocaban en una artesa larga, poco honda, de piedra, junto con aceite de oliva, y después se hacía rodar la piedra a lo largo de la artesa. De ese modo se exprimía la esencia de las flores, haciendo que la absorbiese el aceite de oliva. Sea verdad o no el caso particular del huerto, ello nos da una idea muy clara de un método lógico para preparar aceite perfumado, empleado probablemente en aquel tiempo. Vale la pena recordar que la esencia del jazmín se extrae hoy en día por maceración en aceite debido a que el calor perjudica a la calidad de la esencia.

Al caer Roma, los romanos importantes huyeron a Constantinopla y se llevaron consigo sus conocimientos de perfumería. La magnificencia de Bizancio era una magnificencia perfumada. El comercio de las especias y gomas aromáticas se convirtió en un importante factor económico en el Sacro Imperio romano germánico, pese a lo cual el conocimiento de la destilación siguió sin descubrirse o bien olvidado.

Y fue un médico centroasiático árabe, 'Abu 'Ali al-Husain Ibn 'Abd Allah Ibn Sina, conocido en Occidente como Avicenna, quien ostenta el mérito de haberla «inventado» a finales del siglo X. Aquel hombre extraordinario halló tiempo para escribir casi cien libros en una vida errante de 58 años. En aquella época los árabes habían conseguido grandes adelantos en materia científica y el descubrimiento de la destilación era el resultado natural de sus progresos en el campo de la física —es suya la palabra *alquimia*, y de ahí viene la de *química*—. En sus primeros experimentos Avicenna eligió una de las flores más amadas de Oriente, la rosa. Se dice que empleó la rosa conocida como «Gul sad bark», *Rosa centifolia*. Prestó también atención a otras plantas y destiló tanto esencias como aguas aromáticas. No hace falta decir que su descubrimiento fue puesto en práctica enseguida, y que cundió la fama del perfume árabe. El agua de rosas fue uno de los perfumes más populares y no cabe duda de que la produjeron en grandes cantidades.[1] El agua de rosas llegó a Europa en la época de las Cruzadas, junto con otros perfumes y esencias exóticas, desde Oriente. Aquellos artículos llamaron enseguida la atención de los hombres de empresa europeos, y la del olfato de las damas, y hacia finales del siglo XII Europa tuvo sus fabricantes de perfume propios. En 1190 Felipe Augusto, o Felipe II de Francia, otorgó una cédula real a los perfumeros franceses. Al principio, muchos de sus perfumes eran copias de los orientales, pero a finales del siglo XIII Europa había empezado a establecer sus «gustos» propios. El espliego (lavanda) se cultivaba incluso en Inglaterra y el agua de espliego se iba popularizando.

No es probable que hayan pasado por alto el empleo de perfumes aquellas grandes civilizaciones cuya historia nos es menos conocida. La Creta de Minos y China tuvieron civilizaciones incluso más antiguas que la egipcia. A juzgar por su ancestral conocimiento de la acupuntura, uno sospecha que los chinos podrían haber empleado sustancias aromáticas incluso antes que los egipcios. Los textos indios

1. Otra versión más romántica del descubrimiento de la esencia de rosas aparece en el capítulo sobre la rosa: véase la pág. 332.

sobre herborística, los *Ayurvedas*, fueron escritos más o menos al mismo tiempo que floreció la época egipcia tardía. Gran número de sus preparados contienen sustancias aromáticas. La madera de sándalo fue siempre muy empleada por los indios, tanto como incienso o en preparados cosméticos como en un ungüento sagrado usado para ungir la cabeza de los reyes y sumos sacerdotes al modo que se utilizaba el espicanardo en el antiguo Israel (Judea). En India se prepara una pomada cosmética conocida como *urguiya* que contiene madera de sándalo, áloes, rosa y jazmín. Y empleaban para reducir la fiebre otra pomada preparada con la raíz de *usira* (probablemente vetiver).

En gran parte de África es habitual todavía untar el cuerpo con aceite perfumado, cosa que ayuda a contrarrestar la acción deshidratante de un sol abrasador. Lo que más emplean es el aceite de coco o de palma, perfumado con hierbas o maderas aromáticas. En su libro *Ten Years in Ethiopia*, Hutchinson, al hablar de una untura particular llamada *tola pomatum*, dice: «Lo primero que percibe uno al acercarse a una aldea es el olor de la tola pomatum, traída por la más insignificante brisa, pero capaz de abrirse camino por entre los densos matorrales». Los árabes, copiando una costumbre iniciada en el antiguo Egipto, preparan sus ungüentos perfumados en forma de conos. Se ponen uno en la cabeza, y al fundirse les perfuma todo el cuerpo. Se practican costumbres parecidas en otros países de clima tórrido. Las mujeres de Tahití se lavan el pelo a diario y lo ungen con una pomada llamada *monoi*, hecha de aceite de coco perfumado con sándalo o con raíz de toromeo.

Una serie de manuscritos ingleses de los siglos XIV y XV contienen alusiones a aceites de plantas e instrucciones sobre cómo prepararlos. Se trata siempre de aceites infundidos —calentando la hierba aromática dentro del aceite—. Después de unas horas o días, se cuela el aceite y queda listo para su empleo. Es un método que ya emplearon los egipcios y probablemente fue utilizado antes que ellos. Es sorprendente la existencia de toda una serie de variaciones en el modo de preparar esos óleos. La cita siguiente está tomada de una obra sin título y de autor desconocido. El manuscrito, en gran parte escrito en latín, contiene varios dibujos que muestran diferentes tipos de aparatos destiladores. Aunque situada en torno al siglo XV, esta parte concreta data casi seguro del siglo XIV. (Al reproducir esos manuscritos he modificado ciertos convencionalismos ortográficos y he añadido ocasionalmente algunos signos de puntuación para que el sentido fuera más claro.)

> Para hacer Oleum Mastycum.[2]
>
> Tome una onza de mástique y una onza de incienso blanco fino o de alejandra,[3] hágalas polvo y hiérvalas bien en un h[4] de aceite hasta que se espese y, cuando hayan hervido bien, cuélelo y consérvelo hasta que tenga necesidad de usarlo.
>
> Y si quiere que ayude al estómago de un hombre, tome primero yerbabuena... galanga[5] y hiérvalas bien en su aceite primero; y entonces ponga su otra materia y haga su untura.
>
> Y si quiere hacerlo para dolores y pena del tendón,[6] haga su untura de óleo de rosario.[7]
>
> Este óleo o untura de mástique remedia el dolor del estómago y de la coyuntura de los hombros, riñones y otros sitios donde se unta fuera delante y detrás, y remedia todas las enfermedades del hígado y el bazo y usted debe... y de toda manera caliente si es aplicado a su estómago u otro lugar, porque es bueno para todo lo que causa el frío.

El mástique es una resina muy similar al incienso. Vemos aquí que el uso externo de sustancias aromáticas para curar afecciones internas no es cosa nueva. Se incluye la hierbabuena en la receta para

2. Resina de mástique.

3. Alexandra, probablemente una resina venida de Alejandría, acaso una especie de incienso fino.

4. Probablemente un hin (o sextario), medida de capacidad de los hebreos equivalente a 6,5 l.

5. Galanga, una raíz carminativa originaria de China.

6. Tendón, es decir, de los músculos.

7. Probablemente de romero, o posiblemente de rosa.

un aceite estomacal, e incienso para el hígado, el bazo y otras partes diversas. Había que frotar aquel aceite sobre el cuerpo de modo que lo absorbiese, tanto detrás como delante de la parte afectada. Cuando, por ejemplo, se trata del estómago, se fricciona con el aceite la parte superior del vientre y se fricciona la espalda a la misma altura. Este modo de aplicación del aceite delante y detrás constituye actualmente una práctica bastante común en la aromaterapia y fue usado probablemente mucho antes del siglo XIV.

Muchos herbarios manuscritos contienen recetas similares para preparar aceites, algunas de las cuales contienen también diversas sustancias nada apetecibles, como abejas, moscas y lagartos secos e incluso ¡polvo de tejas de un tejado! El «tártaro» en polvo era también un ingrediente muy popular. He aquí unas cuantas recetas procedentes de un manuscrito titulado *An Herbal*, de autor desconocido, que dedica un capítulo entero a los óleos de hierbas.

> Aquí empieza la factura de óleos de diversas yerbas para diversas enfermedades, y primero describiremos la factura del aceite de laurel...
>
> Tome bayas de laurel secas y verdes y macháquelas hasta triturarlas. Y tome una olla de barro con tapa que ajuste en ella y ponga dentro un «potell»[8] o un galón de aceite, según lo que quepa en la olla. Eche en ella lo que machacó usted primero y cierre la olla sellada con la tapa y póngala al fuego encima de unas trébedes y haga un gran fuego debajo. Y déjelo cocer desde que sale el Sol hasta la tercera hora del día o el mediodía. Y entonces fíltrelo por una tela y échelo en un recipiente limpio y déjelo enfriar en él y póngalo en tarros y consérvelo.

Aceite de poleo

> Tome las cabezas y las flores del poleo y póngalas a remojo en aceite en una vasija doble como se ha dicho antes; y quita principalmente todos los males que el frío causa, y hace que una mujer conciba.

8. «Potell» es una medida antigua equivalente a unos dos litros.

Para hacer aceite de yerbas

Tome hojas de ruda y macháquelas mucho y póngalas a macerar en aceite, siete u ocho días, y póngalas en una vasija doble como se ha dicho para hacer los otros aceites.

Y este aceite es bueno para todas las maneras que el frío causa, o sea, para curar el dolor de las ingles y la epilepsia y los dolores de cólico.

Con pomada y con lavativa.

Aceite de heno

Coja heno y póngalo sobre las ascuas del carbón, con lo que hará un humo, y entonces tome una placa de hierro y sosténgala encima, y el humo se pegará a la placa y la humedecerá algo; y cuando se enfríe, recoja esa humedad y échela en un frasco de vidrio. Y ese aceite es bueno para quitar las pecas y para la gota artrítica y la morfea.[9]

Este último método es una forma de destilación muy simplificada. Aunque en esta época se conocía ya la destilación, la empleaban más para hacer aguas aromáticas que esencias. Los aceites aromáticos se hacían normalmente macerando la planta en aceite caliente. El *Grete Herbal* (siglo XVI) incluye una receta muy simple para hacer aceite de violetas:

> Aceite de violetas se hace así. Ponga las violetas en aceite y fíltrelo. Será aceite de violetas.

El herbario impreso más antiguo es un libro que se conoce como el *Banckes's Herbal*. Se desconoce su verdadero autor, aunque probablemente fue un médico llamado Anthony Askham, pero lo imprimió Richard Banckes en 1527. Contiene varias recetas para hacer aceite de rosas:

9. Morfea: una erupción leprosa.

Aceite de rosas se hace así. Algunos hierven las rosas en aceite y lo conservan. Algunos llenan una vasija de vidrio con rosas y aceite y lo hierven en una caldera llena de agua, y ese aceite es bueno. Algunos machacan en aceite rosas frescas y lo ponen en una vasija de vidrio y la ponen al Sol cincuenta días y ese aceite es bueno contra la irritación de los labios que se untan con él.

Cualquiera que fuese el método empleado para hacerlos, es evidente que los aceites aromáticos eran muy utilizados en los siglos XIV, XV y XVI. Se aplicaban externamente, pero estaban destinados a una serie de enfermedades internas. Los hacían probablemente en casa, y también las aguas aromáticas; asimismo, los preparaban los boticarios locales.

Thomas Norton, un alquimista de Bristol, fue autor de un libro notable, *Ordinall of Alkimy* [manual de alquimia], publicado en 1447. Las siguientes líneas son citas de sus observaciones sobre los olores:

Toda cosa que es de buen olor tiene calor natural aunque el alcanfor, las rosas y cosas frías tienen tantos buenos olores como almas tienen los autores [...].

También por los olores puedes aprender esto: a distinguir la sutilidad o tosquedad de las cosas.

Una cosa de dulce olor tiene más de pureza y más de espiritual que una apestosa pueda tener. Como los olores cambian a la vista, así los aromas cambian forzosamente el olor.

Los herbolarios y alquimistas de la Edad Media se preocupaban tanto con las circunstancias del calor y el frío o la sutilidad y la densidad como sus colegas de hoy en día puedan preocuparse por los virus y los fármacos. Leemos en un manuscrito francés del siglo XIII: *Olibanum est encens, il est chaud et seche el secunde de grei* («Olíbano es incienso, es caliente y seco de segundo grado»). Cada hierba se clasificaba en grados variables de caliente, fría, seca y húmeda. Las cualidades de lo caliente y lo seco corresponden a la característica china del yang, y lo frío y lo húmedo al yin. Había cuatro grados de calor, por lo que una hierba que era muy caliente en el primer grado no era tan caliente como hierba del segundo grado. Había también cuatro grados de lo frío. Esto no constituye un paralelo exacto con el yin y el yang. Mientras los chinos clasificaban sus remedios como yin o yang, los herbolarios europeos mezclaban a menudo una cualidad yin con una cualidad yang, de manera que una hierba podía ser catalogada como caliente y húmeda o como fría y seca.

William Turner, conocido comúnmente como el padre de la botánica inglesa, fue un herborista del siglo XVI. Explica cómo las hierbas que son calientes en el primer grado «aumentan el calor natural que se produce después de la digestión y otras actividades naturales». Las que lo son en el segundo grado «participan de un calor fiero, por lo tanto no tienen poder para hacer efectos sutiles o finos o para abrir la obstrucción de los poros y otros conductos». Las del tercer grado, «cortadas en pedazos, extraen, calientan muchísimo y ponen sediento a un hombre». Y las que son de cuarto grado «levantan ampollas, queman y arrancan la piel y roen por dentro». En cuanto a las esencias, el aceite de mostaza entraría en la cuarta categoría.

Sobre los grados de frío, continúa: «Las hierbas y demás medicinas que son frías en el primer grado [...] enfrían el calor natural, y de alguna manera dificultan la digestión». Las del segundo grado «espesan o densifican y evidentemente entorpecen o disminuyen el calor natural». Las del tercer grado «tapan y cierran los conductos interiores y los tubos de los poros [...] entorpecen el ingenio y los sentidos». Y las del cuarto grado «lo enfrían del todo o lo coagulan, quitan o apagan el calor natural, y matan al hombre si las toma en cualquier cantidad grande». Esto constituye un paralelo casi exacto de los conceptos chinos del yin y el yang y se correlaciona con los cuatro[10] elementos: el aire es caliente y húmedo, el agua es fría y húmeda, el fuego es caliente y seco y la tierra es fría y seca. Los grados y

10. Los chinos reconocen de hecho cinco elementos.

los elementos estaban también vinculados con los cuatro humores: sanguíneo (aire), flemático (agua), colérico (fuego) y melancólico (tierra). El predominio o ausencia de cualesquiera de los humores indicaba qué elemento era demasiado fuerte o débil, lo que a su vez indicaría qué tipo de remedio había que prescribir. Esto constituye en principio un paralelismo exacto respecto al método chino de diagnosticar y tratar de acuerdo con el estado de los elementos.

Otro aspecto del herbolario medieval era la teoría de las signaturas, basada en la idea de que algún detalle de la hierba —su forma, color, o alguna otra cualidad— indicaría la parte del cuerpo o la enfermedad particular que podía curar. Esa doctrina llevó a bautizar hierbas como la pulmonaria o la hepática, que recuerdan vagamente «sus órganos» o propiedades respectivos, por lo que serían beneficiosas en el tratamiento de enfermedades de los mismos. El que una hierba se parezca o no a un órgano determinado es un asunto sumamente subjetivo, siendo ese tipo de suposición tan fácil de ridiculizar como de crear. Con todo, existen algunas coincidencias muy notables. Las raíces de la grama de las boticas presentan un gran parecido con las vías urinarias y las trompas de Falopio —y son buenas para las enfermedades de las mismas—. Los gálbulos del ciprés ejercen un efecto especial en los ovarios, a los que se parecen mucho. Plantas de flores azules, como la valeriana y el espliego, son sedantes y las plantas rojas como la canela, el clavo y la resina de benjuí calientan y estimulan. No es de sorprender que se haya desechado la teoría de las signaturas dado que no se puede generalizar afirmando que todas las plantas que tienen flores azules tengan que ser sedantes. Las rosas, que pueden ser rojas, son desde luego sedantes y no estimulantes, y lo son también las de la manzanilla, cuyos blancos pétalos rodean un centro naranja. El aceite de rosas, sin embargo, es verde, y el de manzanilla (camomila) es azul: de hecho los colores de las esencias proporcionan una indicación más consciente que el color de las plantas mismas. Tampoco hay que olvidar la influencia de los planetas. Nicholas Culpeper fue el más grande, y acaso el último, de los médicos-astrólogos. Aunque muy respetado en vida, y desde entonces, por sus conocimientos de las hierbas, se ha otorgado poco respeto a sus observaciones astrológicas. No tengo aquí mucha posibilidad de convertir a los incrédulos, ni necesidad alguna de predicar a los conversos, pero el conocimiento de la astrología puede valer de mucho para curar y se le debe prestar más atención de la que recibe actualmente.

Además de su gran obra sobre las hierbas, Culpeper publicó en 1660 un libro titulado *Arts Master-Piece, or the beautifying part of Physick*. La introducción, dirigida «a todas las damas realmente virtuosas», incluye los párrafos siguientes:

> Porque no puedo celar, sino difundir aquellos secretos de la naturaleza que han llegado a mis manos, por medio de los cuales la naturaleza nos ha enseñado a embellecer y a hacerse una más bonita, en beneficio de aquellas a las que debo tan gran respeto [...]. Por lo tanto, señoras, comprad estas pocas recetas y haced uso de ellas, y si no dan resultado, entonces no volváis a creerme otra vez, y eso que yo no querría incurrir en vuestro desagrado a causa de mi empeño en aparecer siempre, señoras, como vuestro más fiel y devoto sirviente.

El libro se compone por completo de recetas, unas para dar color al pelo, otras para dárselo a la tez, otras de perfumes y otras de polvos faciales. Hay también una serie de recetas de pomadas u aceites para las manos, cara, pies, cabello, etc. La gran mayoría de ellas contienen hierbas, resinas, aceites o aguas aromáticas. Por ejemplo:

Para hacer que los pechos se reduzcan o crezcan menos

> Mezclando el jugo de cicuta con alcanfor y aplicándolo, los reduce; también impide su crecimiento el incienso blanco con ombligo de Venus, y vinagre fuerte.

Otra para hacer que crezca de nuevo el cabello

Tome aceite de enebro, aceite de nueces, una onza de cada uno, miel blanca, jugo de acedera, media onza de cada uno, semillas de apio, asarabácara en polvo, dos onzas de cada uno, mézclelos bien y unte el sitio.

Otra para las grietas de las manos

Tome mástique, aceite de rosas y cera blanca, cantidad suficiente de cada uno; haga un ungüento.

En la sección de «Recetas» se presentan más preparados de este libro. Gran número de las recetas de Culpeper incluyen aceite de rosas, normalmente como agente antiinflamatorio. Como en la mayoría de los aceites aromáticos que menciona, se refiere a un aceite infundido. Menciona unas pocas esencias, especialmente espliego; en esa época se las empleaba cada vez más en la physick (medicina). Además de emplearlos en forma de cocimientos e infusiones, Culpeper utilizó a veces los aceites para untar el cuerpo en casos de enfermedad. Recomendaba también remedios preventivos, como el siguiente:

Una pomada para tiempos de pestilencia

Tome un láudano, estoraque, un dracma de cada uno, medio dracma de clavos; el alcanfor, nardo, nuez moscada, siete granos de cada uno; hágalo todo polvo fino y mézclelo con agua de rosas espesada con tragacanto y goma arábiga, y hágalo bolas.

La peste fue un azote en la Edad Media y durante sus «visitas» se empleaban fumigaciones para destruir la supuesta «aura» o ponzoña de la enfermedad, que se suponía que residía en el aire. Un escritor-médico de ese siglo recomienda a ese fin «cosas tales como exhalar sulfuros muy sutiles, como drogas y resinas especiosas». Incluye entre éstas el benjuí, estoraque, incienso y todas las raíces y maderas aromáticas, y «esas drogas que son de origen vegetal y abundan en sutiles partes volátiles, que hacen servicio si se exhalan en el aire».

Durante la Gran Peste se dio orden de encender fogatas en las calles a las 8 de la tarde y cada doce horas. Se consideraban más eficaces las hechas con pino o maderas que produjesen un olor picante. Fumigaban dos veces por semana el cabildo de San Pablo con azufre, lúpulo, pimienta e incienso. Quemaban también con frecuencia incienso en forma de resinas pulverizadas tanto en las casas como en las calles. Encendían velas perfumadas en las habitaciones de los enfermos y en los hospitales; colgaban popurrís de cadenas de plata puestas al cuello y había gran demanda de perfumes. Da la impresión de que se utilizaron todas las sustancias aromáticas disponibles de una forma u otra para combatir la Muerte Negra. Las sustancias aromáticas eran los mejores antisépticos disponibles en aquella época y la gente lo sabía. No podemos suponer con mucha exactitud la eficacia de esas medidas, pero se han hallado muchas citas de que las personas que estaban en contacto directo con las sustancias aromáticas, especialmente los perfumistas, eran prácticamente inmunes. Como todas esas sustancias son antisépticas es probable que algunas de las utilizadas constituyesen de hecho una protección eficaz contra la peste. Bien avanzado el siglo XIX, los médicos practicantes seguían llevando una cazoleta llena de sustancias aromáticas en la punta de sus bastones. Aquélla hacía de antiséptico personal, y podían acercársela a la nariz siempre que visitaban cualquier caso contagioso.

A comienzos del siglo XVIII la medicina utilizaba gran cantidad de aceites esenciales. El *Dispensatory* (recetario) de Salmon, de 1696, incluye una receta de un «bálsamo apoplético» hecho con aceites de nuez moscada, ámbar, rosas, canela, espliego, mejorana, ámbar gris, benjuí, ruda, clavo, cidras (limones), algalia y almizcle.

> Mézclese todo de acuerdo con el arte hasta que adquiera la consistencia propia de un bálsamo. El aceite de nuez moscada se obtiene exprimiéndola, todos los demás son químicos (esenciales) [...]. Esto estimula y conforta todos los espíritus, el natural, el vital y el animal, untando el extremo de las fosas nasales y los pulsos. Cura las convulsiones, la parálisis, el entumecimiento y otras afecciones debidas al frío.

El mismo libro contiene también una receta para recuperar la memoria por medio de un número sorprendente de sustancias aromáticas que, resumiendo, incluye siete resinas, tres raíces, ocho hierbas, tres semillas, siete flores, ocho aceites y azafrán. Las instrucciones dicen así: «Pulverizar las que sean de pulverizar, mezclarlas después y destilarlas en un alambique con fuego gradual; separar el bálsamo del agua» (se entiende aquí por «bálsamo» una combinación de esencias). Es dudoso que preparados de tal guisa curasen realmente estados patológicos del tipo de la amnesia o la parálisis.

El siglo XVII fue la época de oro de los herbolarios ingleses; Culpeper, Parkinson y Gerarde pertenecen a la misma. El conocimiento humano de las hierbas medicinales había crecido considerablemente, pero no lo había opacado la química. La medicina herborística se había hecho tan popular que los curanderos y charlatanes se apresuraron a aprovecharse de ella. En palabras de Eugene Rimmel:

> Los vendedores ambulantes o «charlatanes», ataviados con vistosas casacas rojas con galones dorados, dirigían la palabra a un público boquiabierto desde elegantes carruajes y repartían sus perfumes y remedios de curandero con acompañamiento musical [...] vendían por lo general polvos, elixires, píldoras, opiáceos, agua de Colonia y gotas purgantes.

Las recetas aromáticas de Salmon constituyen una curiosa mezcla de medicina herborística genuina y charlatanería, y reflejan a la perfección el estado de cosas existente entonces.

En esa época, y debido sobre todo a la aparición de aquellos charlatanes, la medicina herborística empezó a perder mucho en prestigio, en especial dentro de la profesión médica, aunque los médicos mismos todavía utilizaban muchas hierbas. El *Herbario* de Joseph Miller, escrito en 1722, contiene referencias a una serie de esencias, dándoles a trece de ellas la categoría de preparados oficiales. Están entre ellas la manzanilla, la canela, el hinojo, el enebro, el laurel, el poleo, el romero y el tomillo. Las esencias de enebro y tomillo son los únicos preparados autorizados de estas plantas. Hay además cuatro aceites oficiales infundidos: de manzanilla, de eneldo, de mirra y de rosa, y un aceite exprimido, el de nuez moscada.

Durante el siglo XIX muchas esencias fueron investigadas de modo más científico que el que había sido posible antes. El *Materia Medica* de William Whitla, publicado por vez primera en 1882, contiene veintidós esencias oficiales y tres no oficiales. Entre las oficiales están las de manzanilla, canela, enebro, espliego, limón, menta y romero. En los ciento sesenta años transcurridos desde la publicación del *Herbario* de Miller, la ciencia médica había dado un gran paso adelante y había dejado muy atrás términos como «calentadoras», «secadoras» y «descongestionadoras». Entre los comentarios de Whitla sobre la mirra está lo siguiente:

> Tiene el poder, junto con otras resinas de gomas, de estimular las superficies mucosas, influyendo de tal manera su condición relajante en la enfermedad que se pone coto a la abundante secreción; de ese modo mejoran el catarro bronquial y la cistitis crónica, y alivia también a todas luces la leucorrea y reduce la secreción de la superficie mucosa cervical.

En el curso del examen científico del empleo tradicional de las hierbas en esa época, sus propiedades se vieron confirmadas en algunas ocasiones por las pruebas empleadas, y en otras no. En la mayoría de los casos las hierbas fueron abandonadas para dar preferencia a las medicinas químicas, de acción más potente. En cambio, los aceites esenciales no fueron considerados en el mismo contexto que las hierbas y, si se exceptúan unos pocos extractos herborísticos, han sido probados más a fondo que las hierbas en los últimos ciento cincuenta años.

Aunque las esencias han tenido una accidentada historia en las farmacopeas de todo el mundo de un tiempo a esta parte, la tendencia general ha sido más de excluirlas que de incluirlas. Las que se conservan, con muy pocas excepciones, se utilizan sólo como agentes carminativos o saborizantes. A la vez que han disminuido en número, a los aceites farmacopeicos se les conceden menos propiedades terapéuticas. Esta circunstancia no refleja sin embargo ni el considerable valor terapéutico de esas esencias ni el grado de su utilización en medicina. Se han efectuado de hecho considerables investigaciones desde comienzos de este siglo, especialmente en lo que atañe a las propiedades antisépticas de las esencias, reivindicando sus cualidades y su utilidad.

Han efectuado esa investigación principalmente los químicos y los farmacéuticos, siendo iniciada a finales del siglo XIX por científicos franceses como Cadéac y Meunier y seguida después en Italia por médicos como Gatti y Cajola. En 1887 Chamberland publicó los resultados de su valiosa investigación del poder antiséptico del vapor de muchos aceites esenciales. El siglo XIX contempló un crecimiento continuo y considerable de la industria perfumera. En esa época los perfumes se elaboraban casi totalmente a partir de esencias naturales. Conforme se buscaban plantas nuevas productoras de aceites y se hallaba tierra para cultivarlas, la zona situada alrededor de Grasse, en el sur de Francia, se convirtió en el centro mundial —y sigue siéndolo— del cultivo y extracción de esas esencias. Al crecer dicha industria, algunas de las compañías situadas en Grasse (Alpes Marítimos) empezaron a buscar nuevas aplicaciones para sus esencias. Entre esas empresas estaba la de las Gattefossé.

René-Maurice Gattefossé fue químico, y al principio su interés (y su investigación) se limitó a los usos cosméticos de las esencias. Ocurrieron dos cosas que contribuyeron a extender su interés. Primero, los cosméticos contienen a menudo antisépticos: Gattefossé adquirió enseguida suficiente información para convencerse de que muchos aceites esenciales tenían incluso mayor poder antiséptico que algunas de las sustancias antisépticas químicas que se empleaban entonces.

En segundo lugar, Gattefossé sufrió graves quemaduras en una mano debido a una pequeña explosión ocurrida en su laboratorio durante un experimento. Sumergió la mano inmediatamente en aceite puro de espliego y su sorpresa fue sólo parcial cuando se encontró con que la quemadura sanaba con una rapidez increíble, sin indicios de infección y sin dejar señales.

Tal vez la primera mención de la palabra «aromaterapia», inventada por Gattefossé, se produce en un artículo escrito por él:

> Los químicos cosmetólogos franceses se interesan en la utilización de complejos naturales en forma de unidades estructuradas completas, en este caso sin proceder a desintegrarlas. De ese modo, la terapia dermatológica se convertiría en «aromaterapia», o sea, una terapia que emplea sustancias aromáticas en una esfera investigadora que ofrece unas perspectivas enormes a los que han empezado a explorarla.

Se hace eco con esto de uno de los principios básicos de los terapeutas naturales: que las sustancias naturales deberían ser empleadas en su forma completa y sin adulterar. Se trata de un punto de vista nada usual en un químico, pero él había descubierto en sus experimentos que los componentes individuales de los aceites no eran tan eficaces como la esencia entera: «El todo es mayor que la suma de sus partes».

En 1938 se publicó un artículo de Gattefossé que relataba los progresos de su amigo y colega M. Godissart, que acababa de abrir una clínica aromaterápica en Los Ángeles. Mencionaba curas notables de cáncer de piel, gangrena y osteomalacia, la cura efectiva de heridas que se habían resistido a sanar durante años, úlceras faciales que habían sido tratadas en un tiempo récord y «las picaduras de la Viuda Negra, una araña, consideradas hasta ahora mortales, se convierten en inofensivas, gracias al poder antitóxico del espliego». De hecho, el aceite de espliego (lavanda), al combinarse con el veneno del arácnido, da lugar a un compuesto inocuo. Esto se extiende también (junto con otras esencias), a las mordeduras de ofidios y picaduras de insectos.

Gattefossé publicó su primer libro, *Aromathérapie*, en 1928, y fue seguido por una serie de artículos científicos y varios libros más, relacionados en gran parte con la terapia de los aceites esenciales. Aunque su obra suscitó mucho interés, da la impresión de que fue sofocada en gran parte por la Segunda Guerra Mundial. En efecto, unos 15 años después de esa guerra se publicaba muy poco en lo tocante a la aromaterapia y su investigación estaba bajo mínimos. Pero no estaba perdido todo: otro francés, esta vez un médico, llevaba muchos años trabajando para restaurar ese arte.

Jean Valnet, doctor en medicina, se había interesado siempre por el empleo terapéutico de las plantas ya antes de empezar a utilizar esencias en sus tratamientos, inspirado sin duda por la obra de Gattefossé. Durante la guerra los usó a bastante escala en el tratamiento de las heridas en el campo de batalla, y se dio cuenta enseguida, como había hecho Gattefossé, de que constituían una terapia de un potencial enorme. Desde entonces, el doctor Valnet ha utilizado esencias en el tratamiento de muchas condiciones patológicas y es autor de muchos artículos y de un libro, *Aromathérapie*, publicado por vez primera en 1964. Se debe casi exclusivamente a su obra el que la aromaterapia esté reconocida actualmente como una terapia por derecho propio.

Italia ha dado algunos notables investigadores en el campo de la aromaterapia. Merecen especial mención los nombres de los doctores Gatti y Cajola, que trabajaron en los años 1920 y 1930. Al igual que Gattefossé se habían dado cuenta del enorme alcance de la terapia con los aceites esenciales y su trabajo se extiende desde las propiedades medicinales y psicológicas de esos aceites hasta su utilización en el cuidado de la piel. Paolo Rovesti, director del Instituto Derivati Vegetali de Milán, ha aportado muchas contribuciones valiosas a la aromaterapia de estos últimos años. La mayor parte de su obra se ha centrado en los aceites de cítricos propios de Italia —bergamota, limón y naranja— y en sus equivalentes diterpenados. Es probablemente la primera persona que ha demostrado a nivel clínico el considerable efecto benéfico de algunas esencias en estados de ansiedad y depresión.

Más o menos al mismo tiempo que el doctor Valnet estudiaba sus esencias, Madame Maury, que falleció hace algunos años, se había lanzado a una línea de investigación muy similar, pero menos ortodoxa todavía. Era bioquímica, no médica, y no sentía confianza en la prescripción de esencias para uso interno. Sus intereses no eran estrictamente médicos, y se extendieron al campo de la cosmética. Esto, desde luego, no era nada nuevo; las sustancias aromáticas se habían utilizado por vía externa, tanto en cosmética como para fines terapéuticos, mucho antes de que se hubiera pensado en absoluto en su uso interno. Pero la obra de Madame Maury ha sido de gran valor. Siguiendo el enfoque, más científico, de Gattefossé, estableció los cimientos de una terapia médico-cosmética basada en el masaje e hizo un estudio concienzudo de la actuación en el terreno físico, mental y cosmético de las sustancias aromáticas. En 1961, tras haber publicado distintos artículos, publicó un libro, *Le capital jeunesse*, del que apareció una traducción inglesa, *The Secret of Life and Youth*, publicada en 1964 y posteriormente.[11] En 1962 recibió el Prix International d'Esthétique et Cosmétologie por su contribución al campo del cuidado natural de la piel, y su libro, ampliamente basado en sus conocimientos sobre la antigua India, China y Egipto, confirma esa contribución y el mensaje que ella contiene. Un artículo que comentaba la aparición de su libro, recalcaba elocuentemente:

> Los investigadores franceses e italianos que se dedican principalmente a este campo del conocimiento tienen por lo menos más imaginación que aquellos que se empeñan en seguir considerando el cuerpo humano como un sustituto más o menos simple de los experimentos *in vitro*.

11. Revisada por Danièle Ryman y publicada por The C. W. Daniel Co. Ltd., Saffron Walden, Essex, Inglaterra.

Capítulo 3

Principios básicos

> Las leyes de la naturaleza son las leyes de la salud y quien vive de acuerdo con esas leyes nunca está enfermo. El que obedece esas leyes mantiene un equilibrio de todas las partes, asegurando de ese modo la verdadera armonía; y la armonía es la salud, mientras que la discordia es la enfermedad.
>
> *El Evangelio Acuariano*

La aromaterapia pertenece al campo de las terapias naturales. Como tal se basa en determinados principios compartidos por la acupuntura, la medicina herborística, la homeopatía, etc. Esos principios son complementarios y están basados en la interpretación humana de la naturaleza partiendo de su conocimiento de la vida. Hasta cierto punto ello tiene que variar forzosamente de persona a persona y de terapia a terapia. Sin embargo, existe una verdad subyacente hacia la cual actúan todas esas escuelas del pensamiento. Cuanto más nos acerquemos a esa verdad, existen menos contradicciones y se hace mayor nuestro entendimiento. Con seguridad el universo ha sido creado y está sostenido sobre un conjunto de principios, por lo que sólo puede haber una verdad. Si estuviese basado en distintas ideas contradictorias, ¿cómo sería posible su existencia? Es sólo nuestra interpretación individual de esa verdad lo que permite que exista la contradicción.

Los principios básicos de nuestra terapia son:

- Fuerza vital.
- Yin-yang.
- Alimentos orgánicos.

La fuerza vital

No hay nada más fundamental que la vida misma. Es la única cosa que podemos estar seguros de compartir con cualquier otro ser humano. Sean las que sean nuestras creencias espirituales o demás diferencias, todos estamos vivos. Lo que es más, todos nosotros creemos en la vida; es algo de lo que estamos tan seguros, que nos cuesta creer que se trata de una creencia, aunque de hecho es una fe que compartimos todos. La vida en su esencia es completamente intangible; uno no puede verla, tocarla, olerla ni analizarla de ninguna manera. Y sin embargo, todos creemos que el Sol va a salir mañana, que las flores van a florecer en la primavera, que vamos a seguir respirando durante los cinco minutos siguientes, y por el resto de nuestra vida, sin esfuerzo consciente alguno. Esas cosas son manifestaciones de la vida. La vida está presente en todo. En un grano seco, o en una piedra, o en un árbol muerto no se manifiesta, no tiene movimiento o flujo alguno, ni presencia aparente; tiene sólo una presencia formal. Pero en una cosa viva —una planta o un ser humano— se manifiesta, ocasionando cambios dinámicos, movimientos, flujos, amor.

Los chinos le llaman *chi* (se pronuncia kii), los indios le llaman *prana*, nosotros le llamamos energía, pero todo el mundo se refiere a la misma cosa, la misma fuerza vital que nos mantiene vivos a cada uno de nosotros cada minuto del día. Sólo puede haber una fuerza vital, una Verdad, y esa Verdad es la única cosa que podemos estar seguros de tener en común. Si esa fuerza vital existe (¿y quién puede negarla?), tiene que ser la esencia de todo —la fuerza que mantiene juntas las partículas del átomo, ese poder que hace que una semillita crezca hasta convertirse en un árbol, la fuerza de atracción de la gravedad o el magnetismo, el poder que nos da la conciencia—. Es esa misma fuerza vital que se manifiesta (de una manera ligeramente distinta) en cada planta. Del mismo modo que cada uno de nosotros tenemos nuestra personalidad individual propia, cada especie de planta tiene su propia personalidad o conjunto de propiedades.

Extraer la esencia de una planta es una de las maneras de aislar esa personalidad, pero constituye un proceso delicado. La fuerza vital es una cosa sensible en extremo, y si nos entrometemos demasiado en ella perderá gran parte de su poder. Extrayéndola y almacenándola cuidadosamente se puede conservar la fuerza vital de una esencia, pero cuanto más interfiramos en ella, ya sea química o físicamente, tanto más se reducirá su energía, y su armonía orgánica.

Por fortuna, la mayoría de las esencias son extraídas por su perfume, y el gran cuidado que se pone para no deteriorarlo durante la extracción asegura la conservación de la fuerza vital de la esencia.

Debido a que son orgánicas, las esencias tienden a actuar en armonía con el organismo humano. Muy a menudo ejercen una acción «normalizadora». Los aceites de ajo y de hisopo, por ejemplo, son buenos tanto para la presión sanguínea alta como para la baja. Cualquiera que sea el caso, tenderán a devolver la normalidad al organismo. Ese tipo de efecto no se observa en la terapia con fármacos; es una prerrogativa de la Madre Naturaleza. Ése es el motivo de que las sustancias orgánicas sean comparativamente inocuas; carecen del efecto violento, calculado e impersonal de los fármacos. Aunque tienen determinadas propiedades de cuya acción podemos estar seguros, tienen también la capacidad de adaptarse a las necesidades de diferentes organismos y diferentes personas.

Esa misma fuerza vital que lo invade todo se encarga de producir continuamente un estado de salud y armonía en el cuerpo. Ése es el poder que se encarga de que se realice cada una de sus actividades; regula la temperatura, la presión sanguínea, la respiración y el delicado equilibrio metabólico del sodio, el potasio y demás elementos químicos del organismo. Cuando nos rompemos un hueso todo lo que puede hacer el cirujano es sujetarlo en su sitio; sólo la naturaleza puede realmente soldar de nuevo entre sí los dos extremos fracturados. De hecho no podemos hacer sanar al organismo, lo único que podemos hacer es «alentar» el proceso de la curación.

El cuerpo humano, igual que todo, se halla en un estado de actividad y cambio constantes. De no existir alguna influencia central gobernante y armonizadora, casi todos los cambios que se producen ocasionarían un desequilibrio traducible en una enfermedad. No es nuestro cerebro el que se encarga de esa tarea. El sistema nervioso central es únicamente uno de los conductos a través de los que se mantiene la armonía. Cuando uno muere, el organismo sigue aún intacto, todos los nervios siguen estando en su sitio, pero alguna cosa, que no es física, ya no está presente.

Nuestros organismos son un milagro de la ingeniería divina —jamás podríamos pensar en reproducirlos—, y no sólo contienen carne y huesos, sino que ¡nos contienen a nosotros! Es, por lo tanto, un disparate que tratemos el organismo como si se compusiera de un conjunto de tubos de ensayo, llenándolo de compuestos químicos, o del mecanismo de un coche, del que se quitan piezas cuando funciona mal. Hay piezas de repuesto para un automóvil, pero no para este cuerpo.

Si reconocemos la existencia de esta fuerza vital —y se trata del único poder que puede producir la salud dentro de nosotros— nos daremos cuenta de que tenemos que trabajar con ella y no contra ella. No podemos curar directamente; sólo podemos ayudar al organismo a que se cure él mismo alentando esa fuerza curativa natural que hay en él y permitiéndole que haga lo que ella quiere hacer. Se da el caso de que interpretamos a menudo la enfermedad como una cosa desgraciada e indeseable y, sin embargo, especialmente en los casos agudos, es la manifestación de un intento del organismo de restablecer la salud y la armonía.

El tratamiento médico ortodoxo suprime muy a menudo los síntomas de la enfermedad, cuando, al ser esa enfermedad un proceso curativo, habría que estimularla. Cuando uno ha llenado el cuerpo de basura en vez de alimento durante años, puede verse afectado de repente por la gripe, una /gastroenteritis o lo que sea. Ese tipo de ataque agudo suele estar acompañado de diarrea y/o vómitos. El organismo trata de decirnos que no quiere lo que estamos comiendo, y trata también de deshacerse de parte del material de desecho que ha estado acumulándose en su interior. Cuando eso ocurre, uno pierde generalmente el apetito, estando indicado normalmente en ese momento algo de ayuno, al que debe seguir un cambio de dieta.

Si entendemos por qué reacciona el organismo como lo hace y cuál es la causa real del trastorno, se puede aplicar entonces un tratamiento idóneo. Los fármacos químicos tienden a dar un rodeo a la fuerza curativa existente dentro del cuerpo en vez de actuar de acuerdo con ella. Los antibióticos son un ejemplo «ideal», porque acaban con muchas bacterias inofensivas y útiles al tiempo que matan a las dañinas.

Es posible que, oculto dentro de cada proceso patológico, esté actuando un proceso curativo subyacente al principio homeopático de *similia similibus curantur* (cosas iguales se curan con cosas iguales). En una dosis diminuta, una sustancia cura aquel tipo de afección que produciría empleada en una dosis *material*. Los aceites esenciales se pueden emplear para suprimir la infección de un modo similar a los antibióticos. No se sabe exactamente cómo inhiben el crecimiento de las bacterias, pero carecen de los efectos secundarios negativos de los antibióticos, debido a su naturaleza orgánica. A diferencia de los fármacos químicos, estimulan de hecho la fuerza curativa natural. Esto se demuestra con el hecho de que una cantidad de esencia relativamente pequeña, incluso aplicada por vía externa, es capaz de eliminar el foco de la infección. En los términos propios de la medicina una cantidad así no sería suficiente para acabar con ella.

El yin y el yang

Empleamos estas dos palabras orientales porque no tenemos un equivalente idóneo. Nuestra equivalencia más aproximada es la de lo positivo y lo negativo, o lo activo y lo pasivo, pero estos términos tienen connotaciones poco afortunadas; asociamos lo positivo con los aspectos buenos, y lo pasivo con los malos. ¿Es bueno el tiempo diurno y malo el nocturno? A menudo juzgamos las cosas como buenas o malas cuando no son realmente más que unos u otros aspectos de una misma cosa.

El universo físico fue creado cuando la unidad se convirtió en dualidad, y podemos ver esa dualidad, ese yin y yang, en cualquier parte del universo, en cada átomo, en cada acción, y en cada función del organismo humano. Yin y yang se manifiestan en todas partes, excepto en el centro mismo del ser, el perfecto punto de equilibrio, en ese momento infinito en el que el futuro se convierte en pasado.

En el centro mismo de una flor, una semilla o un brote de hoja, existe un punto de donde viene la energía y del que procede el crecimiento. A partir de ese punto crece la semilla y florece el capullo. Si cortamos por la mitad una manzana o una col, podemos ver que irradia desde un punto central. Si examinamos cuidadosamente el botón de la flor o de la hoja, o una semilla, un fruto o una planta y los seccionamos meticulosamente hasta llegar al centro, hallaremos... nada. En realidad existe sólo una cosa, una energía, una conciencia, pero a fin de manifestarse se convierte en el yin y el yang. Al luchar por conseguir la salud y la armonía, tratamos de hallar ese punto de equilibrio existente entre el yin y el yang.

Podemos ver el yin y el yang en el cambio de las estaciones, en la meteorología, en el ciclo de la noche y el día. Podemos verlos en el crecimiento de las plantas; una semilla necesita tierra (yang) y agua (yin) para desarrollarse. De la cáscara rota de la semilla irrumpe un brote, y empiezan a desarrollarse unas raíces diminutas. El movimiento hacia arriba (yin) del tallo se ve compensado por el movimiento hacia abajo (yang) de las raíces. Cuando ese vástago asoma sobre la tierra su entorno cambia por entero. Se halla entonces bajo la influencia del aire (yin) y la luz del sol y el calor (yang). El tallo (yin) desarrolla hojas (yang) y frutos (yin). El fruto madura cada vez más (yin) hasta que finalmente cae a la tierra (yang), y el ciclo vuelve a empezar.

Podemos percibir también cómo el yin y el yang actúan dentro de nuestro propio cuerpo. La circulación y la respiración nos brindan un ejemplo perfecto. El corazón se contrae y dilata, la sangre cambia de roja a azul, y viceversa, y el aliento entra y sale. Cada una de las funciones de un organismo viviente manifiesta esas dos fuerzas. Por descontado que comprender correctamente la manera en que se manifiestan dentro del organismo ocasionando la enfermedad o la salud es una ventaja en cualquier arte curativo. Saber qué aceites son predominantemente yin o yang proporciona una guía básica para su aplicación en la enfermedad.

Nada es totalmente yin o totalmente yang; son dos términos enteramente relativos. Cuando decimos que alguna cosa es yin, queremos decir que sus cualidades son más yin que yang. Una hierba o un aceite esencial predominantemente yang contienen también propiedades yin. Hay una transformación constante de una cualidad a la otra. Cuando asciende el Sol, el yin disminuye y el yang aumenta. Cuando llega al cenit, predomina el yang; a medianoche, predomina el yin. Ambas cualidades están presentes siempre; no existe un cambio súbito de una a otra.

Yin y yang se equilibran siempre entre sí, aunque no siempre uno neutraliza al otro. Una tempestad está precedida y seguida por la calma. El tiempo caliente hace que el cuerpo pierda más calor. Un período de actividad intensa va seguido de un descanso. El hambre extrema se satisface comiendo mucho. A toda acción se opone una reacción igual y contraria. Cuando una enfermedad es ocasionada por alguna cosa yin, el organismo trata de compensar aumentando una de sus cualidades yang, aunque esto no va a suprimir necesariamente la enfermedad. En algunos casos puede aumentar la polaridad de yin-yang, causando una gran tensión.

El estreñimiento se ve interrumpido a menudo por períodos de diarrea. Una fiebre va seguida normalmente por un período de actividad baja con una temperatura inferior a la normal. Una depresión letárgica presenta a menudo intervalos de actividad febril, acompañados a veces de júbilo, cosa que se conoce como depresión maníaca. Una persona puede estar bastante enferma y no darse cuenta, debido a que el aumento del yin está contrarrestado por el yang. Una enfermedad crónica es una situación que incluye un desequilibrio serio que ha sido equilibrado artificialmente: hay niveles iguales de yin y de yang, pero no se hallan en el sitio debido del organismo. El corazón puede estar hiperactivo y los riñones hipoactivos. Los grados de yin y yang pueden estar equilibrados en conjunto, pero el cuerpo sigue estando enfermo. En ese caso se debe aplicar un remedio que propicie el yin (calme, enfríe) en el corazón y que propicie el yang (estimule, caliente) en los riñones. De ese modo se restablecerá un verdadero equilibrio, que traerá consigo una situación de salud. Al mismo tiempo, puede ser necesario tratar también el motivo del desequilibrio inicial para prevenir la recidiva del estado patológico. Ese motivo puede residir en el cuerpo, la mente o el entorno del paciente.

El yin y el yang se representan tradicionalmente como dos elementos opuestos (véase la figura).

Esa imagen representa el yin dentro del yang y el yang dentro del yin, equilibrando uno perfectamente al otro. La forma de «S» del centro representa la correlación dinámica existente entre esas dos cualidades. Representa también la energía vital pura —ni positiva ni negativa, pero situada exactamente en el centro del equilibrio; ni yang ni yin y, sin embargo, parte de ambos, porque sin esa línea no existiría ninguna de las dos formas—. Carece de dimensiones; es infinitamente delgado e infinitamente largo, porque representa la onda de energía vital que fluye a través de todo. Es una representación bidimensional de una espiral.

Los alimentos orgánicos

> Comed pues siempre de la mesa de Dios: los frutos de los árboles, el grano y las hierbas del campo, la leche de las bestias y la miel de las abejas. Porque todo lo que está más allá de eso es de Satanás y lleva a la muerte por la vía de los pecados y de las enfermedades. Pero los alimentos que comáis de la abundante mesa de Dios dan fuerza y juventud a vuestro cuerpo y no veréis nunca la enfermedad.
>
> *Evangelio de la paz de Jesucristo*

La importancia de una dieta orgánica en relación con la salud está siendo reconocida al fin por más gente. Aunque hay distintas escuelas de pensamiento —macrobiótica, vegetarianismo, vegetalismo—, todas están de acuerdo en la importancia de los alimentos integrales, en lo posible sin refinar y sabrosos. Ser vegetariano es algo más que abstenerse de comer carne y pescado. De hecho, ha emergido una escuela nueva de pensamiento que propugna la ingestión de alimentos *integrales* incluyendo la carne y el pescado, aunque no es fácil obtener carne sin adulterar. Tampoco es fácil, hablando en serio, comerse un cerdo «integral» al mediodía, y no digamos una vaca en la cena.

Los alimentos muy refinados (harina blanca, azúcar blanco, etc.) carecen de fuerza vital, cosa que no se puede sustituir añadiendo vitaminas, minerales o salvado. Los alimentos que contienen colorantes, aromatizantes o conservantes artificiales están intoxicándonos lentamente. Cuando añadimos vitamina C al zumo de grosella negra perturbamos el equilibrio y la armonía de una sustancia natural. Los ingredientes de los alimentos naturales guardan una proporción perfecta entre sí; no necesitan en absoluto ni adiciones ni sustracciones.

Lo que decimos de nuestros alimentos vale también para nuestras medicinas. Si son naturales, orgánicas y sin tratamientos, actuarán en armonía con las fuerzas curativas que existen dentro de nosotros, ayudando a su poder curativo y a restablecer la armonía del organismo. Los alimentos y medicinas naturales han estado con nosotros durante miles de años, los no naturales sólo durante un par de siglos —y su utilidad e inocuidad empiezan a ser cuestionadas muy en serio—. Se han prohibido aditivos alimentarios y fármacos por constituir un peligro para la salud. Y ¿cuántos de los que empleamos actualmente no van a ser proscritos en un plazo de veinte años?

Los alimentos no naturales —los que han sido procesados artificialmente de alguna manera— son un factor contribuyente al deteriorado estado general de salud de los individuos. En particular agobian de tal modo los procesos digestivo y asimilativo del organismo que éstos se vuelven ineficaces. Los resultados de una digestión deficiente y de una dieta antinatural son la malnutrición y la toxemia. La ingestión abusiva de almidón refinado, como el del pan blanco y los pasteles, puede contribuir a la gestación de una enfermedad conocida como celiaca, consistente en la incapacidad de digerir la proteína del trigo, especialmente en su forma de harina refinada. Muchos adultos y niños pequeños tienen afección celiaca. La ingestión habitual de azúcar, especialmente de azúcar blanco, puede conducir a la diabetes mellitus, que afecta a la capacidad del organismo para controlar el metabolismo de los azúcares.

La función principal del hígado reside en metabolizar el alimento ya digerido. Al recargarlo continuamente obligándolo a habérselas con sustancias químicas aisladas, especialmente en forma de fármacos, su eficiencia puede verse disminuida. Esto no sólo puede llevar a un metabolismo deficiente, sino también a trastornos de las demás funciones del hígado. El resultado podría ser una anemia, debida no sólo a una nutrición deficitaria, sino también a deficiencias de la digestión y del metabolismo. Otra consecuencia del mismo problema puede ser la cirrosis, que se asocia también con el excesivo consumo de alcohol. Un exceso de alimentos fuertes y adiposos puede producir trastornos de la vejiga y posiblemente cálculos biliares.

El gobierno británico acaba de publicar un informe titulado *Diet and Coronary Heart Disease*, con más de 350 referencias. El hecho mismo de que se haya hecho ese estudio constituye un verdadero hito, y se proyecta contra la ignorancia general de la profesión médica en lo tocante a cuestiones dietéticas en relación con las enfermedades. Esa ignorancia es comprensible, dado que apenas se toca la dieta en las escuelas de medicina. Lo malo del caso es que esa misma ignorancia ha dado origen a un sentimiento, común a muchos médicos, de que la dieta y las enfermedades no están relacionadas en absoluto entre sí, exceptuando los casos de deficiencias nutritivas extremas.

El informe citado concluye afirmando que muchos factores contribuyen a la cardiopatía isquémica. Uno de ellos es la obesidad, causada a su vez a menudo por una ingestión excesiva de azúcar. Otro es la hipertensión sanguínea, que se puede reducir considerablemente en algunas personas con la reducción de la sal común de la dieta. Dicho informe reconoce además que existe una correlación definida entre esa cardiopatía y la ingestión de sustancias grasas, especialmente en forma de ácidos grasos saturados (básicamente grasas animales, en oposición a las vegetales). Recomienda una reducción de las grasas dietarias, que aumentan continuamente en nuestro mundo. Reconoce también que un aumento de la proporción entre los ácidos grasos poliinsaturados (básicamente aceites vegetales) y los saturados en la dieta puede traducirse en la reducción del colesterol de la sangre. De todas maneras, deja muy claro que ese cambio dietético no reduciría forzosamente las probabilidades individuales de contraer la cardiopatía isquémica.

Existe una creencia general entre los terapeutas naturalistas de que el exceso de azúcar y grasa animal en la dieta es un factor contribuyente primario en la incidencia de las cardiopatías, especialmente cuando se combinan ambos excesos. Se cree también que el azúcar blanco es más dañino que las demás formas de azúcar, menos refinadas: se sigue de ahí la creciente popularidad de los diferentes tipos de azúcar moreno, y de las margarinas y similares que son más abundantes en ácidos grasos poliinsaturados. Se cree también que la sal marina es menos perjudicial que la sal común. Por supuesto que hay que consumir también esos alimentos con moderación. Aunque uno no corra peligro de contraer cardiopatías, no puede hacerle el menor daño mantener la presión arterial, el peso y el colesterol del suero sanguíneo a sus saludables niveles bajos normales.

Otro padecimiento relacionado con una dieta defectuosa es la toxemia. Consiste en la existencia en los tejidos del organismo de una cantidad excesivamente alta de toxinas (sustancias venenosas), sustancias que o bien no existen normalmente dentro del cuerpo o se mantienen a un nivel bajo y «seguro» mediante una eliminación eficaz. La congestión general del sistema corre pareja con una eliminación insuficiente. Esa situación puede deberse a comer más de la cuenta o simplemente a una alimentación defectuosa, y se traduce a menudo en obesidad, pero puede producir también otros problemas del tipo de la celulitis o las enfermedades de la piel. La toxemia tiene siempre algo de círculo vicioso. Los órganos eliminadores no pueden funcionar debidamente cuando el sistema entero, incluyendo esos órganos está sometido a una intoxicación. La congestión, por otra parte, sólo puede aliviarse mediante la eliminación.

Las toxinas en cuestión provienen de dos orígenes. En primer lugar pueden entrar con el alimento en forma de colorantes, aromatizantes y conservantes artificiales, o de fármacos químicos, o pueden ser absorbidas a través de la piel a partir de los cosméticos que las contienen. El organismo sólo elimina parcialmente muchas de esas sustancias que, con el tiempo, van acumulándose lentamente en los tejidos. En segundo lugar, cuando un alimento del tipo de la harina blanca o el azúcar blanco incluye aditivos o ha sido desvitalizado, no se encuentra ya en una forma orgánica y a menudo es difícil de digerir. Al tratar de asimilar semejantes «alimentos», el organismo pierde en realidad «por robo» algunas de las vitaminas y minerales que tiene almacenados. El hierro, por ejemplo, no se puede digerir sin la presencia de una cantidad vestigial de cobre. Tras haber sido digeridos, esos «alimentos» traen consigo a menudo la producción de toxinas.

Algunas personas no experimentan efectos patológicos a pesar de seguir una dieta antinatural debido a que existen otros factores que influyen en el estado de salud general. Otras se sienten cansadas, desanimadas, pesadas, irritables, incluso en la posible ausencia de una enfermedad definida. Otras, en cambio, pueden verse afectadas más a fondo y contraer una enfermedad de la piel: este trastorno es un resultado de los esfuerzos que hace el organismo para eliminar, a través de ella, las toxinas que tiene en la sangre. O sea que cualquier tratamiento que suprima ese trastorno dérmico frustrará el empeño del organismo en curarse, y hará mayor el problema.

El tratamiento más elemental y simple para eliminar el problema de la congestión tóxica es el ayuno. No necesito ahondar en la historia del ayuno, pues se trata desde luego de una terapia antiquísima y, según el *Evangelio de la paz de Jesucristo*, lo ponía en práctica Jesús para curar a los enfermos. La teoría que sustenta el ayuno es muy simple; el cuerpo humano puede funcionar tranquilamente sin alimento entre una y cuatro semanas, según el estado en que se encuentre el individuo. Muchas personas están subalimentadas porque su organismo no puede asimilar la alimentación inorgánica que consumen. No puede hacerlo debido a que los mecanismos asimiladores han sido deformados y dañados parcialmente por largos períodos de comer mal. Un ayuno proporcionará un descanso a los órganos que digieren y permitirá que el poder natural de curación del organismo corrija la deficiencia del mecanismo asimilador. En este sentido el ayuno es capaz a veces de curar una malnutrición. De todos modos, no se debe emprender nunca un ayuno de más de tres días de duración sin la debida supervisión médica. Entendemos por ayunar no tomar otra cosa que agua, y lo ideal es que sea agua pura de manantial. En términos rigurosos, cuando uno ingiere cualquier otra cosa no se trata de un ayuno, aunque la mayoría de la gente incluye una dieta de zumos de fruta dentro del encabezado de ayuno. El mosto de uva es con mucho el mejor zumo de fruta como bebida durante el ayuno. Se debe tomar la capacidad de un vaso de vino cada tres horas; se puede tomar también agua, la que se necesite para calmar la sed. Un ayuno debe ir seguido siempre de una saludable dieta orgánica, de otra manera la nocividad de los alimentos no naturales nos amenazará de nuevo.

Una dieta orgánica y saludable se basa en frutas, verduras, cereales, leguminosas y algunos alimentos altos en proteína. La fruta debe ser sobre todo fresca, con algo de fruta seca. Se puede tomar cualquier verdura de la temporada, ya sea cruda o cocida. Los cereales incluyen el arroz, el trigo, el maíz, la cebada, la avena, etc., y se deben tomar los granos enteros en el caso del arroz, el maíz y la cebada, aunque el trigo y la avena son tal vez más sabrosos en otras formas. Las legumbres incluyen las judías, guisantes, garbanzos y lentejas. Las judías y los guisantes pueden comerse frescos o secos; hay muchas clases de «judías», incluyendo la soja, las alubias y los frijoles. Son también alimentos muy proteínicos los «frutos secos» (nueces, almendras, avellanas, cacahuetes), el queso, algunas semillas (p. ej., el sésamo, las «pipas» de girasol) y la levadura, que contiene el máximo porcentaje de proteína vegetal y se vende en extracto y con distintas formas. Inevitablemente, nadie querrá apegarse rigurosamente a esa dieta; la mayoría de las personas incluirá también cosas tales como pan, mantequilla, margarina, azúcar, té, café, etc. Los alimentos que he sugerido constituyen una dieta ideal y cuanto más podamos acercarnos a ella, más saludable será la dieta resultante.[1]

Adjunto una tabla con el contenido en proteínas de distintos alimentos, sencillamente para demostrar que no es necesario comer carne para garantizar una ingestión adecuada de proteínas. Hay que tomar desde luego todos los aminoácidos esenciales, pero no hay por qué tomarlos todos en un solo alimento. Lo esencial es que nuestra dieta contenga un surtido idóneo de proteínas vegetales:

Soja*	35,0
Pollo (asado)	29,6
Cacahuetes (tostados)	28,1
Queso curado (tipo Idiazábal, Roncal, Cheddar, manchego y Mahón secos, etc.)	25,4

1. En el Índice terapéutico se hace referencia a veces a una «dieta no tóxica». Es el tipo de dieta a la que me estoy refiriendo. Es importante excluir el alcohol, las cantidades excesivas de café o de té, el pan blanco, el azúcar blanco, y demás alimentos superrefinados, la carne, volatería y pescado, y cualquier cosa que incluya aditivos químicos (saborizantes, colorantes, etc.).

Semillas de girasol*	25,0
Cordero (asado)	25,0
Frijoles*	24,0
Lentejas (secas)	23,8
Alubias	21,4
Almendras	20,5
Cacao en polvo	18,8
Chuleta de cerdo (asada a la parrilla)	18,6
Queso fresco (tipo de Burgos, requesón, etc.)	15,3
Carne de vacuno, promedio	14,8
Harina de avena	12,1
Huevos frescos	11,9
Bacon, promedio	11,0
Arroz integral*	8,0
Leche de vaca	3,3[2]

Siempre que nuestra dieta esté razonablemente equilibrada y sea orgánica, no necesitamos preocuparnos por si tomamos suficiente calcio, vitamina B_{12} o cualquier otro nutriente. ¡La *dosis* de preocupación y ansiedad de algunas personas en lo tocante a su dieta es ya suficiente para triplicar ella sola su necesidad diaria de vitaminas! Cuando el organismo está enfermo pueden hacerle bien determinadas vitaminas; deben tomarse en forma de alimentos ricos en esas mismas vitaminas y no en forma de píldoras o cápsulas que las contengan.

Me ha sorprendido siempre el que algunas personas vivan con bastante salud básicamente con hamburguesas y café, mientras otras parecen siempre propensas a enfermarse, incluso tomando los alimentos más sanos. Lo que ocurre es que nuestra actitud mental general, especialmente en lo que atañe a la alimentación, influye la relación existente entre la dieta y la salud. Cuanto más nerviosos estamos, más vitaminas necesitamos y es más probable que padezcamos enfer-

2. Todas las cifras hablan de porcentajes y están tomadas del *Manual of Nutrition* del Ministerio de Agricultura, Pesca y Alimentación del Reino Unido, exceptuando las referencias señaladas con asteriscos, que han sido tomadas de la *Diet for a Small Planet* (1971), de Frances Moore Lappe. La levadura tiene un 52 % de proteínas.

medades. Una actitud despreocupada y alegre nos acerca probablemente más a la salud que incluso una dieta orgánica.

Nos vienen a la memoria los alquimistas por su empeño en hallar la piedra filosofal y convertir un elemento en otro en su afán de conseguir oro. Lyall Watson sugiere que aquella transmutación de los metales era poco más que un símbolo del afán de transformar el hombre en algo más perfecto. Colin Wilson describe ese aspecto de la alquimia como un «intento del hombre de aprender a establecer contacto, a voluntad, con la fuente de poder, la luz analítica y la intención existentes en lo más hondo de la mente para superar los dualismos y ambigüedades de la conciencia cotidiana». La piedra filosofal era de hecho un símbolo de la clave de ese conocimiento místico.

La idea de transmutar elementos sufrió la burla de los científicos hasta que, en 1919, Ernest Rutherford demostró que se podía conseguir bombardeando elementos con partículas alfa. Pero durante todo el tiempo en que los alquimistas anduvieron en busca de la clave de la transmutación, todo el tiempo en que los científicos se burlaban de aquella idea y todo el tiempo en el que Rutherford, y otros después de él, se dedicaban a transmutar elementos en el laboratorio, se estuvo produciendo una transmutación dentro de su mismo cuerpo. Y se está produciendo ahora dentro del lector, mientras lee estas líneas. Se ha efectuado dentro de cada planta y cada animal que han habitado este planeta. Aquello que buscaban con tanto afán fuera, estaba ocurriendo dentro. Del mismo modo, la «piedra filosofal», la clave del conocimiento espiritual, se halla dentro de nosotros.

Se le atribuye a Louis Kervran el descubrimiento de que las plantas y animales transmutan elementos, aunque eso lo sabían ya los antiguos chinos, que sabían además que en los seres humanos esta transmutación ocurría principalmente en el hígado. Kervran descubrió que las gallinas son capaces de transmutar el potasio. Otros experimentos han revelado que las plantas son capaces de medrar, produciendo una serie de elementos y compuestos, a partir únicamente de agua destilada.[3]

3. Véase *La vida secreta de las plantas* (1973), de P. Tompkins y Ch. Bird.

Si en el hígado humano tiene lugar una transmutación de elementos, ello explica por qué millones de personas se las arreglan para sobrevivir con dietas sumamente inadecuadas, y no me refiero a la población de los países «subdesarrollados». Por otro lado, un deterioro hepático del tipo del causado por el alcoholismo, puede llevar al consiguiente deterioro de la capacidad transmutadora de esa víscera. El alcoholismo se asocia por lo común con una malnutrición que se suele atribuir a la falta de apetito. Siempre que se aprecie una malnutrición o una deficiencia del organismo, se debe examinar la salud del hígado.

La principal función conocida del hígado es la de la metabolización del alimento digerido, al descomponer determinadas sustancias y sintetizar otras. Entre sus funciones están: la desanimación de la proteína, la desaturación de las grasas, la síntesis de vitamina A, y la formación de las proteínas del plasma, albúmina, globulina, protrombina, fibrinógeno, heparina, anticuerpos y antitoxinas. Debido a su gran nivel de actividad, el hígado produce más calor que otra parte del cuerpo. Si se efectúa una transmutación en alguna parte del organismo tiene que ser en el hígado, al existir en él un nivel de energía tan elevado. La transmutación es una parte natural del abastecimiento del cuerpo con las sustancias que necesita y es primariamente una función hepática.

En tanto que recibe todas las sustancias básicas (proteínas, carbohidratos, oligoelementos, etc.) el hígado puede fabricar probablemente cualquier sustancia requerida por el organismo humano. Claro está que, si esas sustancias no se hallan en una forma orgánica, la capacidad del hígado para metabolizar en general, y particularmente para transmutar, sufrirá un deterioro. No sabemos cómo pueden transmutar elementos los seres vivos, aunque sabemos ya que no es de un modo idéntico al proceso empleado por Rutherford, porque eso sería imposible. Tiene que efectuarse de una manera peculiar y por los organismos vivos, y es lógico asumir que los alimentos orgánicos se prestarán mejor a ese proceso y que los alimentos no naturales pueden, con el tiempo, deteriorar esa función.

Más importante que el causado por los alimentos no naturales es el efecto causado por la mente. La ira, el odio, la frustración, la envidia y la ansiedad es probable que causen lesiones en el hígado o que obstaculicen su capacidad para metabolizar y transmutar. Cualquier preocupación puede causar enfermedad física. Un informe de 1976 sugiere que muchos pacientes neuróticos graves mueren prematuramente sin una enfermedad física apreciable y que entre los neuróticos hay una proporción de muertes mucho mayor de la que se podría esperar.[4]

Cuando se trata una deficiencia nutritiva o un estado nutritivo empobrecido, no siempre es suficiente recomendar suplementos dietéticos o un cambio de dieta. Aunque conviene hacerlo, también puede ser necesario tratar el hígado en particular y el trastorno emocional relacionado con él. Con frecuencia pueden ser útiles para esos dos objetivos los aceites esenciales. Un breve ayuno suele dar buen resultado en esos casos, porque limpia al mismo tiempo la mente y el cuerpo.

Que seamos capaces de transmutar elementos en determinadas condiciones de laboratorio no explica cómo puede efectuarse la transmutación en los organismos vivos donde no se dan esas condiciones de alto nivel de energía. Que no podamos entenderlo, aunque sabemos que ocurre, es muy frustrante y refleja nuestra falta real de conocimientos en lo tocante a la naturaleza de la materia y de la vida misma. Acaso lleguemos a hallar la respuesta haciendo experimentos con reactores de plutonio o con ciclotrones; acaso podamos hallarlo en ese conocimiento místico por el que tanto se esforzaron los alquimistas.

> Y es de tan alta excelencia
> aqueste sumo saber,
> que no hay facultad ni sciencia
> que le puedan emprender.
> Quien se supiere vencer
> con un no saber sabiendo,
> irá siempre trascendiendo.

SAN JUAN DE LA CRUZ

4. Véase *London Evening News*, 5 de marzo de 1976.

Capítulo 4

Los olores

> Si los olores pueden llegar a producir satisfacción, son tan soberanos en las plantas y tan deleitosos que ninguna preparación de los boticarios puede igualar su excelente virtud.
>
> JOHN GERARDE

Desde luego el hombre primitivo utilizaba más la nariz que nosotros hoy en día. Por mucho que quisiéramos seguirnos el rastro los humanos unos a otros olisqueando el suelo, ¿qué probabilidad tendríamos del menor éxito? La mayoría de nosotros vivimos en una atmósfera contaminadísima y consumimos una dieta creadora de *mucus*. Si además fumamos, tenemos un sentido del olfato todavía peor. Sólo ayunando puede uno redescubrir la agudeza de los propios sentidos, especialmente la del olfato. Entonces uno puede llegar a apreciar la intensidad, belleza y sutileza, digamos, del aroma de una manzana fresca. Es casi igual que echar un vistazo a otro mundo: nos damos cuenta de hasta qué punto nuestra percepción del mundo depende de los sentidos que empleamos para percibirlo. Por ese motivo, aunque vivimos todos en el mismo mundo, en otro sentido vivimos en mundos enteramente distintos según nuestra percepción e interpretación de las cosas.

Esto revela lo importante que son los sentidos para nosotros. La nariz nos es probablemente menos importante que los ojos o los oídos, pero tiene también su valor. El sentido del olfato constituye la mayor parte de lo que consideramos nuestro sentido del gusto. Cuando uno tiene un resfriado, y la nariz tapada, la lengua puede saborear todavía perfectamente, pero la función del olfato se reduce más o menos. Aunque podamos saber, por la inteligencia, qué alimentos nos gustan y en qué consiste una dieta equilibrada, seguimos dependiendo muchísimo del buen funcionamiento de la nariz en la cocción y preparación de la comida y el disfrute de ésta es ante todo un fenómeno nasal.

Justo del mismo modo que el oído sabe distinguir entre el ruido y la música, la nariz distingue los olores «malos» y los «buenos». Los malos olores suelen estar asociados con la falta de higiene, la putrefacción y la enfermedad. En los últimos años, por ejemplo, la polución atmosférica se ha convertido en un problema serio, pero seguro que el humo de la calefacción, los escapes de los coches y los gases de los vertidos industriales no producen aquel hedor que saturaba las ciudades de Europa en la Edad Media. Cuando los basureros hacen una huelga prolongada nos hacen sentir cómo sería vivir entonces en una ciudad. Dan McKenzie comenta, refiriéndose al Edimburgo de principios del siglo XIX:

> Y aquel guiso entero era ignorante del todo de lo que llamamos drenaje. Del todo. Sin embargo, había que desembarazarse de los productos de desecho de la vida, de las sobras y aguas de fregar de la humanidad, lo que las criadas llamaban «lavazas». Era un problema muy fácil de resolver para nuestros dignos bisabuelos edimburgueses. Después de oscurecer abrían de par en par las ventanas altas en esas «tierras», y con un estridente «Gardy-loo» (*¡Agua va!*), una cascada de «aclaraduras» y cosas peores caía hasta la calle salpicando ruidosamente.

Los olores «malos» se han contrarrestado siempre por medio de sustancias aromáticas agradables. Si es cierto que hasta hace muy poco los europeos apenas sabíamos qué era bañarse a menudo, conocíamos más, en cambio, y utilizábamos, cantidad de perfumes. Los egipcios momificaban sus muertos con resinas y especias aromáticas; se usaban sustancias aromáticas para poner coto a la peste y se incensaban y perfumaban a más y mejor los lugares y personajes sagrados o reales. Se dice también que cada enfermedad tiene su propio olor. Sigue comentando Dan McKenzie:

> Los médicos de la última generación solían decir que la fiebre tifoidea tiene un olor denso y empalagoso, y que el olor de la viruela es horrible [...]. Hay otros, en cambio, menos fuertes y repugnantes [...] el olor ácido del reumatismo, por ejemplo, y a veces he pensado que podía percibir un olor característico también en la nefritis aguda, un olor que recordaba al de los desperdicios. El olor de una hemorragia fuerte es inconfundible y muy preocupante, sobre todo para los obstétricos.

Podríamos añadir que en la diabetes, el aliento y la orina suelen oler a acetona, el conocido olor de la pintura de uñas.

Francis Bacon afirma que acompañaba a la peste un olor dulzón:

> Se ha dicho que la peste se adquiere muchas veces sin un sentido manifiesto. E informan otrosí que cuando lo hay, tiene un trasunto del olor de una manzana madura; y (como dicen algunos) de flores de espino blanco; y se ha sabido también que los olores de flores que son dulzones y empalagosos son malos para la peste, como los de las azucenas, las primaveras y el jacinto.

Aquí podemos explicar una vez más el principio homeopático según el cual *similia similibus curantur* (cada cosa cura lo que se le parece).

El olor del aliento, la transpiración, la orina y las heces proporcionan una ayuda subjetiva, aunque muy práctica, para hacer el diagnóstico —es un criterio poco atrayente, pero fue muy utilizado por los médicos de siglos pretéritos.

Algunas de las enfermedades más infecciosas tienen olores de lo más abominable. ¿No es apropiado en consecuencia, que los agentes curativos más agradables y perfumados sean los más antisépticos? No sólo eclipsan los olores malos, sino que destruyen efectivamente las bacterias que los ocasionan; de ahí proviene el uso de los ambientadores, desodorantes y antisépticos.

Aunque el sentido del olfato del hombre no es tan agudo como el del perro, el gato o las mariposas nocturnas, poseemos en teoría un sentido del olfato realmente agudo. La nariz humana puede detectar fácilmente, por ejemplo, sólo una parte de etil mercaptano diluida en dos mil millones de partes de agua, y distinguirla del agua común y corriente. Se trata de un ejemplo excepcional, siendo una cifra más representativa una parte en 10.000. Hace falta una concentración todavía algo más alta, 1:1.000, para diferenciar el olor que percibimos. El hombre es capaz además de distinguir entre *muchos miles* de olores distintos.

Por sorprendente que parezca, no sabemos todavía con exactitud cómo se efectúa la percepción del olor; tenemos unos conocimientos mucho más minuciosos sobre la percepción de la vista y el sonido. No es por falta de información en cuanto a la estructura del órgano del sentido olfativo, pero su funcionamiento sigue encerrando algún misterio. El «techo» del interior de la nariz está revestido por una delgada capa de *mucus* en la que sobresalen unos pelos finísimos; no es seguro si esos pelos sobresalen por encima del *mucus* o sencillamente dentro de él. Constituyen los extremos de las células nerviosas olfatorias filiformes, cada una de las cuales tiene de seis a doce de esos pelos. Los mismos son a su vez extensiones desnudas de las neuronas olfatorias mismas, por lo cual la olfacción es un caso excepcional entre los sentidos al presentar una interacción en extremo directa entre la neurona y la fuente de estimulación. El otro extremo de cada neurona conduce directamente al bulbo olfatorio del cerebro. Por lo tanto, la estimulación olfativa tiene la facultad de producir un efecto inmediato y directo en el sistema nervioso

Es necesario el movimiento del aire para que se produzca una olfacción continua. Esto se debe a que las moléculas odoríferas «consumen» su energía en un período de tiempo brevísimo, siendo necesaria su inmediata sustitución por otras nuevas. Otro atributo de la percepción olfativa es su «desvanecimiento». Si se inhala el mismo olor durante más de unos pocos segundos, ese olor empieza a desvanecerse, pudiendo esfumarse por completo. Ese efecto está más acusado en unos olores que en otros. Dan McKenzie hace la observación de que ¡parece brillar del todo por su ausencia cuando nos encontramos con los olores más desagradables!

Los hechos mencionados demuestran que el sentido del olfato es más dinámico que ningún otro. Su efecto es inmediato, y después se esfuma; no es constante como los demás sentidos. El efecto del desvanecimiento puede contrarrestarse olfateando un olor diferente, pero existe también un efecto «de cansancio». Aunque uno siga oliendo cosas diferentes, después de un rato la olfacción va haciéndose cada vez menos aguda, hasta que apenas puede percibirse ningún olor. Parece como si el organismo nos dijese que basta con muy poco cuando se trata de olores. Los perfumeros trabajaban siempre con disoluciones de las sustancias olorosas, que muy rara vez, si acaso, emplean puras. Aun procediendo así, los efectos del «desvanecimiento» y del «cansancio» presentan problemas, como es natural. Los perfumeros tienen que hacer frente además al hecho de que la mayoría de los olores ejercen algún efecto en el organismo, en particular en el sistema nervioso.

La revista *Soap, Perfumery, and Cosmetics* publicó, en julio de 1975, un artículo sobre este problema:

> No hay que olvidar que las investigaciones antiguas y recientes resaltan la actividad farmacodinámica de los aceites esenciales y sus componentes químicos. En este sentido poseen unos u otros y en diferente grado, propiedades antisépticas, revulsivas, hipnóticas, afrodisíacas, tónicas, vejigatorias y analgésicas. Por lo mismo no sería sorprendente que entre todas estas materias primas, tanto naturales como sintéticas, exista alguna responsable de sensibilizar el organismo en forma de agresiones patológicas subsiguientes a la inhalación de los vapores desprendidos. Son manifestación de ello los fenómenos observados de intoxicación transitoria e irritación local.

Se hace mención también de cefalalgias, náuseas y alergias. La inhalación prolongada de cualquier aceite esencial podría causar eventualmente dolores de cabeza u otros síntomas. La inhalación de muchos aceites diferentes, uno tras otro, produce una reacción más rápida y más acusada.

Hay que hacer hincapié, sin embargo, en que las esencias son unos agentes terapéuticos *potentes*, que hay que utilizar siempre con moderación. La inhalación de varias esencias diferentes tiende por fuerza a confundir el sistema nervioso, hasta el punto de que, si uno persiste en ello, se le producirán dolores de cabeza violentos y una náusea extrema. Eso no ocurre del mismo modo con una mezcla de esencias, es decir, con el uso simultáneo de varios aceites distintos. En este caso sus propiedades se combinan o equilibran entre sí dando forma a un producto de propiedades individuales propias. Una mezcla de aceites no ejerce ningún efecto peor que un solo aceite.

Es opinión común que los negros hacen mejores perfumes que el hombre blanco: se cree que perciben los olores con mayor agudeza. Esto se relaciona con el hecho de que sus células olfativas y las células epiteliales que las rodean, están pigmentadas. Esto presenta un obvio paralelismo con el proceso de la visión en color que se ha demostrado que involucra diferentes pigmentos. Se desconoce el papel que desempeña el pigmento olfativo, pero podemos suponer que tiene tanta importancia para la diferenciación de los olores como el pigmento ocular en la de los colores. En estos pigmentos podemos ver la existencia de una correlación entre el olor y la vista, que podrían ser sencillamente dos tipos diferentes de una misma vibración.

Parece probable que los olores produzcan vibraciones situables dentro de la escala electromagnética conocida. Daniel McKenzie postula la posible existencia de dos tipos de mecanismo de percepción olfatoria que operarían simultáneamente. Uno de ellos es químico, y depende de la inhalación efectiva de moléculas odoríferas; el otro tipo es vibratorio y mediante este mecanismo pueden percibirse olores aunque no llegue ninguna molécula a la nariz. Cita el caso de una mariposa pavo real hembra que atrajo a docenas de machos desde varios kilómetros de distancia a pesar de que tuvieron que volar contra el viento, por lo que su olor no pudo haberles llegado.

No hay que confundir este tipo de teoría con las modernas teorías vibratorias de la percepción de los olores, según las cuales las moléculas odoríferas, al vibrar a diferentes frecuencias en diferentes sustancias, comunican esa vibración a los pelos olfativos. Esta teoría está haciéndose muy popular —y también muy controvertida, porque tiene oponentes—. R. H. Wright, un investigador estadounidense, publicó un artículo en 1954 en el que afirmaba que si la percepción de los olores está asociada con una vibración molecular, las frecuencias involucradas, por motivos cuánticos y termodinámicos, tienen que corresponderse con la parte infrarroja del espectro. Volvemos a encontrar aquí una correlación entre el color y el olor. Los rayos infrarrojos están tan cerca del espectro visible que podemos denominarlos «color invisible». ¿Qué son los olores sino colores invisibles? En el libro de Krippner y Rubin *The Kirlian Aura* se sugiere que si el sentido del olfato se relaciona con las ondas electromagnéticas, podríamos esperar que la piel sea sensible a los olores. Esto no es tan inverosímil como podría parecer. Sabemos que la piel es sumamente sensible a los aceites esenciales, pero es mucho más impresionante el hecho de que algunas personas puedan ver con la piel. En Rusia se ha enseñado a personas comunes y corrientes a distinguir colores por el tacto después de sólo unas cuantas horas de instrucción. Se dice que cada color tiene su textura propia: el amarillo es «resbaladizo», el rojo «pegajoso». Esas personas han aprendido también a distinguir colores sin llegar a tocar el objeto dado. Rosa Kuleshova, que fue examinada exhaustivamente por la Academia Soviética de la Ciencia, puede ver de hecho con las manos y los codos, y leer un periódico sin llegar a tocarlo. Si la gente puede leer con la piel, tal vez sea posible también la percepción olfativa dérmica.

Los sentidos padecen a menudo una confusión bajo la influencia de drogas alucinógenas del tipo del LSD. Una persona puede «oír» sabores, «oler» colores y «ver» música. Existe evidentemente alguna correlación entre el color, el olor y el sonido. Los tres tienen un potencial de curación que podría estar combinado. Es un aspecto digno de ulterior investigación. Otra moderna teoría de la percepción de los olores se relaciona con la forma de las moléculas odoríferas. J. E. Amoore ha demostrado que las moléculas esféricas tienen un olor alcanforáceo, las de forma de disco tienen un olor floral y las cónicas un olor parecido al de la menta. Esto no está en contradicción con la teoría vibratoria y tal vez podría demostrarse que se trata de dos aspectos de un mismo fenómeno. La forma es también un producto de la vibración, lo mismo que el olor, el color y el sonido.

La teoría de McKenzie sobre una «vibración sutil» en vez de una vibración física tiene más que ver con el sexto sentido, con la percepción extrasensorial. Todo objeto tiene una vibración sutil que produce e impone su forma, olor, color o sonido. Una persona sensible puede detectar esa vibración directamente, sin necesidad de los sentidos externos. Es de ese modo como un sanador detecta la vibración de la enfermedad. Puede ser capaz de deducir de su vibración no sólo dónde está, sino también en qué consiste. Puede emplear también su propio cuerpo para producir una vibración curativa o puede utilizar un agente curativo, por ejemplo, un aceite esencial

Los aceites esenciales son unas sustancias naturales, orgánicas. Son como leche dentro del pecho de la madre —una parte de la planta y, sin embargo, una sustancia separada del resto de la planta—. Mientras se las conserva en las debidas condiciones después de la destilación, no pierden su calidad orgánica y conservan por lo mismo su valor terapéutico. Aunque las propiedades de las esencias no son siempre exactamente las mismas de las plantas de que proceden, esas esencias «representan» a las plantas en un grado muy alto. La esencia en cuestión puede no contener todos los componentes químicos de la planta, pero su vibración es similar, y normalmente resulta que tiene las mismas propiedades. La esencia no es la planta, pero habla por ella y tiene su misma personalidad. La esencia, como indica su nombre, está más concentrada y es más sutil que la hierba en cuestión; actúa a niveles más altos y tiene un efecto emocional más pronunciado.

¿Por qué aceites naturales? ¿Por qué no cualquier cosa de buen olor, sea natural o sintética? La respuesta es sencillamente que las sustancias sintéticas o inorgánicas no contienen ninguna «fuerza vital»; no son dinámicas. Son sustancias orgánicas las que se encuentran en la naturaleza, como los aceites esenciales. «Orgánico» quiere decir también «estructural», algo que «se caracteriza por la coordinación sistemática de las partes en un todo». La naturaleza tiene una estructura que no se puede duplicar artificialmente. Podemos sintetizar sustancias químicas, pero no podemos estructurarlas de modo que constituyan una cosa orgánica. Tome una manzana y hágala pasar por una licuadora. Por un lado le sale el zumo y por el otro la pulpa. Ahora vuelva a poner juntos el zumo y la pulpa. ¿Vuelve a tener una manzana? Se ha destruido la estructura de la manzana y no hay científico en este mundo que pueda duplicar esa estructura. Sabemos actualmente, a partir de experimentos hechos en Rusia con la fotografía de Kirlian, que cualquier sustancia viva, orgánica, emite radiaciones que se pueden ver en forma de luz. Se trata de una manifestación de la «fuerza vital», ese poder que da la vida. Sabemos también que las sustancias inorgánicas del tipo de los fármacos suelen producir efectos secundarios negativos, con frecuencia acumulativos, que pueden tardar algunos años en manifestarse. Todo está compuesto por sustancias químicas, pero las sustancias orgánicas del tipo de los aceites esenciales tienen una estructura que sólo puede engendrar la Madre Naturaleza. Esas sustancias tienen una fuerza vital, un impulso adicional, que sólo se puede hallar en las cosas vivas. Parece lógico sugerir que la comparativa inocuidad de las sustancias orgánicas tiene algo que ver con el hecho de que sean naturales; que la misma fuerza vital sostiene tanto a un ser humano como a una flor y por lo mismo ambos están en armonía; que la estructura orgánica de la flor la hace relativamente inofensiva al cuerpo, orgánico, del ser humano; que el efecto benéfico obtenido de las plantas, como en el caso de los remedios florales de Bach, se debe tanto a su fuerza vital (y a su estructura orgánica) como a sus componentes químicos.

Aunque la composición de la mayoría de los aceites esenciales es compleja, actualmente es posible hacer un análisis completo de sus componentes químicos. El aceite puede reconstituirse artificialmente combinando los mismos componentes químicos en las debidas proporciones. El único motivo de acudir a ese proceso es que puede resultar más barato que el empleo del aceite natural. El olor de los aceites reconstituidos nunca es superior al de los aceites naturales —y suele darse el caso opuesto—. Tampoco, en contra de lo que se podría esperar, pueden compararse con los aceites naturales en lo que toca a potencia terapéutica.

Los instrumentos de la aromaterapia son naturales: esencias botánicas y aceites vegetales. Pero nunca empleamos sustancias aromáticas de origen animal como la algalia, el almizcle o el castóreo. Esas sustancias no sólo provienen de los intestinos o las gónadas de animales, sino que su obtención exige la muerte o el sufrimiento del animal en cuestión. Las vibraciones producidas por la muerte y el sufrimiento no son admisibles en una curación. Por el mismo motivo tampoco usamos aceites grasos como los de tortuga, el espermaceti (de ballena) y los de hígados de peces. Sobra decir que esto corre parejo con los principios vegetarianos de la terapéutica natural. Tampoco utilizamos aceites minerales porque proceden de fuentes muertas, inorgánicas, sin fuerza vital natural y por consiguiente no pueden tener un verdadero valor terapéutico.

La investigación moderna y las técnicas analíticas nos han permitido establecer, en muchos casos, por qué una hierba en particular es buena para una enfermedad concreta. Sabemos, por ejemplo, que el aceite esencial de las flores de manzanilla (camomila) contiene una sustancia llamada azuleno. Llamado así por su color azul, es un agente antiinflamatorio; de ahí la eficacia de la manzanilla en los casos de escozor o inflamación de la piel, de conjuntivitis, etc. (Tiene caso y sentido que el azuleno sea azul, dado que el azul está situado en el espectro en el extremo opuesto al rojo, color propio de la inflamación.) El azuleno es muy utilizado (como sustancia extraída, aislada) en cremas para la piel. Sin embargo, el hecho concreto de que determinado componente sea el causante principal del efecto activo de una planta, no implica precisamente que ese «ingrediente activo» sea más eficaz si está aislado —o sintetizado. En el libro *Aromathérapie*, del doctor Valnet, hallamos este pasaje, traducido expresamente:

> La esencia natural, no adulterada, se ha revelado como más activa que su componente principal [...]. En 1904 Cuthbert Hall demostró que las propiedades antisépticas del aceite de eucalipto son mucho mayores que las de su componente principal, el eucalipto.

Es posible que la razón de esto resida en quc los componentes menores ejerzan un efecto sinergético (controlador) en el principal. Volvemos así a la idea de un todo estructural orgánico que, cuando se descompone en partes, pierde alguno de sus efectos benéficos. La fotografía de Kirlian nos ha revelado que el aura de una hoja se desvanece al morir esa hoja. Del mismo modo la fuerza vital, o aura, de una sustancia orgánica se desintegra al hacerlo la sustancia en cuestión.

Hemos visto antes que el uso externo de los aceites y aguas perfumados tiene una larga historia en el tratamiento de trastornos internos. Probablemente la forma más antigua de la terapia aromática fue la *fumigación*. La practicaron en el Antiguo Egipto, Babilonia y la Inglaterra de los anglosajones. En su origen, la práctica de la fumigación se distinguía muy poco de la de quemar incienso. Se la utilizó al principio en las enfermedades nerviosas, para expulsar los espíritus malos y como proceso de purificación. Se sometía a menudo a las mujeres a la fumigación durante los períodos menstruales y puerperales. Esto pudo haberse debido a que por aquel entonces se las consideraba impuras en esos momentos, pero también a que las hierbas empleadas pudieran ejercer efectos benéficos en tales circunstancias.

Teofrasto habló de las propiedades medicinales de los perfumes y del efecto de los emplastos y cataplasmas en los tumores y abscesos. Escribió: «Si uno se pone un emplasto en el abdomen y el pecho, exhala olores fragantes en el aliento». Los herbolarios ingleses de los siglos XIV y XV utilizaron a menudo la untura de aceites para el tratamiento de enfermedades. El extracto siguiente se refiere a uno de los aceites mencionados en *An Herbal*:

> Y si se unta con esto a un hombre desde el ombligo hacia abajo, hasta las partes, por delante y por detrás, le quita el olor de las venas. Y si se unta a una mujer con esto de la misma manera le limpia la matriz y la hará capaz de concebir.

El aceite a que se refiere aquí es difícil de descifrar, pero da la impresión de que se refiere al de enebro. Dar masaje con el aceite tanto detrás como delante de la parte afectada es el método más eficaz del tratamiento externo con aceites aromáticos.

Las hierbas se utilizaban también por vía externa en forma de cocimientos e infusiones, que se aplicaban ya fuese en forma de baños o de compresas. El más famoso exponente de este tipo de medicina herborística es Maurice Mességué, que publicó hace años una autobiografía titulada *Hombres, plantas y salud.* Mességué utiliza siempre sus hierbas por vía externa, y recoge y seca siempre él mismo las que emplea. Sus tratamientos han sido tan efectivos que, de simple campesino de aldea ha pasado a ser un sanador de gran prestigio, habiendo tratado personas tales como Winston Churchill, Konrad Adenauer y el príncipe Ali Kan.

Tras muchos años como herbolario, Mességué está en condiciones de contemplar un nivel de éxito realmente considerable. Uno de sus colegas ha compilado una lista de enfermedades que había tratado con frecuencia. Entre las cifras, en porcentajes, de casos completamente curados, están un 98 % del eczema, 80 % del insomnio y la migraña, 60 % del asma y 30% del reumatismo crónico. Qué parte del éxito de Mességué se deba a sus hierbas y qué parte se deba a su persona es un asunto sobre el que sólo podemos hacer conjeturas. Recibió la mayor parte de su conocimiento de las hierbas de su padre, que había aprendido probablemente del suyo.

Mességué utiliza únicamente una pequeña selección de hierbas, aromáticas alrededor de la mitad de ellas. Figuran entre ellas la manzanilla, el espliego, la melisa, la hierbabuena, la rosa, la salvia y el tomillo. Aplica sus tratamientos únicamente por vía externa, incluyendo baños de pies y manos, baños de asiento, duchas vaginales, emplastos, compresas y gárgaras. Esos tratamientos los aplica principalmente el paciente mismo en casa, por lo general al menos una vez al día.

La historia de las aguas aromáticas es tan antigua como la de los aceites aromáticos y sigue un curso paralelo al de éstos. Tras la invención de la destilación, se emplearon todavía más los tratamientos con aguas que con aceites, y la mayoría de las casas tenían sus propios «alambiques». En las casas más pudientes había una habitación especial dedicada a la destilación de aguas aromáticas, tarea a cargo de la «criada del cuarto del alambique».

Podemos reconstruir aguas aromáticas mezclando aceites esenciales con agua. El resultado no es exactamente el mismo que el de un agua aromática destilada, pero las dos tienen propiedades y vibraciones similares. Las aguas aromáticas son unos productos excelentes para todas las aplicaciones mencionadas antes. En el capítulo de los baños damos más detalles sobre su empleo. Aunque realmente las esencias no se disuelven en el agua, una mezcla de ambas cosas nos da un producto de excelente calidad terapéutica que se presta a una serie de métodos de aplicación distintos. El agua es probablemente el mejor medio para absorber las vibraciones y es, por supuesto, básica para todas las formas de vida. Parece ejercer un efecto catalítico en las esencias, extrayendo su fuerza curativa y ejerciendo al mismo tiempo un efecto moderador. Es algo así como si se reconstituyera el equilibrio original de las cualidades de la planta viva, al tiempo que el agua aromática es más sutil y dinámica que la planta misma.

El tratamiento básico de Mességué consiste en baños de pies y manos. Es difícil decir exactamente cómo actúan, pero el hecho de que lo hacen es indiscutible, y son más eficaces que los baños ordinarios, de cuerpo entero. Es interesante observar que los puntos más importantes y más utilizados en la acupuntura están situados por debajo del codo y por debajo de la rodilla.

No da la impresión de que Madame Maury hubiese empleado mucho las aguas aromáticas. Tras haber explorado a fondo los métodos ideales de la aplicación externa, se decidió por una mezcla de aceites esenciales y vegetales. La piel humana es afín a los aceites y absorbe más fácilmente los vegetales que los animales. Maury observó que dando masaje al cuerpo con aceites aromáticos se podían combinar los efectos de las esencias con los efectos benéficos del masaje mismo. Formuló también la idea de la prescripción individualizada: de una mezcla de cuatro o cinco esencias que no sólo estaban indicadas para la enfermedad, sino también para la persona en cuestión. Se dio cuenta de que la enfermedad no es un incidente aislado, sino que está relacionada íntimamente con el estilo de vida, la actitud y la personalidad de cada individuo. Como no hay dos personas exactamente iguales, cada persona necesitaría un tratamiento individual. Igual que los homeópatas, modificaba a menudo la prescripción dada según iba cambiando y mejorando el estado del paciente. Rara vez, acaso nunca, empleó la misma prescripción con dos personas diferentes.

Al principio Madame Maury recetaba a sus clientes la inhalación de las esencias, pero comprobó que se trataba de una forma de tratamiento temporal y poco satisfactoria. En cualquier caso, se dedicaba ante todo a tratar problemas que afectaban el aspecto físico: problemas de la piel, obesidad, pérdida del pelo, etcétera. No la convencía la administración interna de esencias, pero se dio cuenta de que también podían penetrar en el cuerpo por la piel. Escribió:

> Si pudiésemos lograr que la sustancia odorífera penetrara directamente a través de la piel en los espacios extracelulares y de ese modo en los líquidos orgánicos que bañan las células, si pudiéramos difundir esta sustancia fluida dentro de un tiempo razonable y a un ritmo razonable, sería posible establecer un tratamiento nuevo y hallar un método nuevo. Éste por lo menos sería seguro, eficaz y no entrañaría peligro alguno.

La penetración cutánea de las esencias es una cosa más lenta y difusa y por lo mismo más segura que su inhalación o digestión. Ese tipo de penetración se produce tanto si las esencias están disueltas en aceite como si lo están en agua. En el caso de las aguas aromáticas sólo las moléculas odoríferas penetrarían en realidad en la piel, que es básicamente impermeable al agua.

Para que llegue a producirse una penetración dérmica efectiva, la piel misma tiene que encontrarse en un estado de salud razonable. Si los fluidos dérmicos y del cuerpo se hallan en un estado de congestión, habrá que recurrir al ayuno o la dieta junto con el tratamiento de la aromaterapia. Madame Maury hizo un estudio concienzudo de la penetración cutánea de distintas sustancias, centrado especialmente en los aceites esenciales. Sus investigaciones revelaron que una sustancia que se introduce por la piel puede difundirse, de hecho, por todo el cuerpo. Expuso:

> Esa difusión se efectúa mediante intercambios entre los líquidos extracelular y lagunares[1] y la sangre, la linfa y los tejidos. Los elementos introducidos son conducidos por los líquidos a los distintos órganos y retenidos selectivamente por éstos. La operación en sí tarda de tres a seis horas en un individuo sano y de seis a doce en el caso de un organismo muy congestionado. Posteriormente, nuestra propia experiencia nos enseñó que ese tiempo es considerablemente más breve en el caso de una naturaleza más transparente y diáfana.

Cuando las esencias penetran en el cuerpo por la piel, viajan por los líquidos del organismo de modo parecido a como lo hacen las hormonas por el torrente sanguíneo, con la diferencia de que no están limitadas a un sistema líquido particular, como aquél. Este método de aplicación podría ser más eficaz que la administración oral de aceites en el sentido de que asegura una difusión continua y adecuada por todo el cuerpo. Cuando se aplica un aceite aromático o una compresa sobre una zona afectada, las esencias penetran directamente hasta el órgano en cuestión.

Madame Maury se encontró con que sus prescripciones individualizadas reflejaban a menudo el estado del cliente en vez de representar una vibración opuesta. Esto se relaciona desde luego con el principio homeopático de *similia similibus curantur*. En el momento en que una dilución al 1 % de esencia penetra en la piel y se difunde dentro de los líquidos del organismo, el efecto producido en los tejidos debe ser afín al homeopático. La aromaterapia no es de hecho homeopática, pero cuando las esencias se utilizan en cantidades muy pequeñas el efecto se parece más a la aplicación de la vibración de una planta que a la planta en su forma natural o a un conjunto de componentes químicos.

1. Los líquidos lagunares se hallan entre la pleura y el pulmón, en el peritoneo y todas las demás cavidades del cuerpo.

Los aceites esenciales tienen tasas de evaporación muy diferentes. Los aceites más ligeros y volátiles son los de eucalipto y naranja, y los más lentos y pesados los de pachulí y de sándalo. Entre esos extremos, todas las demás esencias se evaporan con muy diferente rapidez. Los perfumeros se atienen a esta información para conseguir productos duraderos y equilibrados. Dividen la escala de evaporación en tres secciones: las notas altas, que son los aceites más ligeros, las medias y las bajas. Las «notas bajas» son utilizadas como fijadores, para «sujetar» a las notas más rápidas y conseguir que el aroma dure lo más posible. Las notas altas son los aromas más notorios cuando uno huele por primera vez un perfume. El aromaterapeuta necesita también conseguir un producto equilibrado cuando mezcla las esencias; no sólo en atención a su perfume, sino con el objetivo de que estén representados todos sus elementos.

Estas tres clases de esencias tienen también sus características propias. Madame Maury comenta que las notas bajas «actúan en general en el campo puramente vegetal y celular y que influyen en la calidad de los tejidos». Podríamos añadir que las notas bajas tienden hacia la solidez y la sedación, debiendo predominar en el tratamiento de las personas nerviosas, erráticas o volátiles. Se incluyen aquí la mayoría de las resinas y maderas, que actúan en las membranas mucosas y son útiles en las afecciones crónicas. Fueron las primeras sustancias aromáticas que se utilizaron y pueden ser útiles en los casos muy rebeldes o en los que se remontan en su origen a la niñez. Se las emplea bastante para tratar a la persona de edad.

Las notas medias afectan primariamente a la digestión, las funciones del organismo y el metabolismo. Incluyen la mayoría de las especias —cardamomo, pimienta, etc.— y muchas hierbas, incluido el espliego y la menta piperita. Hallamos entre ellas también a la albahaca, empleada para tratar la incapacidad de concentrarse o de asimilar información, el hisopo, en la presión sanguínea alta o baja, y la salvia esclarea (amaro), en los trastornos menstruales. En todas las composiciones debe estar presente por lo menos una nota media para garantizar la existencia de un vínculo entre los elementos rápidos y lentos, entre el aire y la tierra.

La notas altas son las esencias de acción más rápida, y deben predominar cuando existe un aletargamiento, melancolía o falta de interés extremos. Son estimulantes e inspiradoras e incluyen el romero, el enebro y la salvia. Estas observaciones deben tomarse como una guía general de apoyo en la formulación de las prescripciones individuales: no hay que atenerse a ellas en cada caso. Del mismo modo que todas las personas tenemos nuestro olor característico propio, es posible formular una mezcla de esencias especialmente indicadas para cada individuo. Se debe tener en cuenta su salud física y mental, así como su personalidad y su enfoque de la vida y de su enfermedad. No podemos separar nuestro estado de salud del género de vida que llevamos y de todo lo que influye en esa vida.

Capítulo 5

El cuerpo

> Lo que produce la armonía en todas las partes del hombre es la medicina, que asegura la salud [...].
>
> El cuerpo humano es un clavicémbalo, y cuando tiene las cuerdas demasiado flojas o demasiado tensas el instrumento está desafinado, la persona está enferma [...].
>
> Ahora bien, todo lo que hay en la naturaleza ha sido hecho para remediar las necesidades del hombre; por ese motivo hay toda clase de recursos en los arcanos de la medicina [...].
>
> Y cuando el clavicémbalo humano está desafinado, se puede buscar el remedio en la vasta extensión de la naturaleza; existe una cura para cada padecimiento de la carne.
>
> *El Evangelio Acuariano*

Muchas resinas y hierbas aromáticas y sus aceites esenciales respectivos entraron en el acervo de la medicina durante el siglo XVIII. Cuando el progresista siglo XIX desembocó en el siglo XX se había establecido en ese campo una trayectoria lenta aunque segura. El ramo de la perfumería se expansionó, al mismo tiempo que la investigación farmacológica adquiría una orientación cada vez más química. El descubrimiento y síntesis de los fármacos se convirtió en su preocupación central. Los herbolarios de antaño, mucho más preocupados por asuntos como los humores, los grados de calor, frío, humedad y sequedad, etc., habían logrado curar a sus pacientes incluso sin el menor conocimiento de esas medicinas y de sus enfermedades concomitantes. No se dedicaban únicamente a suprimir la infección, sino a hacer que sus pacientes estuvieran lo más sanos que se pudiera —un enfoque más positivo.

En ocasiones aquellos antiguos herbolarios emplearon sustancias aromáticas capaces desde luego de suprimir la infección; pero desconocedores de la dosificación y de otros pormenores, sus tratamientos eran con frecuencia ineficaces. En cambio nosotros, empleando la combinación debida de esencias en cada caso o afección particular, podemos mejorar el índice de éxitos de los antiguos herbolarios y hacer al mismo tiempo muchísimo menos daño y mucho más bien a la salud general de nuestros pacientes que aquellas personas que sólo utilizan medicamentos químicos. Por supuesto que las esencias no pueden hacerlo todo, y a veces será necesario recurrir a la cirugía o a los antibióticos. Pero el mundo de las sustancias aromáticas contiene un tesoro de agentes antisépticos en forma de aceites esenciales, sobre los que se ha hecho tal cantidad de investigación que es imposible incorporar a este libro algo más que una fracción de los conocimientos existentes.

El farmacéutico insistirá en ocasiones en que sabe todo lo que hay que saber en cuestión de esencias y sus propiedades, pero que, virtualmente, en cada caso ha encontrado algo más eficaz, más potente, menos costoso y más sintético. No va a decirnos posiblemente que cuanto más potente es para lo bueno uno de esos agentes, es también potencialmente más dañino. Tampoco tendrá, posiblemente, mucha idea de las ventajas de las sustancias orgánicas en contraposición con las inorgánicas.

El siglo XIX contempló la sustitución gradual de las medicinas naturales por las no naturales al tiempo que la industria perfumera absorbió el empleo de la mayoría de las sustancias aromáticas. De todas maneras, si lo que uno quiere es curar a la gente y no únicamente poner coto a la enfermedad, tiene que ver más allá del microscopio. Pongamos el ejemplo del resfriado común. No se ha hallado hasta ahora el remedio a este padecimiento —y va a ser una desgracia si llega a haber alguno, pues eso equivaldría a suprimir un proceso natural—. Se ha gastado una montaña de dólares en investigación para hallar el fármaco idóneo para matar al «microbio del resfriado».

Hasta ahora, esos eruditos cerebros «americanos», importados del mundo entero, han sido incapaces de conseguir nada, principalmente porque se han encontrado con que existen por lo menos 113 «microbios del resfriado» diferentes. Son incapaces de ver lo que no se le pudo escapar al médico de antaño, con su doctrina de los humores: que el tratamiento de lo frío es lo caliente. No cualquier antigualla caliente, sino calor en forma de un remedio natural —aceite de pimienta negra, o de clavo, por ejemplo—. Por otra parte, cuando el organismo se sobrecalienta, que es lo que llamamos fiebre, uno debe aplicar un remedio que ejerza un efecto refrescante: aceite de eucalipto, por ejemplo.

Cuando tratamos una enfermedad que está asociada con un «microbio» nuestra selección de esencias no debe limitarse a aquellas que neutralizan al germen en cuestión. La tuberculosis está asociada con una bacteria. Hay unas cuantas esencias que son moderadamente eficaces contra ese microbio, pero debemos tener también en cuenta aceites como la mirra, que actúan contra la situación general que la tuberculosis produce en el organismo. El modo más simple de explicarlo es hablar de los «elementos». La tuberculosis es un padecimiento frío, húmedo, acuoso, y la mirra es una esencia ardiente, seca, muy picante. Véase la sección del aceite de mirra para conocer más a fondo su acción.

No sugiero que debamos ignorar los microbios, sino que, dentro de lo posible, utilicemos esencias en vez de fármacos químicos y que entendamos que el tratamiento no debe centrarse totalmente en la bacteria dada. Se ha hablado mucho de que los microbios sólo nos atacan cuando estamos en una forma higiénica muy baja —cuando nuestra resistencia está baja—. Cuando estamos sanos y en buena forma somos muchísimo menos propensos a la infección. Se ha dicho también que las bacterias inocuas, que viven normalmente en nuestro organismo, se convierten de hecho en bacterias nocivas cuando se rompe el equilibrio químico de su entorno (es decir, los líquidos del cuerpo). Hay una creencia general en que un desequilibrio de ese tipo está asociado con la mala salud, física o mental. Quién causa a quién es cosa muy discutible, pero si permanecemos sanos, la bacteria permanece inocua. Otros microbios acaso más virulentos pueden atacar incluso al más sano de nosotros. Sea cual sea la verdad, no debemos obsesionarnos demasiado con los microbios. La mala salud consiste en algo más que haber «pescado un microbio» solamente, y el tratamiento idóneo debe tener en cuenta los factores adicionales.

Los medicamentos o las esencias pueden ser eficaces para suprimir la infección, pero el organismo humano tiene la facultad de combatirla sin ninguna ayuda o interferencia desde fuera. De no haber sido por esa capacidad, la especie humana habría desaparecido hace muchos miles de años. Cuando uno tiene la gripe y el médico le da un antibiótico, todo lo que hace, probablemente, es acelerar su recuperación un par de días; en realidad, uno no necesita ese antibiótico. Y existe un problema real y creciente con los antibióticos. Debido a su empleo indiscriminado, las bacterias se están haciendo resistentes a ellos. Aparecen cepas nuevas, y hay que fabricar medicamentos nuevos. Se trata de una carrera que, una vez iniciada, no podremos detener nunca, y que no tiene un final previsible.

No estoy dando a entender que haya que sustituir los antibióticos por esencias, aunque esto podría constituir un paso adelante en la dirección acertada. Cualquier sustancia con potencia suficiente para ser eficaz contra una serie de enfermedades diferentes en millones de personas diferentes tiene que causar problemas a la fuerza. La solución reside más bien en reducir nuestra dependencia de los fármacos y prestar más atención a la salud positiva de la persona. Cuando se prescriben individualizadas, las esencias son casi tan efectivas como las medicinas sintéticas, y mucho menos peligrosas. Pero no se deben usar únicamente por sus propiedades antibióticas o tendremos únicamente una repetición de los mismos problemas. Hace falta un enfoque más individualizado y sutil al tratamiento de la mala salud —algo similar al enfoque homeopático— que le dé a la persona, en su totalidad, el apoyo que necesita en el sitio adecuado y la manera idónea para ella a fin de restablecer la armonía y de eliminar de una vez esa mala salud. Así empleados, los aceites esenciales pueden desempeñar un papel muy útil.

¿Cuál es la razón de que una persona pueda contraer cáncer o neumonía y seguir viviendo, y otra persona pueda morir por culpa de un resfriado o de una picadura de abeja? Es una cuestión que se le plantea a la profesión médica casi cada día mientras los pacientes viven o mueren en sus clínicas. Dos pacientes pueden recibir el mismo tratamiento para una misma afección, pero uno sana y el otro se muere. Tiene que haber una diferencia entre los dos, y si no se encuentra en la enfermedad o en su tratamiento, tiene que estar en los pacientes mismos. Siendo tan distintas nuestras personalidades, actitudes y organismos, no hay que sorprenderse lógicamente ante el planteamiento de que hace falta un tratamiento individualizado cuando estamos enfermos.

Al prescribir los aceites esenciales debemos tener en cuenta todos los síntomas y demás factores existentes, ya sean psicológicos o fisiológicos. Veremos, por ejemplo, que en el capítulo «bronquitis» se administran 14 aceites diferentes. A fin de dilucidar el aceite o aceites que hay que emplear, deberemos saber si el caso es crónico o agudo, si hay o no un catarro excesivo, si la persona está ansiosa o deprimida, si existe alguna otra condición (acaso estreñimiento o artritis), y así sucesivamente. Hay una esencia —o una mezcla de esencias— para hacer frente a cada cuadro patológico. Nuestra misión es hallar la adecuada.

El doctor Valnet comenta que las esencias son a menudo más potentes si se administran bastante diluidas, pero sin reducirlas realmente a las dosis homeopáticas, lo que quiere decir sin diluirlas hasta una concentración infinitamente baja. De hecho, algunas esencias, como el eucalipto y el sándalo, se emplean en la medicina homeopática, concretamente en cantidades materiales y no centesimales (Boericke habla de aceite de eucalipto en dosis de cinco gotas). En este caso no podemos hablar tal vez de auténtica homeopatía —centrada principalmente en potencias—, pero podemos ver en cambio que se pueden superponer las prácticas botánicas y las homeopáticas.

La dosis que prescribir de una sustancia dada es un factor muy importante en la medicina ortodoxa, en la homeopatía y también en la aromaterapia. Administrada a una dosis inadecuada, una sustancia no producirá el efecto terapéutico deseado, e incluso puede hacer daño; en ocasiones puede producir realmente el efecto opuesto. Los aceites de melisa y romero, por ejemplo, tienen un efecto estimulante o sedante, según la dosis que se administre. Una potencia homeopática elevada tiene a menudo el efecto opuesto administrada a una dosis material; señalaremos que éste es uno de los principios en que se basa la práctica homeopática.

Algunas medicinas homeopáticas se componen de sustancias tan venenosas como el arsénico o el plomo, pero se administran sólo en dosis potenciadas. Esencias del tipo de la mostaza y el aceite de gualteria se administran rarísimamente por vía interna dada su gran toxicidad. Pero se podrían administrar en dosis pequeñísimas. Se ha demostrado que las esencias tienen determinados efectos terapéuticos en determinadas dosis. Suponemos en términos generales que esos efectos brillarán por su ausencia si no se emplea aceite suficiente, pero la práctica de la medicina homeopática nos demuestra que cualquier agente terapéutico, sea animal, vegetal o mineral, sigue actuando en el organismo al ser administrado en dosis cada vez menores, aunque puede cambiar la naturaleza de su efecto.

En lo tocante a la administración de esencias en dosis homeopáticas, éste es un tema que requiere mucha más investigación antes de que podamos estar seguros del efecto de un aceite dado a una potencia dada. Precisemos, sin embargo, que un remedio potenciado no equivale sólo a decir que se haya diluido hasta determinado grado, se trata de un asunto un tanto más complejo. En consecuencia, al no haber sido probadas homeopáticamente, hay que administrar las esencias en dosis pequeñas y no potenciadas. Con todo, aunque en la sección dedicada a las esencias hallará usted una dosis terapéutica recomendada para cada esencia, nada le impide administrar una cantidad menor. Al hacerlo así puede lograr resultados igualmente buenos, o mejores, a nivel mental o emocional, pero pueden disminuir los efectos puramente físicos. Esto no quiere decir que el aceite no esté actuando bien ni que el paciente no reciba ningún beneficio; indica simplemente que el efecto se está produciendo a un nivel más elevado, más sutil. Ése es el tipo de dosis y el tipo de efecto que se produce con el masaje aromaterapéutico, o cuando se emplean aceites para pulverizar el aire de una sala de tratamiento.

En este momento usted podría preguntarse qué objeto tiene extraer el aceite de una planta para emplearlo después en una concentración tan pequeña que quizá fuese mejor utilizar la misma planta. En primer lugar hay varias razones prácticas evidentes. Dar un masaje dorsal con un puñado de hojas de salvia tiene sus desventajas. En segundo lugar, el hecho de separar el aceite de la planta equivale a potenciar un remedio homeopático: se procede a extraer la naturaleza más sutil de la planta. Braunschweig se pregunta qué objeto tiene destilar plantas para hacer aguas pudiéndose emplear la misma planta. Se contesta: «Separar lo denso de lo sutil, y lo sutil de lo denso».

La vía seguida por un aceite esencial en el organismo desde su ingestión a su eliminación varía. Los hay que se eliminan por los pulmones, otros por la orina, unos pocos por la piel y muchos más a través de más de una vía. Unos cambian químicamente dentro del organismo y otros no. Durante su paso por el cuerpo las esencias pueden alojarse parcialmente en los riñones, el hígado u otro órgano. La mayor parte del aceite de ajo, por ejemplo, se elimina inalterado por los pulmones, el resto por la orina. La mayor parte del aceite de sándalo se elimina por la orina, combinado con ácido glucurónico.

Los efectos de las esencias pueden dividirse en dos tipos: fisiológico y psicológico. El primero actúa directamente en el organismo físico, el segundo actúa, a través del sentido del olfato, en la mente, lo que a su vez puede ejercer un efecto fisiológico. El segundo tipo de efecto es mucho menos predecible que el primero y varía hasta cierto punto de una persona a otra. Lo trataremos más extensamente en el capítulo siguiente.

Los efectos fisiológicos pueden subdividirse en dos tipos: los que actúan a través del sistema nervioso (y acaso, el sistema endocrino), y los que lo hacen directamente en un órgano o tejido. Esos dos efectos son bastante distintos, aunque pueden producirse simultáneamente. No siempre es fácil averiguar qué tipo de efecto se está produciendo.

Se puede excluir el efecto psicológico cuando se analizan experimentos hechos con animales, pero aun entonces no es seguro que ese efecto se excluya si es nervioso, directo o ambas cosas. Empleamos los adjetivos «nervioso», «directo» y «psicosomático» para distinguir estos tres modos de acción en el texto siguiente. Una misma acción, por ejemplo, una antiespasmódica puede deberse en un caso dado a un efecto nervioso previo, y en otro a un efecto directo, según sea el aceite empleado.

A fin de analizar con mayor detalle la acción de los aceites en el organismo he creído más conveniente tratar por turno cada sistema fisiológico. No he incluido determinados aspectos de la acción de las esencias que se evidencian por sí mismas, y me he centrado en cambio en aquellos que considero de particular interés.

El sistema digestivo

El primer acto de la digestión es la olfacción. El aroma del alimento estimula la secreción de los jugos digestivos, especialmente si agrada a nuestro sentido del gusto. El segundo acto de la digestión reside en degustar el alimento. Ello estimula aún más la secreción de los jugos, especialmente la saliva. Hemos de recordar aquí que las papilas gustativas humanas perciben únicamente cuatro sabores básicos y que la mayor parte de lo que llamamos corrientemente el «sabor» de un alimento es de hecho su olor. Se debe a ese motivo que la comida pierda el sabor cuando tenemos bloqueada la nariz.

Cuanto mejor nos sabe (y huele) el alimento, más disfrutamos con él y mejor lo digerimos; de ahí procede el arraigado empleo de las hierbas y especias en la cocina. Tanto con las esencias como con las hierbas y especias, el mejor resultado lo produce la moderación. Si uno come alimentos demasiado condimentados, puede recargar la digestión —y los riñones—; un empleo moderado de los condimentos ayuda a la digestión. Todas las especias, y muchas hierbas, estimulan el flujo de los jugos digestivos y ponen coto a los espasmos gástricos y a la flatulencia. Estas propiedades se deben por completo a los aceites esenciales que contienen.

Son bien conocidos los efectos antiespasmódicos, carminativos y digestivos de las esencias y muchas de ellas figuran todavía en las farmacopeas debido a esas propiedades. Este tema constituyó la base de una investigación hecha en Japón en 1963. Se efectuó con menta piperita, hinojo, cardamomo y varias otras esencias en un intestino de ratón. A los investigadores no les interesaba tanto la estimulación de la secreción de jugo digestivo como la aceleración de la función gastrointestinal y la eliminación de gases. No se observó en absoluto la aceleración referida, es más, en algunos casos se apreció una deceleración muy ligera. En cambio, el aceite provocó una acción antiespasmódica. Lo más interesante de ese estudio es la conclusión de que el efecto de los aceites esenciales en el cuerpo humano consiste con más probabilidad en un efecto secundario a través de los sentidos del olfato y gusto —y no en un efecto directo.

Un trabajo publicado en Italia en 1925 estudió la secreción salivar y los efectos de los aceites esenciales sobre esta secreción en el hombre. Empezaba estableciendo que la secreción humana de saliva oscila constantemente entre fases de secreción y fases de no secreción. Esto es independiente de cualesquiera influencias externas, como las del olfato. Bajo tal influencia sigue apareciendo la oscilación, pero se efectúa a un nivel más alto, siendo más abundante la secreción. Se menciona que los aceites esenciales de clavo, espliego, hierbabuena y romero ejercen una acción estimulante en la secreción salivar. Ese efecto se produce incluso cuando las terminaciones nerviosas de la lengua están embotadas para que no pueda funcionar el sentido del gusto. Los resultados variaron dependiendo ello de si eran agradables o desagradables al individuo. Se trata obviamente de un efecto psicosomático. Se evidencia aquí que el olfato es, en ese sentido, más importante que el gusto.

Este estudio investigó únicamente la secreción de la saliva, pero lo mismo podría aplicarse a otros jugos digestivos. De acuerdo con lo que indicaba el estudio japonés, la acción digestiva de los aceites esenciales se debe primariamente a su efecto a través del sentido del olfato. En cambio, el efecto antiespasmódico, de fácil demostración en animales, da la impresión de ser un efecto fisiológico directo.

Varias esencias tienen un efecto laxante. Su acción es relativamente suave y adquiere la forma de un refuerzo de la peristalsis (contracciones intestinales). No está claro si se trata de una acción nerviosa o directa, aunque existe la impresión de que al menos algunos de esos aceites actúan a través del sistema nervioso. Dichos aceites incluyen los de alcanfor, canela, hinojo, mejorana y romero. Pueden ser útiles en casos de estreñimiento, flatulencia y falta de tono intestinal.

El efecto opuesto, el de reducir el espasmo de los músculos lisos, se observa en gran número de esencias.[1] El aceite de tomillo tiene la rara propiedad de contrarrestar el espasmo adrenalítico, y la melisa, la salvia y el tomillo están entre los que reducen el espasmo acetilcolínico. Se sabe que la acción de la melisa y de la salvia son nerviosas, mientras que las del amaro, clavo, hinojo, menta piperita, rosa y tomillo ejercen una acción directa. El aceite de clavo contrarresta la acidez gástrica al elevar de hecho el pH del jugo gástrico. Como esto se debe a su contenido de engenol, pueden observarse efectos similares con los aceites de pimienta negra y hoja de canela.

El tratamiento de los trastornos digestivos puede administrarse por vía oral, mediante enemas, masaje espinal aromático —especialmente sobre las zonas dorsal y lumbar— y mediante compresas locales sobre la zona del estómago o el vientre.

El sistema cardiovascular

Comprende el corazón, los vasos sanguíneos y el bazo. A éste se le considera encargado de desintegrar los eritrocitos gastados. Produce también linfocitos y actúa como depósito de sangre. En circunstancias normales el bazo se contrae rítmicamente cada 20 o 30 segundos.

1. Véase antiespasmódicos, pág. 357.

Una serie de factores influyen en la presión sanguínea, entre ellos la contracción de los vasos esplénicos (del bazo) y de todo este órgano en general. Algunos aceites, como el de cálamo aromático, causan una dilatación de los vasos esplénicos, produciendo así una reducción de la presión sanguínea. La acción del cálamo aromático es interesante porque no parece deberse a ningún mecanismo nervioso. Además de reducir la presión sanguínea, el cálamo aromático reduce la temperatura del organismo y combate la fibrilación auricular en experimentos realizados con perros. Parece ejercer también un efecto antiespasmódico en el corazón, al igual que los aceites de melisa y azahar (neroli). Pueden emplearse estos aceites cuando hay palpitaciones, espasmo cardíaco, shock, etc.

Algunos otros aceites producen hipo- o hipertensión al causar la dilatación o contracción de los vasos sanguíneos. Esta acción se produce generalmente a través del sistema nervioso autónomo. El aceite alcanforado presenta una acción opuesta al del cálamo aromático y actúa como estimulante del corazón, vasoconstrictor y elevador de la presión sanguínea. En experimentos de reanimación de corazón parado en ranas con distintos agentes, el alcanfor da mejor resultado que en las de control, y la actividad restaurada se prolonga más. El aceite de hisopo ejerce una acción tónica, causando primero un aumento y luego una disminución de la presión sanguínea.

Algunos de los aceites más yang estimulan la circulación produciendo calor y ayudando a elevar la temperatura del cuerpo si está baja. Entre ellos cabe citar el benjuí, el alcanfor, la canela, el enebro, la salvia y el tomillo. Los aceites de espliego y geranio de rosa producen hipotensión arterial y una reducción de la tensión superficial de la sangre, incluso en cantidades relativamente pequeñas.

El tratamiento se puede administrar por vía oral, mediante compresas sobre la zona del corazón, por masaje espinal, especialmente sobre la zona dorsal y en forma de baños aromáticos.

Además de producir linfocitos, el bazo forma anticuerpos y antitoxinas contra la infección. El sistema linfático es el sistema eliminador de residuos de los tejidos y la batalla contra la infección tiene lugar sobre todo en los ganglios linfáticos. En un estudio estadounidense realizado en 1958, la actividad antibacteriana *in vitro* de 35 aceites esenciales, 5 aceites infundidos y 95 combinaciones de estos aceites produjo algunos resultados interesantes. Fueron probados contra cinco bacterias. Ninguno de los aceites infundidos demostró actividad antibacteriana alguna y la adición de aceite graso a las esencias redujo mucho su eficacia. Las combinaciones empleadas consistieron en mezclas de dos o tres aceites. Entre las esencias puras, las más eficaces fueron la canela, el eucalipto y el orégano. En general las esencias fueron más eficaces contra las bacterias gram-positivo que contra las gram-negativo. De las 47 combinaciones de dos esencias no hubo ninguna que aumentara la actividad antibacteriana; de hecho, 45 de esas combinaciones arrojaron una disminución de la misma. De las 15 combinaciones de tres aceites, se halló que 3 revelaban una mayor actividad antibacteriana que cada una de ellas empleada por separado.

A juzgar por esa información, da la impresión de que en el caso de emplear esencias como agentes antibacterianos, aquéllas no se deben diluir en aceites vegetales. Al mismo tiempo, si mezclamos esencias para utilizarlas contra la infección, podríamos estar reduciendo, de hecho, su potencia antibacteriana, por lo que sería más atinado emplear una esencia sola que sepamos que es eficaz.

Por otro lado, los resultados clínicos son más concluyentes que las pruebas *in vitro*. He tratado muchas infecciones de garganta, algunas de ellas crónicas, con la aplicación externa de aceites esenciales diluidos ya sea en agua o en aceite. Se obtuvo en la mayoría de los casos un resultado rápido y positivo. No está claro si las esencias diluidas ejercieron algún efecto antibacteriano o si actuaron aumentando de alguna manera el mecanismo natural de defensa del cuerpo. Los resultados conseguidos, a menudo dinámicos, incitan a sospechar que pueden haberse producido ambas cosas a un mismo tiempo.

Se sabe positivamente que los aceites esenciales estimulan en general la leucocitosis. Rovesti (1971) habla de «experimentos recientes de importancia considerable referentes a la acción estimulante y al aumento de leucocitos causados por las esencias en general, habiendo resultado ser una de las más eficaces la de espliego. Al igual que con las de bergamota y limón, esa acción *se produce tanto con su inhalación o su absorción cutánea como por vía oral*». Hace mención de que ese mecanismo de estimulación de la defensa orgánica era conocido por Kobert a principios de siglo, y por Benedicenti, uno de los antecesores más recientes de Rovesti: «Benedicenti previó que los preparados basados en esencias de bergamota, espliego y limón estimularían una "leucocitosis curativa" en distintos tipos de infección».

Un artículo publicado en 1964 por Y. Ruckebusch y H. M. Gattefossé habla de la potencia «fagocítica» de los aceites esenciales refiriéndose a su poder de estimulación de la fagocitosis: «Esta propiedad fagocítica se halla en todas las esencias que, aplicadas a una piel purulenta, traumatizada o sana, producen una rápida desaparición de los fenómenos mencionados (microbianos) y una cicatrización total». Los autores dicen que todas las esencias tienen esa propiedad en distinto grado, en especial el aceite de terebinto.

El doctor Valnet afirma que tres esencias (manzanilla, limón, tomillo) estimulan la leucocitosis. Okanishi (1928) hace referencia en este contexto a los aceites de aguja de pino, sándalo y vetiver.

Está claro que los aceites esenciales, además de ser unos antisépticos potentes, tienen la propiedad de estimular las defensas naturales del organismo contra la infección. Desde ese punto son útiles como agentes profilácticos que ayudan a prevenir la infección en los casos de epidemia. Por lo mismo, serían de un valor inmenso como purificadores del aire en los hospitales y se los empleó como tales en algunos hospitales y escuelas en Francia a principios de este siglo. En general las esencias estimulan tanto la leucocitosis como la fagocitosis. Aunque algunos aceites tienen un efecto más general (bergamota, espliego, etc.) puede ser que algunos de ellos actúen mejor en determinadas personas, de acuerdo con su estado de salud física y mental.

El sistema respiratorio

Tiene interés en él la acción antiséptica, antiespasmódica y expectorante de los aceites esenciales. Se pueden emplear como antisépticos en todos los tipos de infección respiratoria. Los más valiosos y de empleo general son los de bergamota, canela y eucalipto. El aceite de bergamota es eficaz contra el bacilo de la difteria y también el de ajo, y el aceite de alcanfor ha revelado su éxito en infecciones neumocóccicas del tipo de la neumonía. Hay toda una serie de virus de la gripe. Un estudio hecho en Rusia en 1973 reveló que algunos aceites de eucalipto eran eficaces *in vitro* contra los virus de gripe A_2 y A. Los más útiles para un empleo general contra la gripe son los de canela, eucalipto y pimienta negra.

En 1968 en Bulgaria se hizo un estudio sobre las propiedades antiespasmódicas de los aceites esenciales, incluyendo los de amaro, hinojo, menta piperita, rosa y tomillo. Todos ellos demostraron un efecto antiespasmódico en los músculos lisos en una concentración de 50-100 y/ml, siendo ineficaces las concentraciones de menos de 10 y/ml. Se halló que una dilución al 5 % de las esencias de amaro y tomillo aumentaba el volumen respiratorio y reducía la presión sanguínea. Se cree que el efecto antiespasmódico era principalmente directo.

Se ha revelado que el aceite de alcanfor es un estimulante respiratorio general que aumenta a la vez el ritmo y la amplitud de la respiración.

Dos canadienses, E. M. Boyd y G. L. Pearson efectuaron en 1946 un estudio de la acción expectorante de algunos aceites esenciales. Incluían el de eucalipto y el de limón, y los administraron por sonda gástrica a cobayas. Se encontró que aumentaban la producción de fluido del tracto respiratorio. La dosis más eficaz fue la de 50 mg/kg de peso, lo que equivale a que un ser humano adulto de 68 kg de peso tome 3,4 g de esencia. Se trata de una dosis muy alta. Se reveló que la acción expectorante era directa y no nerviosa.

Boyd, esta vez en colaboración con E. P. Sheppard, publicó en 1968 los resultados de un estudio similar. Halló que el aceite de eucalipto producía un aumento de la producción del líquido del tracto respiratorio que dependía de la dosis. Pero las dosis necesarias para producir una secreción satisfactoria eran también tan grandes que se producía una inflamación local de la membrana mucosa.

En 1970 Boyd y Sheppard dieron aceite de limón a conejos mediante inhalación de vapor. Hallaron que aumentaba el volumen de producción del líquido del tracto respiratorio y que aumentaba también su concentración mucosa. Este efecto se debía al parecer a una secreción local de las células secretoras, o sea, que era directo. Es interesante la posología empleada en este experimento, y muy diferente de la utilizada en los dos estudios anteriores. La cantidad administrada se situaba justo por debajo de la que impartía un olor perceptible de limón en el aire inhalado, y equivale a 0,00068 gramos para un adulto humano de 68 kg de peso, o sea, el equivalente a 1/30 de una gota de aceite de limón. Cuando se aumentaba la dosificación del aceite de limón hasta cantidades perceptibles, la acción expectorante disminuía.

El experimento de 1946, que incluía el aceite de limón, llegaba a la conclusión de que era necesaria una dosis grandísima y que las cantidades situadas por debajo de ella eran mucho menos eficaces. El estudio de 1970 sacaba en limpio que una dosis extremadamente pequeña de aceite de limón era también eficaz y que las cantidades mayores eran ineficaces. La única diferencia importante en estos estudios es que en el primero se administraron los aceites por tubo gástrico, y en 1970 se hizo mediante inhalación de vapor. Sin embargo, en el estudio de 1968 los aceites habían sido administrados también por inhalación de vapor y las grandes dosis efectivas resultantes fueron similares a las del estudio de 1946. Lo único que podemos suponer es que nos encontramos ante algo similar a un fenómeno homeopático en el que unas cantidades pequeñísimas son igual de eficaces que las grandes.

Los aceites esenciales pueden administrarse en las enfermedades respiratorias por vía oral, por inhalación, por masaje espinal —especialmente en la zona cervical o dorsal— o mediante compresas locales.

El sistema urinario

Los aceites de enebro, salvia, sándalo y tomillo son eficaces contra la infección de las vías urinarias por *Staphylococcus aureus*. Los mismos aceites, y además el de alcanfor, son buenos diuréticos. El aceite de enebro favorece la filtración glomerular y produce además un aumento de las cantidades de potasio, sodio y cloro excretados. En conejos con glomeronefritis experimental se redujeron los elevados niveles de la urea hemática mediante una solución acuosa administrada por sonda gástrica. Gatti y Cajola informan de que el sándalo es eficaz en la hematuria causada por una mala función renal. Una serie de esencias, especialmente las de manzanilla y geranio, disuelven eficazmente los cálculos urinarios.

El tratamiento con esencias se puede administrar por vía oral, baños de asiento, masaje lumbosacral o compresas locales.

El sistema reproductor

En 1974 hubo 750.000 casos conocidos de gonorrea en Estados Unidos. En 1930 Collier y Nitta hallaron que el aceite de bergamota era eficaz contra los gonococos a una dilución de 1:600. Aunque el aceite de sándalo no aparece como efectivo contra los gonococos, es muy útil sin embargo en el tratamiento de la gonorrea.[2] No hace falta necesariamente un agente antibacteriano para curar una infección.

No está clara la vía de actuación de las esencias emenagógicas en el organismo humano. Se ha revelado que los aceites de poleo y sabi-

2. Véase sándalo (perfume de la madera de), pág. 331.

na (de efecto muy fuerte, pero sumamente tóxicos) carecen de acción estimulante en el útero; se ha hallado de hecho que inhiben las contracciones. Se ha sugerido que su acción se debe a una intoxicación constitucional o a una irritación gastrointestinal. Pero ello no explicaría su eficacia en la aplicación externa o a dosis relativamente pequeñas. Parece más probable que su efecto se produzca a través del sistema nervioso, o se deba acaso a una acción hormonal indirecta.

El efecto emenagógico de algunos aceites se halla vinculado a su acción oxitócica o parturienta, lo que equivale a decir que ayudan en la inducción del parto al estimular las contracciones uterinas, pudiendo contribuir a un parto rápido y relativamente poco doloroso. Estos aceites incluyen el de jazmín y el de enebro. El empleo de agentes orgánicos con ese objeto es preferible en algunos casos a los fármacos o las hormonas, dado que son mucho más seguros y estimulan la producción de un parto natural en vez de otro forzado y a menudo apresurado. La oxitocina sintética, empleada muy frecuentemente para inducir el parto, puede producir unas contracciones tan fuertes que la madre sufre unos dolores insoportables —se le suele administrar un fármaco analgésico muy potente—. El pequeño sufre también, forzosamente, a causa de esas contracciones feroces, no naturales, y nace a menudo con mucha más rapidez de la normal. Ambos factores contribuyen a aumentar el efecto traumático de por sí del nacimiento en el niño. El analgésico, normalmente pethidina, hace que el niño nazca ya «dopado», y muchos de esos bebés acusan un grado de perspicacia muy bajo en sus primeros años. Entonces suele ser también difícil establecer la alimentación de pecho, pudiendo verse afectada permanentemente la relación madre-niño.

Durante una inducción de ese tipo se controlan constantemente los efectos observables en el pequeño y, si reacciona negativamente, suele hacerse necesaria una cesárea de emergencia. Tras ella, se acostumbra a administrar otro fármaco para que la madre expulse la secundina. Lo que me sorprende de veras es que se considere hoy en día la hospitalización en la mayoría de los partos, y que se proceda a inducirlos sencillamente para que se produzcan en un momento del día conveniente para el personal de maternidad. ¿Hasta dónde llegaremos a alejarnos de la naturaleza?

Los aceites tocológicos pueden aplicarse en forma de compresas en el bajo vientre, o en un masaje en la región lumbar; se pueden administrar también por vía oral.

Muchas sustancias aromáticas, normalmente las más estimulantes, tienen fama de ser afrodisíacas, aunque no tengo noticia de estudios clínicos sobre este tema. La definición usual de afrodisíaco atañe a un agente que aumenta el deseo sexual, aunque tiene también el sentido de algo que aumenta la potencia y el rendimiento sexual. Es obvio que ambas cosas están vinculadas hasta cierto punto, pero es posible la ausencia de uno de estos factores en presencia del otro. Son dos afrodisíacos notables el jazmín y el ilang-ilang. Desde luego su olor es en este caso un factor importante; la mayoría de los casos de impotencia o frigidez están relacionados en el fondo con problemas psicológicos.

En los problemas del sistema reproductor se pueden administrar los aceites por vía oral, en masaje, baños de asiento o duchas vaginales.

El sistema endocrino

Los aceites esenciales afectan la función endocrina por dos vías básicas. En primer lugar pueden activar determinadas glándulas, estimulando o normalizando de ese modo la secreción hormonal. En segundo lugar pueden actuar también como si fuesen hormonas. El doctor Valnet afirma que los aceites de albahaca, geranio, pino, romero y salvia son estimulantes de la corteza adrenal. Gattefossé comenta: «Sabemos ahora que la hierbabuena estimula las secreciones de la hipófisis». El jazmín puede ejercer una influencia similar. He sido incapaz de detectar ninguna otra prueba de estimulación glandular, pero estoy seguro de que todas las glándulas endocrinas son afectadas por una o más esencias, ya sea directa o indirectamente. El pronunciado efecto de los aceites aromáticos en las emociones, su efecto afrodisíaco, y su acción sobre el sistema nervioso apuntan en el sentido de que existe una influencia en las endocrinas.

Las hormonas vegetales o fitohormonas han atraído últimamente el interés de los fabricantes de cosméticos naturales debido a su efecto en la piel. Las cremas hormonales, que contienen hormonas animales, llevan muchos años en uso por su efecto rejuvenecedor, pero en ocasiones esas hormonas tienen efectos secundarios muy negativos en el organismo; se sabe que el excesivo empleo de esas cremas ocasiona una antiestética hinchazón en la piel. Las fitohormonas parecen ofrecer una alternativa más versátil y segura. Tienen además la ventaja de no ofender a aquellas personas que procuran evitar los cosméticos que contienen ingredientes de origen animal.

Hoy en día se entiende en general por fitohormonas unas sustancias halladas en las plantas de composición química parecidas a las hormonas animales. Hasta ahora no se ha considerado seriamente su posible empleo terapéutico y se sabe poco sobre sus efectos fisiológicos en comparación con las hormonas animales. En ocasiones los aceites esenciales de las plantas contienen fitohormonas: se encuentran en los extractos de polen, eucalipto, hinojo, lúpulo, diente de león, ajo, raíz de regaliz, zarzaparrilla, ginseng y muchas otras plantas. La zarzaparrilla contiene testosterona (*Vitex sauzgatillo agnuscastus*), que tiene un efecto similar al de la progesterona, y el lúpulo es rico en estrógeno. A veces se producen trastornos significativos de la fertilidad en animales herbívoros que consumen cantidades grandes de determinadas hierbas. Las mujeres que recogen lúpulo pueden sufrir de trastornos del ciclo menstrual.

Muchas plantas contienen estrógenos. Se ha hallado estriadiol o estrona en los amentos de los sauces y aparece foliculina en el ajo, el ginseng, el lúpulo, la raíz de regaliz y la avena. Se ha comprobado la existencia de actividad estrogénica en los aceites esenciales de semilla de anís, hinojo y, en menor grado, de eucalipto; desde tiempos antiguos se han empleado como galactógenos la semilla de anís y el hinojo. La mayoría de las plantas que contienen fitohormonas son aromáticas. Aunque las fitohormonas no aparezcan siempre en la esencia, es posible que ésta ejerza todavía alguna actividad hormonal. El aceite de jazmín no ha sido investigado, pero podría ejercer una fuerte influencia hormonal.

Gattefossé hace mención de las hormonas vegetales bajo una luz un tanto diferente y no muestra mucho afán en compararlas con las hormonas animales. Atribuye el descubrimiento e identificación de las fitohormonas a un tal Gavrilovitch, que las clasificó en tres categorías:

1. Hormonas florales (sexuales) masculinas y femeninas.
2. Hormonas embrionales (germinativas).
3. Hormonas del crecimiento.

Se dice que esas hormonas están presentes sobre todo en aquellas plantas que presentan unos órganos reproductivos muy manifiestos. Gattefossé demostró la interdependencia de esas hormonas (que puede comparase con la interdependencia de las hormonas de los animales). Cuando la hormona sexual presenta mayor fuerza, por ejemplo, se reduce considerablemente el potencial de las demás hormonas, y viceversa: el potencial hormonal total permanece a un nivel constante. Además las hormonas vegetales son interdependientes por otra razón: las hormonas germinativas dan origen en realidad a las hormonas del crecimiento, que dan origen a las sexuales, que a su vez dan origen a las hormonas germinativas. De ese modo se produce un ciclo hormonal continuo que podría estar regulado a su vez por otra hormona, desconocida hasta ahora. ¿No podría ser de hecho esa «hormona desconocida» el aceite esencial?

> Activas en extremo, ya sea aplicadas por vía dérmica o por la membrana mucosa, provocan una acusada turgencia de la piel, estimulan el metabolismo de las células dérmicas y actúan como principio activo rejuvenecedor. Las hormonas florales regulan las secreciones sebáceas y actúan con la misma eficacia en los dos casos opuestos: piel seca y piel grasa.

El tema de las fitohormonas es realmente fascinante y merece mucha más investigación de la que se le ha dedicado hasta ahora. El trastorno endocrino se manifiesta virtualmente en cada tipo de enfermedad, siendo por lo menos muy interesante la posibilidad de tratarlo directamente con extractos de plantas o aceites esenciales. Aunque las esencias no siempre contienen hormonas, hay la impresión de que muchas de ellas tienen un efecto regulador de las hormonas que, en muchos casos, podría ser más útil que el empleo directo de las hormonas mismas.

Para terminar deseo mencionar un estudio alemán de la secreción de leche en las cabras. (La secreción de leche está influida directamente sólo por hormonas, aunque otros factores puedan ejercer un efecto indirecto.) Se estudiaron los efectos del aceite de hinojo, la sal común, el arsénico y el efecto visual de la hierba. Se descubrió que la sal y el aceite de hinojo ejercían una influencia favorable tanto en la cantidad total de leche como en su contenido en grasa. El arsénico y el efecto visual de la hierba no ejercieron prácticamente influencia alguna. El autor de este estudio, G. Fingerling, cree que es necesario el olor o el sabor para influir en la secreción láctica.

El sistema nervioso

Es difícil clasificar las esencias de acuerdo con su acción sobre el sistema nervioso porque existe muy poca información detallada sobre el tema y hasta ahora nadie ha hecho al parecer un estudio completo. Muchas esencias tienen por otra parte propiedades a la vez estimulantes y sedantes, por lo que puede desorientar y confundir clasificar un aceite esencial de «estimulante» o «sedante» sin más. Por desgracia es inevitable el empleo de estas dos palabras en un análisis de este tipo.

Los antiguos herbolarios clasificaban la mayoría de las sustancias aromáticas como calientes y secas, y se piensa en ellas tradicionalmente como cosas estimulantes. Se las prescribió a menudo en trastornos nerviosos del tipo de la epilepsia, la melancolía y la parálisis. En la Antigüedad se empleaban sustancias aromáticas para expulsar los malos espíritus de personas que padecían en realidad alguna forma de perturbación nerviosa o emocional.

Gatti y Cajola clasificaron los aceites como básicamente estimulantes o sedantes. Incluyeron dentro del primer grupo los aceites de cedro, cardamomo, hinojo, canela, limón e ilang-ilang; en el segundo, los aceites de cayepit, manzanilla, melisa y menta piperita. Estudios posteriores han revelado que el aceite de menta es estupefaciente a grandes dosis, aunque en cantidades pequeñas ejerce un efecto más bien estimulante.

Tradicionalmente se han empleado sustancias aromáticas estimulantes en estados de depresión, languidez y trastornos asociados con falta de la función nerviosa, como la parálisis, pérdida de la voz, etc. Se empleaban también en cualquier afección asociada con la *frialdad.* Aunque esto hacía referencia normalmente a la frialdad física, podía referirse también a la frialdad emocional. Muchas sustancias aromáticas, especialmente el romero, tenían fama de buenas para la pérdida de memoria y la debilidad mental. Daniel McKenzie sugiere que esto se debe a que determinados olores nos hacen recordar sucesos del pasado. Lo cierto es que se refiere más bien a la reanimación de una memoria débil y de una debilidad mental general (incapacidad de concentrarse, etc.) mediante su acción estimulante del cerebro. Eso es lo que quería decir el adjetivo «cefálico» (literalmente «de la cabeza»), aunque esta palabra se utilizaba también en aquel entonces al referirse a los trastornos físicos de la cabeza.

Se usaban como sedantes las esencias en casos de histeria e insomnio y en estados de nerviosismo, y varios estudios modernos confirman esa acción sedante: «el aceite [...] de manzanilla redujo la actividad espontánea de los ratones» (Kudrzycka-Bieloszabska, 1966); «En experimentos con 126 ratones se hizo un estudio de la actividad motora, la posición de los párpados y el estado general tras la inyección i.p. [intraperitoneal] de una emulsión al 5% de aceites esenciales [...] se observó una depresión general sin ataraxia» (Shipochliev, 1968). Los aceites empleados en este último estudio incluyen albahaca, amaro, salvia, hinojo, geranio, mejorana y rosa. Un estudio sobre los efectos de la mejorana en el sistema nervioso autónomo (Caujolle y Franck, 1945) tuvo los resultados siguientes:

[Efectos parasimpáticos] El aceite, inyectado por vía intravenosa, aumenta el efecto cardiomoderador de la compresión de los globos oculares y también el efecto vasodilatador de la estimulación eléctrica del nervio de Hering. Efectos simpáticos: reduce el efecto hipotensor de la oclusión temporal de las arterias carótidas principales después de la sección de los nervios depresores, reduce la acción vasoconstrictora de la adrenalina y aumenta los efectos vasodilatador y cardiomoderador de la acetilcolina.

Estudios hechos con aceites de espliego y melisa han revelado la existencia de una acusada acción sedante. Se hace referencia al efecto de la melisa como narcótico. Según Cadéac y Meunier la melisa y la menta piperita son estupefacientes en dosis grandes.

Lesieur clasificó las esencias en tres grupos principales: convulsivas, excitoestupefacientes y estupefacientes. Incluye en el primer grupo los aceites de hisopo y romero, en el tercero, la melisa y el tomillo. Subdivide el segundo grupo en aceites que son primariamente estimulantes (menta piperita) y aceites que son primariamente sedantes (albahaca, mejorana). El grupo convulsivo puede causar accesos epilépticos, pero sólo en personas predispuestas a la epilepsia. Según el doctor Valnet este grupo de aceites incluye los esenciales de romero, hinojo, hisopo, salvia (pero no la esclarea o amaro) y ajenjo. Añadiré que yo no incluiría los aceites de hinojo y romero en semejante grupo. Algunas esencias son anticonvulsivas, aunque está aún por demostrar el valor terapéutico de esos aceites; incluyen al cálamo aromático, al amaro y al espliego, que han demostrado su eficacia contra las convulsiones por shock eléctrico. Posiblemente uno o más de estos aceites podrían servir para el tratamiento de la epilepsia.

Según mi propia experiencia, el aceite de amaro ejerce un efecto pronunciadísimo en el sistema nervioso, incluso a dosis pequeñas.[3] Efectos similares al del amaro podrían conseguirse con otros aceites, especialmente el de jazmín. El aceite de nuez moscada contiene fenil-

3. Véase amaro, pág. 239.

propenos, de estructura similar a la mezcalina (elemicina y miristicina). En dosis grandes (7-12 g) es estupefaciente y produce síntomas similares a los de la intoxicación alcohólica (delirio, alucinaciones, estupor, pérdida de la memoria). En esas cantidades, el aceite de nuez moscada es muy tóxico y no se debe administrar nunca, especialmente a los epilépticos. En el capítulo siguiente ofrecemos más información sobre el empleo de las esencias en la perturbación psicológica.

Capítulo 6

La mente

> Los médicos (en mi opinión) deberían sacar más provecho y beneficio de los olores que el que sacan. Por mi parte he percibido a menudo que, según su fuerza y calidad, me cambian, alteran y agitan el espíritu, y causan en mí efectos extraños: lo cual me hace estar de acuerdo con el dicho corriente de que la invención del incienso y los perfumes dentro de las iglesias, tan antigua y extendida por todas las naciones y religiones, tenía un cometido muy especial para alegrar, consolar, avivar y despertar y purificar nuestros sentidos.
>
> MONTAIGNE

> La enfermedad es en su esencia el resultado de un conflicto entre el alma y la mente [...]. Mientras nuestras almas y personalidades están en armonía, todo es alegría y paz, felicidad y salud. Sólo cuando nuestras personalidades son desviadas del camino trazado por el alma, ya sea por nuestros deseos mundanos o por la persuasión de otros, surge un conflicto.
>
> EDWARD BACH

Como es natural, tendemos a pensar en la *mente* y el *cuerpo* como en entidades distintas. El cuerpo existe y funciona en el plano físico y la mente sencillamente piensa. Sin embargo, aunque no siempre podemos darnos cuenta de ello, la mente y el cuerpo se hallan en continua interacción en el más profundo de los niveles. Tenemos un interesante adjetivo, *psicosomático/a*, que quiere decir «a la vez con elementos mentales y físicos»; se aplica a un padecimiento de origen emocional que tiene además una manifestación física. La ciencia médica está empezando a darse cada vez más cuenta de lo importante que es esta rama de la terapéutica. Se acepta en la actualidad que muchos cuadros físicos, como el asma y la colitis, tienen un importante factor psicosomático.

El hecho de que nuestra situación mental afecte tanto a nuestro estado físico es poco sorprendente si consideramos a la persona ante todo como una entidad única. Al mismo tiempo no debemos ser ciegos al hecho de que la mente y el cuerpo no son en absoluto la misma cosa. El cuerpo es puramente físico: después de la muerte permanece. La mente no es física, aunque se manifieste a través del cuerpo; no permanece después de la muerte. Sin embargo, ambos interactúan íntimamente, afectándose el uno al otro. Existe además un tercer elemento, el alma, que no es la mente ni el cuerpo. Es esa conciencia que aparece cuando nacemos, antes de que nuestra mente haya empezado a desarrollarse. Es el «yo» que existe en nosotros, esa constante única a través de nuestra vida. De naturaleza *no física*, tampoco piensa, pero siente y «experimenta».

La mente afecta al cuerpo primariamente a través del sistema nervioso autónomo y puede sobreestimular las glándulas reguladas por los nervios autónomos. Esas glándulas, por ejemplo, pueden desencadenar una secreción excesiva de jugos gástricos que, con el tiempo, pueden erosionar el revestimiento interno del estómago o el yeyuno, dando lugar a una úlcera péptica. Los espasmos, la diarrea, el estreñimiento, la indigestión y muchos otros trastornos pueden ser psicosomáticos. Muchas personas se sienten desconcertadas al pensar que la mente les esté afectando el organismo. Nos sentimos desconcertados porque no podemos hacer nada para remediarlo y, sin embargo, estamos ocasionando nuestro propio trastorno. Nos da la impresión de estar a merced de nuestra mente y nuestras emociones. Pero si estamos a merced de la mente, incluso desconcertados por su culpa, ¿qué somos *nosotros*? ¿Qué es lo que se siente desconcertado? No es la mente, ni el cuerpo, sino el alma. Los sentimientos proceden tanto dcl alma como de la mente y son producidos a menudo por una correlación mente/alma.

Nuestra alma es la fuerza vital que hay dentro de nosotros; le da vida al cuerpo. Cuando experimentamos la paz mental, el alma es capaz de expresarse: sus atributos son siempre positivos: generosidad, amor, altruismo, calor humano. Por desgracia tenemos también un aspecto negativo que tiende a predominar y que, para mejor entendernos, podemos llamarle mente. Ese aspecto es el que da origen a los deseos egoístas, a los temores y al odio.

Como la mayoría de nosotros creemos que somos nuestra mente (eso que piensa) más bien que nuestra alma (eso que constituye la verdadera vida existente en nosotros, lo que le da a la mente la energía para pensar) nos sentimos confundidos, y a veces deprimidos. La mente da la impresión de tener un exceso de energía; piensa incluso cuando no hace falta que lo haga, suscitando todo tipo de ansiedades. Al asociarnos íntimamente con el alma, y con los atributos positivos del amor y el altruismo, podemos limitar muchísimo esos aspectos negativos de la mente que conducen a la enfermedad física y mental. El doctor Edward Bach, un médico inglés de gran intuición espiritual, escribió sobre este problema concreto:

> La soberbia, que es arrogancia y rigidez de la mente, dará origen a esas enfermedades que producen la rigidez y entumecimiento del cuerpo. El dolor es el resultado de la crueldad, para que el paciente aprenda mediante su sufrimiento personal a no infligírselo a los demás, ni desde el punto de vista físico ni desde el mental. Los castigos del odio son la soledad, un temperamento violento incontrolable, tormentas nerviosas mentales y condiciones histéricas. El mal de la introspección —neurosis, neurastenia y condiciones similares—, que le roba tanto disfrute a la vida, está causado por una excesiva autoestima. La ignorancia y la estupidez aportan sus propias dificultades a la vida cotidiana, y cuando existe además un empecinamiento en no ver la verdad cuando se nos ha dado la oportunidad, son sus consecuencias naturales la miopía y las deficiencias de la visión y el oído. La inestabilidad de la mente tiene que traducirse en esa misma condición en el cuerpo en forma de esa serie de

trastornos que afectan el movimiento y la coordinación. El resultado de la codicia y el empeño en imponerse a los demás son esas enfermedades que convierten al paciente en esclavo de su propio cuerpo, con sus deseos y ambiciones reprimidos por el padecimiento.

Más aún, la parte misma del cuerpo que resulta afectada no lo es por accidente, sino que lo está de acuerdo con la ley de la causa y el efecto, y constituye a la vez un criterio para poder guiarnos mejor. Por ejemplo, el corazón, esa fuente de la vida y por lo tanto del amor, se ve atacado cuando no tiene desarrollado especialmente el lado del amor natural hacia la humanidad o lo emplea indebidamente; una mano afectada es señal de fracaso o de hechos inicuos; siendo el cerebro el centro de control, si está afectado señala una falta de control en la personalidad. Estas cosas se siguen por su propio peso. Todos estamos dispuestos a admitir la serie de resultados que pueden seguir a un acceso de violencia temperamental, al shock producido por malas noticias repentinas. Si asuntos triviales pueden afectar de tal modo al cuerpo, cuantísimo más serio y arraigado tiene que resultar un conflicto prolongado entre el alma y el cuerpo. ¿Podemos extrañarnos de que, como resultado, hayan surgido unos padecimientos tan penosos como las enfermedades que existen hoy en día entre nosotros?

Edward Bach considera que el deber primario del médico es servir de inspiración y orientación espiritual para curarnos nosotros mismos viendo dónde hemos actuado mal. Y continúa:

> El segundo deber del médico residirá en administrar aquellos remedios que ayuden al cuerpo físico a adquirir fuerza para ayudar a la mente a que se tranquilice, gane amplitud de miras y se esfuerce en alcanzar la perfección, aportando así paz y armonía a la personalidad entera. Esos remedios existen ya en la naturaleza, colocados en ella por la clemencia del Divino Creador para la curación y consuelo de la humanidad.

Las esencias pueden servir como agentes terapéuticos de un modo similar a los tranquilizantes ordinarios, aunque actúan de un modo orgánico y más sutil. Las sustancias aromáticas han sido utilizadas en las situaciones de trastorno emocional desde los tiempos en que las emplearon por vez primera como incienso. Parte del motivo de la popularidad mundial del incienso en el ceremonial religioso puede residir en su efecto sobre la mente. En términos generales, las esencias ejercen un efecto estimulante y al mismo tiempo calmante, según atestiguan muchos antiguos herbarios:

> *Artemisia.* Para alegrar a un niño, cuelgue un manojo de artemisa o haga humo con ella debajo de la cama del niño, porque le quita el fastidio.
>
> Acerque asimismo a la nariz rosas secas; su olor conforta el cerebro y el corazón.
>
> El bálsamo conforta el corazón y ahuyenta toda la melancolía y la tristeza.

Acaso este último comentario pueda pecar de optimista, pero podemos comprobar que desde hace mucho se han empleado las hierbas aromáticas en este contexto. Médicos famosos de la Antigüedad, como Galeno y Aulo Cornelio Celso, propugnaron el empleo de las hierbas aromáticas como remedios supremos contra las convulsiones histéricas e informaron de haber detenido ataques, en ocasiones inmediatamente. A diferencia de las píldoras somníferas modernas, las esencias no son simples sedantes: en su mayoría tienen un olor muy agradable —de ahí su efecto «edificante». Madame Marguerite Maury escribe en este sentido:

> Pero lo que tiene más interés es el efecto de la fragancia en el estado psíquico y mental del individuo. Su capacidad de percepción se aclara y agudiza y se da una sensación de haber visto las cosas con más objetividad y por lo tanto en una perspectiva más real. Podría afirmarse incluso que se suprime prácticamente el problema emocional que generalmente oscurece nuestra percepción.

Habla aquí sobre el efecto que ya he definido como «euforizante», consistente en que la esencia aromática nos eleva por encima de nuestros problemas, haciendo que nos sintamos más ligeros y más despegados. La depresión, la desesperación y otros sentimientos negativos nos han hecho sentir siempre pesados, y se originan en los deseos y temores de la mente. La alegría es una sensación ligera y luminosa que viene directamente del alma. Aunque actúan a través del sentido del olfato, las esencias profundizan más que los sentidos mismos. Actúan en la mente humana, aclarándola, haciéndola menos pesada. Aunque las esencias no nos pueden liberar el alma, mediante su «iluminación» de la mente, pueden ayudar a que la luz del alma trasluzca al exterior.

Al mismo tiempo, como nos elevan el espíritu ejercen un efecto calmante en el sistema nervioso. Las personas muy nerviosas, con su estreñimiento o su úlcera péptica, pueden relajarse así con más facilidad, y al ser las esencias unos sedantes relativamente suaves, no existe el peligro de los efectos secundarios.

En tanto que nos demos cuenta de las limitaciones de todos esos agentes terapéuticos, podemos emplearlos del mejor modo posible. Las esencias mismas son, después de todo, sólo unas «muletas». Si para despojarnos de nuestros problemas emocionales no necesitásemos otra cosa que tomar algo «elevador» o sedante, o ambas cosas, podríamos recurrir igualmente al hachís, al LSD, a la heroína, etcétera. Pero las esencias son unas muletas más seguras. Son eficaces sin ser peligrosas; son sutiles, pero no tan sutiles como para que no haya un efecto manifiesto.

El profesor Rovesti se ha dedicado a estudiar los efectos de las esencias en la psique. Dice lo siguiente:

> Según los sociólogos y los neurólogos, caracterizan más que nada a nuestra época la ansiedad y la depresión, y la prueba material de ello está en las cifras, cada vez más altas, del consumo de tranquilizantes y estimulantes. Es bien sabido que estos productos pueden causar perturbación y toxicosis si se toman con regularidad.
>
> Ambas neurosis causan con frecuencia aversión a cualquier tipo de placer al producir una sensación de abatimiento que muchas personas no son capaces de superar.
>
> La posibilidad de aplicar terapias nuevas a esas extendidas psiconeurosis es por lo mismo de una importancia considerable.

Por lo tanto y con ese objeto, adquiere interés la utilización de los aceites esenciales como ayuda, o incluso como remedios únicos, en la psicoterapia.

Este tema tiene todavía mayor interés si se tiene en cuenta que los aceites esenciales que se utilizan en la aromaterapia, en dosis adecuadas, son inofensivos para el organismo y no causan problemas como los ocasionados por los *psicofármacos* comunes y corrientes. Se han llevado a cabo experimentos muy concluyentes en este sentido en distintas clínicas de enfermedades nerviosas, en pacientes afectados por histeria o por depresión psíquica.

Rovesti no sugiere que las esencias puedan sustituir el papel de la psicoterapia en sus muchas y variadas formas, sino que constituyen un complemento útil y más seguro de esas terapias que los tranquilizantes químicos. Quiero recalcar aquí que, en el caso de perturbación mental seria, no se puede esperar que las esencias hagan ellas solas toda la tarea: no son drogas milagrosas. En esos casos se necesita alguna forma de asesoramiento, psicoterapia o guía espiritual en combinación con la aromaterapia. Asimismo, un tratamiento puramente físico con esencias se potencia mucho mediante el masaje, la dieta o alguna otra forma de terapia natural.

Los doctores Gatti y Cajola hicieron algunos estudios de los efectos de los aceites esenciales en el sistema nervioso. Tomaron nota de los dos tipos básicos del trastorno emocional: uno hiperexcitado, tenso, locuaz y ansioso, y el otro melancólico, apático y silencioso. Observaron también que una serie de esencias eran o bien neuroestimulantes o neurosedantes y que las hierbas «cefálicas» o «para los nervios» tradicionales eran normalmente aromáticas. Comprobaron que la manzanilla y la melisa eran antiespasmódicas y neurosedantes y que el ilang-ilang era un neuroestimulante suave y que tenía un efecto afrodisíaco. Hallaron también que los aceites de geranio y pachulí eran eficaces en situaciones de tensión y ansiedad. Aplicaron las esencias ya sea pulverizando el aire ambiental o dando a oler a los pacientes algodón impregnado de sus aceites.

Rovesti halló que el primer método era eficaz y observó también que «poniendo en un terrón de azúcar de una a tres gotas de los aceites esenciales mencionados y dejándolo en la lengua sin ingerirlo, de manera que se disolviese despacio, produciéndose así una inhalación respiratoria de vapores de aceites esenciales, por lo menos tres veces al día, se reducía considerablemente el grado de ansiedad y de excitabilidad nerviosa». Entre los aceites mencionados estaban los de bergamota, alcanfor, ciprés, espliego, mejorana, azahar y rosa. Podríamos añadir que el empleo de esas esencias es igualmente eficaz en forma de baños o masaje y que aquí hay dos importantes factores que considerar. Primero, las esencias brindan una acción *doble*: la de oler un perfume agradable o una flor (que por su efecto mismo de tener un olor atrayente, «atrae» y tranquiliza la mente) y la neurosedante o neuroestimulante, que actúa independientemente del sentido del olfato. Segundo, si las esencias han de ejercer un efecto completo en la mente, tiene que haber una percepción por el olfato. A través del sentido del olfato las esencias ejercen un efecto directo y rápido en la mente. Tienen un aroma tan fuerte que es difícil emplearlas sin que intervenga la olfacción.

Si parte del efecto psicológico de los aceites se debe a la percepción de su olor por el individuo, no podemos esperar que ejerzan todo ese efecto si esa percepción es desagradable. Podemos esperar en consecuencia que los aceites más universalmente agradables, como los de jazmín y rosa, tengan el mayor potencial en este tipo de terapia y que el aceite que más agrade a un individuo pueda ejercer el efecto terapéutico más acusado. Rovesti menciona el hecho de que las mezclas de esencias capaces de producir olores más agradables que los aceites por separado, resultan a menudo más agradables y aceptables para el paciente. Las mezclas pueden contener a su vez aceites que, solos, no son atrayentes, pero en combinación con otros producen un resultado satisfactorio.

Rovesti recomienda, en el tratamiento de estados depresivos, aceites de cítricos, de ilang-ilang, y composiciones basadas en sándalo, pachulí, jazmín y clavo. Incluiríamos también aquí la albahaca y la menta piperita, que ejercen un efecto refrescante y «estimulante» similar al de los aceites de los agrios. Algunos aceites, especialmente los de bergamota, espliego y geranio han demostrado su utilidad tanto en la ansiedad (tensión nerviosa) como en la depresión. Esto demuestra la versatilidad de las esencias como agentes terapéuticos y su capacidad para responder a las necesidades de los individuos. No se puede encasillar fácilmente a todo el mundo en los apartados de «ansiedad» o «depresión». A veces las características de estos dos estados mentales están mezcladas o se alternan como arranques de actividad febril seguidos de depresión. Podemos ver el mismo «elemento humano» en los aceites esenciales, que no se pueden clasificar sin más como estimulantes o sedantes. Su acción es más compleja y sutil que todo eso. Rovesti se expresa así:

> Obviamente no es posible establecer unos límites precisos entre las dos acciones aromaterapéuticas de neuroestimulantes y neurosedantes, no sólo debido a la complejidad de la composición de los aceites esenciales (que en la mayoría de los casos contienen diversos tipos de funciones osmofóricas), sino debido además al tipo particular de acción fisiológica general que Kobert ha definido como estimulante y sedante a la vez. Mientras que en algunas sustancias intervienen de hecho factores que son principalmente excitantes o sedantes, en otras (y son la mayoría) están mezcladas estas dos acciones farmacológicas, de modo que a determinadas dosis son estimulantes y en otras sedantes.

Recordemos la naturaleza orgánica de las esencias y su capacidad para adaptar, normalizar o equilibrar en vez de limitarse a estimular o sedar. Su acción, como ya he sugerido, es más compleja y sutil, debido a que cada esencia tiene alguna afinidad con determinadas partes del cuerpo, determinadas áreas de la mente y determinados tipos de emoción. Del mismo modo que una persona de mal corazón puede desarrollar una cardiopatía o una arterioesclerosis (endurecimiento de las arterias), las esencias que alivian una afección física pueden actuar también sobre el estado mental. Resumiendo:

Ansiedad, tensión nerviosa	benjuí, bergamota, manzanilla, alcanfor, ciprés, geranio, jazmín, espliego, mejorana, melisa, azahar, rosa, sándalo, ilang-ilang

Depresión, melancolía	albahaca, bergamota, manzanilla, incienso, geranio, jazmín, espliego, azahar, pachulí, menta piperita, rosa, sándalo, ilang-ilang

Esta guía es útil en el tratamiento de la ansiedad y la depresión, pero la mayoría de las afecciones físicas incluyen también un factor psicológico. Este factor puede ser o no la causa de la enfermedad, pero es un error ignorarlo por completo. Para dar un tratamiento más preciso e individualizado, es necesario tener muy claro el estado psicológico de la persona, que puede estar deprimida debido a otras emociones, como el temor o la culpa. Con objeto de tratar una gran variedad de estados mentales, necesitamos saber algo más sobre la acción de las esencias en la mente. A manera de guía he compilado la tabla siguiente, basada sobre todo en mi propia experiencia:

Ira	ilang-ilang, manzanilla, melisa, rosa
Apatía	jazmín, enebro, pachulí, romero
Confusión, indecisión	albahaca, ciprés, incienso, menta piperita, pachulí
Apego a hechos pretéritos desagradables	benjuí, incienso
Temor, paranoia	albahaca, amaro, jazmín, enebro
Aflicción	hisopo, mejorana, rosa
Hipersensibilidad	manzanilla, jazmín, melisa
Hipocondría	jazmín, melisa
Impaciencia, irritabilidad	manzanilla, alcanfor, ciprés, espliego, mejorana, incienso
Celos, envidia	rosa

Pánico, histeria	manzanilla, amaro, jazmín, espliego, mejorana, melisa, azahar, ilang-ilang
Shock	alcanfor, melisa, azahar
Suspicacia	espliego

El objeto de esta tabla es señalar la acción de los aceites aromáticos en la mente para capacitar al lector a hacer una selección idónea en cada individuo que tratar. Es evidente que las esencias serán más eficaces cuando los síntomas físicos se correlacionen con el síndrome mental. Si uno está tratando a alguien cuyo problema tiene al parecer un origen sobre todo psicológico, tendrá máxima importancia la elección de aquellas esencias que se avengan a su estado mental. Me doy cuenta de que existen varios estados de la mente que no se incluyen en la tabla anterior. En esos casos recomiendo al lector que elija el aspecto mental más cercano al estado mental en cuestión; por ejemplo, en el caso del odio, estudie los aceites referentes a la ira, en el de resentimiento, consulte a los celos. He procurado acortar y hacer concisa la tabla adrede, porque no se han analizado e investigado a fondo las cualidades en cuestión. Por el mismo motivo no las he incluido en el Índice terapéutico.

Cuanto más utilice las esencias y mejor llegue a conocerlas, mejor conocerá asimismo su manera de actuar en la mente y cuáles son sus cualidades individuales. Cada esencia tiene su personalidad propia, su propio conjunto de atributos, conceptos que se pueden utilizar para sacar a la luz determinadas cualidades que tenemos: que nos ayudarán a vernos con mayor claridad, a conocer nuestros defectos, y a permitir que la belleza y alegría de nuestra alma respire una fragancia fresca y «veraniega» a través de la mente.

Capítulo 7

Baños aromáticos

> Ella empieza por bañarse y derramar por todo el cuerpo
> suaves óleos de fragancia y ambrosíacos chubascos,
> los perfumados vientos se llevan la balsámica tormenta
> por el cielo, la tierra y todas las etéreas sendas.
>
> HOMERO

El baño siempre ha sido cosa popular, tanto por el disfrute como por la salud y la higiene. Parece haberse asociado más a menudo con las sustancias aromáticas que con el agua si lo definimos como un proceso de limpieza del cuerpo. En los tiempos y países en que el baño con agua no era asequible o bien visto, se empleaban sustancias aromáticas para limpiar o perfumar la piel. Cuando se empleaba agua para bañarse, nunca andaban muy lejos las sustancias aromáticas, ya sea como perfumados aceites de baño o como aceites perfumados para dar masaje tras el baño. En uno u otro caso hacían de antisépticos, mejorando el valor higiénico del baño y ayudando a reducir el olor del cuerpo.

Los antiguos egipcios, especialmente las mujeres (por lo menos las que estaban en condiciones de permitírselo), demostraron su altísimo grado de civilización por el refinamiento extremo de su modo de bañarse. Cada día tomaban una serie de baños: primero uno frío, después otro tibio, por último uno caliente. El baño caliente, perfumado con óleos fragantes, iba seguido de un masaje aromático, probablemente con aceite de cedro o ciprés. Junto con otros elaborados rituales de su *toilette* (peinado, masaje facial, maquillaje facial y pectoral), estaba a cargo de esclavos.

Los antiguos sirios disfrutaban también del baño y tenían baños públicos. Eugene Rimmel narra la historia de un rey sirio que pasó a la posteridad con el nombre de Antíoco. Dice esa historia que aquel rey estaba bañándose un día en los baños públicos, atendido por un montón de esclavos, cuando se le acercó un hombre común y corriente. «¡Qué feliz sois, oh rey! —le dijo—. ¡Tenéis un olor embriagador!» Aquello le sonó muy bien al rey y le respondió: «Voy a darte todo lo que quieras de este perfume». Ordenó entonces que derramaran sobre la cabeza de aquel hombre una gran jarra de espeso ungüento aromático, y enseguida se llenó aquel sitio de gente del pueblo que se peleaba a empellones por conseguir algo del costoso perfume. Aquello divirtió muchísimo al rey, pero al darse la vuelta, resbaló sobre el costoso ungüento y cayó de espaldas.

Aunque los griegos adoptaron en parte el sistema de baño egipcio, nunca le dieron el elaborado desarrollo que adquirió posteriormente con los romanos. El varón griego se conformaba normalmente con abluciones más limitadas que se daba en una pila de mármol situada en algún lugar público. Las mujeres se aseaban, por supuesto, en el recinto privado de la propia casa.

Los romanos deben haber sido los mayores adictos al baño de todos los tiempos, incluso para abandonar este mundo con elegancia. Recordemos el impuesto suicidio (asesinato) de Séneca; ¿qué perfumes acompañarían su adiós a la vida? Como los egipcios, tenían baños públicos, sumamente populares entre los hombres, mientras las mujeres preferían usualmente bañarse en casa. Los baños públicos o *termas*, constituían una de las instituciones más importantes de la vida social romana. Las termas principales eran unos edificios imponentes, construidos por distintos emperadores, siendo acaso las más refinadas las que construyó el emperador Caracalla en el siglo III d.C. Hubo un momento en que había casi mil baños públicos en Roma.

Al entrar en un baño romano, empezaba uno por desvestirse y entrar en una habitación llamada el *unctuarium*, con estantes y más estantes con potes de terracota llenos de perfumes y ungüentos fragantes. Tras haber recibido una unción preliminar, se pasaba al *frigi-*

darium o baño frío, para darse una rápida friega estimulante. Seguía el *tepidarium* o baño tibio, y después el *caldarium* o baño caliente, calentado por una estufa situada debajo de él, el *hypocaustum*, antecesor de nuestro baño de vapor actual. Dentro del baño caliente uno se frotaba todo el cuerpo con una especie de almohaza de bronce llamada estrígil, al tiempo que se derramaba por el cuerpo un aceite perfumado contenido en una *ampulla* o frasco pequeño. Tras el baño caliente venía un masaje relajante con aceites fragantes. Las personas que podían permitírselo, se servían de la atención de los empleados del baño o de sus propios esclavos.

Las mujeres romanas solían darse los baños en su casa; las pudientes tenían varias esclavas dedicadas a ese menester, al estilo de los egipcios. Se las conocía como *cosmetae* y estaban bajo la supervisión de la *ornatrix*, la encargada del baño privado. Después del baño, se le arreglaba y/o teñía el pelo y se le trataba con óleos fragantes. Seguía entonces un masaje facial, le pintaban las mejillas con *fucus*, una especie de colorete, y le daban sombra a los ojos. Por último, le daban masaje en el cuello y hombros con aceites perfumados y le lavaban ligeramente el resto del cuerpo en agua de rosas.

Regresemos ahora de la sofisticación del antiguo Egipto y de Roma a tiempos más recientes y a circunstancias más utilitarias. En algunas partes del mundo, especialmente en África, el agua escasea y nadie sueña con bañarse en ella. Tomo esta cita de Eugene Rimmel:

> Hay un curiosísimo tipo de baño empleado en Nubia que merece una descripción aparte. El cónsul Petherick refiere que, tras haber solicitado un baño en Berbera, una de las ciudades nubias que visitó, se vio sorprendidísimo al ver que entraba una muchacha negra llevando un cuenco y una taza tetera como único «instrumental». El cuenco contenía masa y la taza una pequeña cantidad de aceite de oliva perfumado con raíces aromáticas; la masa en cuestión, bien frotada sobre la piel desnuda, se la limpió completamente, tras lo cual una aplicación del aceite perfumado le confirió elasticidad a las extremidades. La operación entera, llamada «dilka», es muy apreciada por la población nativa, y el señor Petherick, que declara que se sintió muy refrescado tras reci-

birla, atribuye a su uso la ausencia total de enfermedades cutáneas en esa gente y dice que les permite resistir los fríos y cortantes vientos del invierno sin otra protección que una ropa ligerísima.

En el Sudán una fumigación aromática sustituye incluso el imperfecto modo de bañarse de la «dilka». En un hueco excavado en el suelo, al lado de la cama, ponen un pote de barro en el que queman la olorosa madera del «tulloch». Los nativos se sientan encima, cubriéndose con una brazada de lana, muy ceñida, y permanecen expuestos durante unos diez minutos a la nube de humo fragante que les produce una profusa transpiración, lo que, al parecer, les aporta una influencia tónica muy beneficiosa en la piel.

Este sistema guarda una gran semejanza con nuestro actual baño de vapor. El baño fue introducido en Europa por los romanos, pero, al derrumbarse su imperio, no gozó de gran popularidad en gran parte de nuestro continente hasta el siglo XIII, en que el baño público se puso de moda durante algún tiempo, reintroducido de Oriente por los cruzados. Pero hasta el siglo XVII no tuvo lugar la restauración permanente del baño e incluso hicieron falta entonces más de doscientos años para convencer a muchas naciones europeas de que el baño era una cosa saludable e incluso necesaria, que había que practicar con regularidad.

El siglo XVII contempló también la introducción de las «casas de sudar», es decir, de los baños públicos «turcos», descendientes directos del *caldarium* romano, que los turcos habían adoptado y modificado. Se habían hecho populares en la Constantinopla del siglo XV. Junto con los baños turcos, se hicieron populares entonces los baños perfumados. La gran peste permanecía grabada en la mente de mucha gente, que había empezado a darse cuenta de la importancia de la higiene. Al mismo tiempo empezaron a usarse cada vez más los perfumes. La gente apreciaba entonces más que ahora su valor antiséptico, y un baño perfumado era a la vez más agradable y más higiénico que un baño sin perfume.

Con todo, los europeos se persuadían muy poco a poco de las virtudes del baño. Claro está que esto rezaba menos con la gente que habitaba en la zona de clima menos riguroso del continente; tenía también menos probabilidad de resfriarse, cosa que constituía el temor máximo de los europeos: hubo tiempos en que se consideraba el baño como una cosa de gran peligro para la salud, propia sólo de «extranjeros y locos». Esa actitud se resiste aún, en algunos países muy europeos, a desaparecer. Sin duda bastantes desdichados murieron tras haberse atrevido a desafiar las líquidas profundidades; acaso no tenían el cuerpo acostumbrado, y el agua estaba demasiado fría. Escribe Daniel McKenzie:

> Nuestros abuelos sólo se arriesgaban a darse un baño cuando los estimulaba, al parecer, un empujón. Nuestras abuelas, con su impecable ropa interior de blanco algodón o lino, tenían aún menos necesidad del baño —o al menos eso creían—. Además, a sus gazmoños y pudibundos ojos, la desnudez total que exige la inmersión completa habría equivalido, aun estando a solas, a algo parecido a una gran indecencia. Antes de esa época, o sea, hacia el siglo XVIII, las cosas estaban aún peor, porque las damas de sociedad de entonces se pintaban la cara en vez de lavársela y mitigaban los efectos del infrecuente cambio de su ropa interior empapándose literalmente en almizcle y otros perfumes no menos seguros.

¡Vemos todavía muchas caras femeninas que no se lavan jamás, pero, como mínimo, se limpian y pintan más y mejor!

El baño no se convirtió en una costumbre extendida en Europa hasta el siglo XIX. Aun entonces se practicaba al principio por verdadera necesidad, más por mor de la higiene que por amor al baño. Sigue comentando Daniel McKenzie:

> Puedo recordar todavía en mis años de niño en Escocia el primer baño que tomó un viejo médico en los palaciegos ámbitos de un cuarto de baño moderno. No en su propia casa, por supuesto. Tras una paciente y minuciosa inspección de todos los relucientes grifos de la «ducha», «aspersión», «inmersión», etc., encomendó el espíritu al Supremo Hacedor. Después procedió cautelosamente a introducir en la humeante agua, para empezar, los dedos de los pies, después los pies hasta los tobillos, y siguió así, poquito a poco, hasta que, con gran atrevimiento, hubo entregado el cuerpo entero a lo profundo —¡sólo para

salir de allí lo antes que pudo!— [...]. ¡Su primer baño! ¡Y el último! «¡Casi me mata!», dijo después.

Parece de veras raro que los antiguos egipcios, griegos, romanos y árabes disfrutasen ya de unos baños lujosísimos hace miles de años, mientras los occidentales, y especialmente los ingleses, empezaban apenas a «darse el chapuzón» hace muy poco. El desarrollo de la industria de los artículos de tocador perfumados durante los siglos XIX y XX ha ayudado de seguro a que el baño sea un cometido más agradable, aunque nuestros sofisticados perfumes modernos sean sólo un lejanísimo eco de los densos y especiados compuestos resinosos del mundo antiguo.

El mundo es «algo más» que el Viejo Mundo. Dice la leyenda que, en su afán de hallar el oro de los aztecas, los conquistadores dieron tormento, según costumbre, a los cuatro caudillos máximos de Anáhuac: Coanacoch, Cacama, Tetlapanquétzal y Cuauhtémoc, el último emperador. Cuando uno de ellos quiso quejarse del «excesivo calor», le dijo Cuauhtémoc: «¿Crees tú que yo estoy en un lecho de rosas?», y se refería muy posiblemente a un baño de rosas.

Los baños aromáticos pueden afectarnos de muchas maneras. Está en primer lugar la fragancia de las esencias utilizadas; si agrada a la nariz, agradará también al espíritu. Está además la acción fisiológica de la esencia sobre el sistema nervioso y el resto del organismo, que se produce incluso cuando sólo una pequeña cantidad de aceite es absorbida a través de la piel.

Un baño tibio (28-35 °C) es relajante y sedante. Un baño caliente (35-39 °C) es tonificante si es breve, pero si se prolonga, debilita mucho. Un baño de espliego, por ejemplo, relajará si el agua no está demasiado caliente, pero un baño muy caliente tiende a contrarrestar los efectos del espliego. Recuérdelo cuando tome un baño aromático, porque muchos de los aceites son estimulantes o relajadores. La mayoría de la gente prefiere un baño estimulante por la mañana y uno relajador por la tarde, pero la mejor manera de decidir la esencia que emplear es utilizar lo que le apetezca en cada momento; la propia intuición sabe qué es bueno para uno.

Hay varias maneras de emplear esencias en el baño y es fácil preparar una buena cantidad de esos aceites. Hay básicamente dos tipos de aceite de baño: los que se disuelven en el agua y los que no lo hacen. Empezando por el segundo tipo, el método más simple es esparcir unas cuantas gotas de aceite esencial puro en el agua de la bañera justo antes de entrar en ella. No es una buena idea echar ninguno de esos aceites de baño antes de que el agua esté ya a su nivel debido. Si lo hace, parte de la esencia se evaporará antes de que usted entre en el baño. De este modo se puede emplear cualquier aceite esencial, pero tenga cuidado de no echar demasiado. Unas esencias son más fuertes que otras y algunas ejercen cierto efecto irritante en la piel, de no utilizarlas con mucha medida (por ejemplo, la albahaca, pimienta, menta piperita, romero); por supuesto que esto reza sobre todo con las personas de piel muy sensible. Si no está seguro, tenga cuidado y empiece echando dos gotas al principio. Si no le hace daño esa cantidad, puede aumentar la dosis la siguiente vez. Como promedio, de tres a cinco gotas son suficientes con la mayoría de las esencias, aunque a veces se puede necesitar hasta diez o doce de algunas. Experimente: enseguida hallará la dosis idónea.

En cuanto haya derramado el aceite en el agua, agítela suavemente para que el aceite forme una película en la superficie. (Esto es importante, porque ¡sentarse sobre una gota de aceite esencial puro puede provocar una molesta irritación!) La película oleosa le envolverá entonces la piel. ¡Tiéndase hacia atrás y disfrute! No espere notar un efecto inmediato con los aceites; son muy sutiles y notará el efecto después.

Otra forma de aceite de baño no hidrosoluble es una mezcla de aceite esencial y aceite vegetal. Ésta es sumamente benéfica si tiene la piel más bien seca. Se puede emplear cualquier vegetal, pero los de aguacate, almendra dulce y germen de trigo son particularmente nutritivos debido a su contenido de vitaminas relativamente alto. La cantidad de esencia que emplear es la mencionada antes: y se pueden usar entre media y tres cucharaditas del aceite vegetal. Mezcle bien la esencia con el aceite graso y añada después la mezcla al agua del mismo modo descrito para el baño con esencia pura. Pruebe haciendo la mezcla de aceite de baño suficiente para darse varios baños; si le gusta la aventura, puede mezclar juntas varias esencias. Al principio es mejor atenerse a una o dos esencias hasta que sepa qué aceites mezclan bien y en qué proporciones. La perfumería es un arte, pero es sorprendente lo que se puede hacer con unas pocas esencias y un poquito de paciencia.

Para el segundo tipo de aceite de baño —el que se disuelve en el agua— va a necesitar un champú, un jabón líquido o un detergente común. El jabón líquido y el champú son desde luego mejores para la piel que el detergente. Sin embargo, si quiere un baño espumoso, la mejor cosa es el detergente —hasta una cucharada grande, según la cantidad de burbujas que usted quiera—. Y también puede añadir —o no— un aceite vegetal, pero si quiere un baño espumoso, no lo añada. Si emplea el aceite, suele dar buen resultado una parte de aceite para tres partes de jabón, pero la proporción puede variar. Aquí también la experimentación le indicará qué es lo que más le conviene. La cantidad de esencia que emplear es la misma que se ha indicado anteriormente.

Una vez en la bañera, las esencias penetrarán en la piel del mismo modo que durante un masaje de aromaterapia. Precipita su penetración el calor del agua circundante. Para lograr el óptimo efecto terapéutico, recomendaría el empleo de un aceite de baño no soluble, a fin de que el mismo le envuelva el cuerpo al entrar usted en el agua y se le quede muy adherido a la piel durante el baño. Ocurre también que una esencia hidrosolubilizada puede no penetrar en la piel con tanta facilidad, dado que la piel no absorbe agua. Cuando usted salga del baño, le quedará sobre la piel una pequeña cantidad de aceite. Si queda aceite flotando en el agua, se le adherirá a usted al salir de ella. El secado con toalla no elimina toda la esencia, de modo que le quedará la piel ligeramente perfumada. Puede reforzar su baño aromático, especialmente si tiene la piel seca, frotando un aceite perfumado sobre el cuerpo después de secarse. Eso protege la piel, la conserva sana y flexible y le deja una tenue fragancia por todo el cuerpo. Ayuda además a contrarrestar el efecto resecante del jabón y el agua en la piel. En tal caso necesita poquísimo aceite y el mejor modo de aplicárselo es untar ligeramente ambas manos con el aceite y frotarlo después sobre el cuerpo.

Como alternativa, puede hacer que otra persona le dé masaje después del baño. Es un momento idóneo para recibir un masaje, porque el cuerpo está ya relajado y, citando al doctor William Martin Trinder (1812), «tras un baño caliente, la aplicación de un aceite odorífero sobre la piel es deliciosamente saludable». La combinación de baño, masaje y esencias aromáticas es uno de los lujos más relajadores que existen... y ¡que usted puede permitirse!

El baño público (a diferencia de la natación) ha sido totalmente sustituido hoy en día por el baño en la intimidad del propio domicilio. El agua de las piscinas tiene sin duda también su aroma, y en ese sentido es también «aromática», pero el olor del cloro deja mucho que desear. La única forma de baño público higienizante de la actualidad reside en el vapor de las saunas. La sauna, que en Finlandia es casi un estilo de vida, y una institución, disfruta cada vez de más popularidad entre nosotros. Digamos sin embargo que no es cosa práctica el empleo de aromas en combinación con los baños de vapor o saunas, puesto que el objetivo principal de la sauna es estimular la eliminación a través de los poros de la piel. Esto imposibilita la penetración de los aceites aromáticos o al menos la dificulta muchísimo. En cambio, después de terminar un baño de vapor o de una sauna, cuando uno ya está seco y se ha recuperado la temperatura normal, se puede dar un masaje (debe aguardar por lo menos media hora, porque la piel sigue transpirando durante un buen rato tras esos baños). La combinación de baño y masaje es también sumamente relajadora, y en este caso tal vez incluso más saludable todavía.

Siguen unas cuantas recetas de aceite para el baño que puede probar usted mismo y una guía para ayudarle a combinar sus propias recetas, con el número aproximado de gotas de cada esencia.

Baños de invierno: para ayudar a evitar resfriados y estimular la circulación.

enebro	2 gotas
aceite de espliego	3 gotas

Baños de verano: refrescantes, estimulantes, vigorizantes

aceite de menta piperita	1 gota
aceite de bergamota	4 gotas

Baños matinales: tónicos, vigorizantes

aceite de romero	3 gotas
aceite de enebro	2 gotas

Baños vespertinos: sedantes, para las personas con dificultad para conciliar el sueño

aceite de manzanilla	1 gota
aceite de espliego	4 gotas

Baños afrodisíacos:

aceite de ilang-ilang	1 gota
aceite de sándalo	4 gotas
aceite de jazmín (¡lujo optativo!)	1 gota

Baños de limón: refrescantes, relajantes, muy limpiadores

el zumo de medio limón	
aceite de limón	4 gotas
aceite de geranio	1 gota

Estas recetas se pueden emplear tal como se indica o bien con la adición de cantidades adecuadas de aceite vegetal y/o jabón. Las cantidades corresponden a un baño, aunque a uno puede convenirle preparar una cantidad mayor cada vez.

Esencias para baños y el número de gotas correspondientes

Relajantes		Tónico/estimulantes	
Manzanilla	2	Albahaca	3
Ciprés	4	Cardamomo	3
Azahar	2	Menta piperita	3
Espliego	4	Enebro	4
Mejorana	4	Hisopo	3
Rosa	2	Romero	4
Sándalo	4		
Amaro o Esclavea	4		

Refrescantes		Afrodisíacos	
Ciprés	4	Jazmín	2
Limón	4	Azahar	2
Menta piperita	4	Rosa	2
Albahaca	3	Sándalo	4
Bergamota	4	Ilang-ilang	4
Geranio	4	Cardamomo	3
Espliego	4		

Cuando se emplee más de un aceite esencial, limite a 5 o 6 el número total de gotas.

Baños terapéuticos

La historia del empleo terapéutico del agua, ya sea en forma de baños o de otra manera, se remonta nada menos que a los antiguos egipcios. Y si tenemos testimonios de tal antigüedad, podemos suponer con toda seguridad que el agua, al constituir una parte tan integral de nuestra vida, ha tenido usos terapéuticos desde el momento mismo en que el hombre se dio cuenta de que la mala salud se podía corregir y prevenir. Podemos conjeturar también que, dado que los egipcios hicieron un uso tan extenso de los baños y las sustancias aromáticas, pudieron haber combinado unos con otras para fines terapéuticos.

Sabemos que Hipócrates, el insigne médico griego que vivió alrededor del año 500 a.C., consideraba el agua como un verdadero agente terapéutico. Los médicos árabes empleaban los baños para el tratamiento de las enfermedades hace más de mil años. Primero los turcos, después los franceses, en el siglo XVI, y los ingleses en el XVII, adoptaron los baños de vapor para el placer y también para la terapia. En otras partes del mundo, como América y África, las civilizaciones allí existentes emplearon diversas formas de fumigaciones, baños de aire caliente, baños de vapor y baños de agua, para curar enfermedades. En el siglo XIX se descubrieron y popularizaron en Europa distintas curas de agua. Con frecuencia dieron buen resultado y curaban enfermedades sin necesidad de ningún otro tratamiento. El abate Sebastian Kneipp, recordado todavía por sus curas de agua, curó al archiduque José de Austria en 1892 de una nefritis crónica azotémica.

La hidroterapia (empleo terapéutico del agua) es cosa virtualmente pasada de moda en la medicina ortodoxa actual. Es una lástima, porque el agua fría constituye un tratamiento extraordinariamente bueno para cualquier clase de fiebre. El agua no mata la infección en esos casos, pero reduce la temperatura con mucha eficacia, si se aplica como es debido, lo que da mucho alivio al paciente. La inclusión de unas pocas gotas de aceite de eucalipto o menta piperita en el agua aumenta la eficacia de este tratamiento. Las compresas frías deben aplicarse en los pies y en la frente, empleando en el primer caso una toalla que se dejará hasta que esté casi seca. Las manos se pueden meter también en recipientes con agua fría. En los casos extremos se debe envolver el cuerpo entero en una sábana húmeda y fría. Se empapa en agua con ocho gotas de aceite de eucalipto y se exprime bien antes de aplicarla al cuerpo. Después se envuelve al paciente en mantas y, si siente mucho frío, se le ponen una o dos bolsas de agua caliente pegadas al cuerpo. Este tipo de tratamiento es mucho más eficaz, y muchísimo más fácil de aplicar, que la esponja tibia utilizada en las clínicas. Hay que mantener una vigilancia continua de la temperatura.

Se puede aplicar agua al cuerpo de diversas maneras. Además de los baños usuales, los de vapor y las compresas, hay baños de asiento, de manos, de pies, duchas, enemas y riegos. Hay además muchos tipos de baños que emplean otros remedios naturales tales como los baños de algas, los baños de salmueras y un largo etcétera. En casi todos ellos se pueden emplear también los aceites esenciales que añaden una potenciación natural —y considerable— a la eficacia del tratamiento. En la mayoría de los casos el agua por sí misma no es suficiente para producir la cura, ni se trata de eso. Pero un tratamiento con agua aromática es más potente que la hidroterapia sola, y puede constituir a menudo un eficaz agente curativo. En algunos casos puede ser tan eficaz, o incluso más, que un masaje aromaterápico o el uso interno de aceites. Como podemos ver, constituye una parte importante de la aromaterapia.

El baño de asiento en tina *ad hoc* o en bañera se compone de dos secciones: una grande, donde se sienta uno, y otra pequeña para los pies. El agua debe llegarle a uno hasta la cintura, cubriendo el bajo vientre. Como las dos secciones están separadas, se puede mantener el agua de cada una a temperaturas diferentes. Los baños de asiento se emplean por lo general en las enfermedades del bajo vientre —afecciones urinarias, genitales o intestinales—. Según la enfermedad que se trate, pueden añadirse las esencias idóneas al baño de asiento. Se pueden tratar de este modo y/o con una ducha vaginal la leucorrea, la amenorrea, la dismenorrea y, muy ocasionalmente, incluso la impotencia —que constituye sobre todo un problema psicológico—. La ducha es necesaria en el caso de leucorrea, y conviene emplearla a diario. Si no dispone de una «bañera de asiento», puede tomar el baño de asiento en una tina corriente: llene la tina hasta que el agua le llegue a la cintura.

Lo mismo se puede decir de los enemas (lavativas) que se pueden administrar, con mucho cuidado, si se practica ayuno, o en casos de estreñimiento, diarrea, colitis y otras afecciones por el estilo. Se deben emplear esencias apropiadas para relajar, tonificar, desintoxicar o aliviar el tracto intestinal inferior. Puede añadir aceites esenciales del tipo del enebro o el romero a los riegos con agua para aumentar su efecto estimulante. Esos riegos consisten en fuertes chorros de agua dirigidos normalmente contra la espina dorsal hacia arriba y abajo mediante una manguera. Ejercen generalmente un efecto estimulante en el sistema, pero son especialmente útiles en los trastornos espinales. Provocan el efecto de una vibración profunda de las articulaciones, sin la menor molestia, y confieren un alivio considerable en las afecciones espinales crónicas.

Se pueden aplicar compresas calientes, tibias o frías en una serie de trastornos. Se utilizan por lo común en los espasmos musculares y contusiones, pero se pueden usar también, con aceites esenciales diluidos en el agua, para muchos trastornos internos. Se preparan las compresas mezclando 2 gotas de aceite esencial en medio litro de agua caliente. (Se debe emplear una dilución igual o menor en los baños de manos, pies y asiento, y en las duchas y enemas.) Haga la mezcla agitándola dentro de una botella, y empape un pedazo de tela con ella. Puede servir cualquier tela absorbente que no sea demasiado áspera, por ejemplo, un trozo de sábana vieja. Exprima ligeramente la compresa, aplíquela a la piel y cúbrala con la ropa y/o una toalla. Si la persona necesita moverse, se le puede sujetar la compresa con una venda. Téngala puesta de dos a cuatro horas o, si hay fiebre, hasta que esté casi seca; sustitúyala entonces si es necesario. En vez de agua, se puede emplear una infusión de hierbas adecuadas.

Las compresas deben aplicarse sobre la zona afectada. Si se trata de los riñones, aplíquelas en la región lumbar; si es el corazón, aplíquelas en el pecho, sobre el corazón; si son los intestinos, aplíquelas en el vientre, y así sucesivamente. La eficacia de esas compresas es tal, que hay que verla para creerla. Mességué trató en una ocasión a un hombre que no podía orinar y sus médicos le daban sólo unas cuantas horas de vida. Aplicó una compresa de hierbas en la región lumbar, sobre los riñones. Al cabo de unos veinte minutos empezó a orinar, y su vida quedó desde luego a salvo. Las compresas aromáticas constituyen un tratamiento casero muy útil, y el paciente las puede aplicar a diario entre visita y visita al terapeuta. Se pueden dejar puestas toda la noche.

Mességué emplea los baños de pies y de manos en la mayoría de sus tratamientos. Como tratamiento doméstico se pueden tomar estos baños en vez de las compresas o incluso en combinación con ellas. El agua debe estar caliente, pero *siempre soportable.* Se deben añadir las esencias justo antes de sumergir la mano o los pies. Emplee unas diez esencias para el baño de pies. Esos baños deben tomarse por la mañana y por la tarde, durante no más de diez minutos, cubriendo a continuación los tobillos y las muñecas.

Antes se empleaban los baños de pies con agua caliente como tratamiento de los resfriados, pero ahora sólo los recuerdan los caricaturistas. A veces al baño se le añadía mostaza en polvo (la más calentadora de todas las sustancias aromáticas) a fin de devolverle al cuerpo el calor natural. Los baños de pies son muy buenos para afecciones de la cabeza del tipo de la cefalalgia, la migraña, los resfriados y la neuralgia facial. Dan también buen resultado en afecciones del vientre y de las piernas como el estreñimiento, los trastornos menstruales y las varices. Son sobre todo muy buenos en los trastornos por fatiga y congestivos. Cuando tome un baño de pies tenga cuidado de no enfriarse.

Las aguas aromáticas sirven también para hacer gargarismos como tratamiento de los dolores de garganta, úlceras bucales, etc. Añada al agua un 0,5 % de aceite esencial. En los dolores de garganta también se pueden aplicar compresas en la parte superior del cuello. En la preparación de baños, duchas, compresas, etc., tenga el agua siempre caliente o muy caliente, de no haber fiebre o mucho calor en la parte respectiva del cuerpo; en tal caso emplee agua fría o tibia.

Capítulo 8

El masaje

> Hay quienes dan con alegría
> y esa alegría es su recompensa.
> Y hay quienes dan con pena,
> y esa pena es su bautismo.
> Y hay quienes dan y no conocen la pena dando,
> ni buscan la alegría, ni dan creyéndose virtuosos;
> dan como en aquel valle donde el mirto
> exhala su fragancia
> en el espacio.
> Por las manos de los que así son, habla Dios.
> y sonríe sobre la Tierra
> desde detrás de los ojos de ellos.
>
> JALIL GIBRAN,
> *El Profeta*

El masaje desempeña un papel muy importante en la aromaterapia. Al emplear aceites en el masaje aromático, aparte del hecho de que las esencias penetran la piel, está el beneficio adicional del masaje mismo, y además un efecto psicológico debido a la presencia del aroma. Se disfruta dando masaje, y recibirlo relaja; es uno de los mejores modos de aliviar el estrés y la tensión que sufrimos la mayoría de los que vivimos hoy en día.

El masaje es una terapia antigua. Es una extensión del impulso instintivo de tocar una parte del cuerpo que duele y a menudo de frotarlo, como hacemos cuando nos golpeamos. El verbo «untar» es casi sinónimo de dar masaje, y las asociaciones históricas de esa palabra nos revelan lo antiguo que es. Los antiguos empleaban siempre aceites al dar un masaje, aceites que casi siempre estaban perfumados. La forma más antigua y principal de aplicar la aromaterapia es el masaje.

El masaje proporciona además un medio de contacto entre el paciente y el sanador, factor importantísimo en la sanación y una forma de comunicación fácil y directa. Nuestras manos son sumamente sensibles, pero a la vez que son instrumentos del sentir, son también instrumentos de la comunicación. El sanador (por imposición de manos) comunica su facultad de curar a través de ellas, normalmente incluso sin tocar siquiera el cuerpo. Todos nosotros tenemos hasta cierto punto la facultad de curar con las manos; el masaje y la meditación son dos modos de desarrollarla. Cuando damos un masaje comunicamos lo que sentimos a la persona a la que se lo damos, y por ello es muy deseable que nos hallemos en una situación mental llena de sosiego y confianza en nosotros mismos. No dé un masaje si se siente enojado, cansado o nervioso. No importa que su paciente no se sienta bien —el masaje de usted lo aliviará—, con tal que usted tenga confianza y se sienta relajado.

La primera vez que el sanador toque al paciente, sus manos deben ser receptivas y tranquilizadoras. Antes de estar en condiciones de tratar a una persona, necesitamos saber lo máximo posible de ella. Mientras nos habla, su cuerpo puede «hablar» con nuestras manos. Las manos pueden decirnos cuánta tensión física encuentran allí y en qué partes del cuerpo la encuentran. Nos ayudan a averiguar hasta qué punto está receptivo o nervioso el paciente, su calidad y textura de piel, dónde hay espasmo muscular y tal vez por qué lo hay. Las manos descubrirán partes congestionadas, zonas hinchadas, torceduras y agarrotamientos antiguos. Descubrirán los puntos sensibles, los que provocan dolor en alguna otra parte del cuerpo. Nos dirán además mucho sobre el paciente como persona.

Cuando las manos hayan hecho su propio «diagnóstico», pueden empezar a «transmitir», a la vez que siguen «recibiendo» si es necesario. Nuestras manos curan en dos niveles: el físico, y el que podríamos llamar «psíquico». La sanación por imposición de manos ha recibido muchos nombres —sanación por la fe, sanación magnética, sanación espiritual, sanación psíquica, etc.—. Pero hay una cosa de la que podemos estar seguros: de que el sanador le transmite al paciente alguna forma de energía a través de las manos. Esto es cosa sabida y empleada durante miles de años. Hace poco ha llegado de Rusia la primera evidencia científica en apoyo de esa idea, en la forma de la fotografía de Kirlian.

Semyon Kirlian y su esposa Valentina han descubierto un método para fotografiar el aura de las plantas y animales vivos situándolos en un campo eléctrico de alta frecuencia. Las fotografías revelan que una energía (está aún por resolver qué es exactamente esa energía) aparece en ellas en forma de halos y llamaradas. Son de diferentes colores —azules, naranja, amarillos, morados— y están en continuo movimiento, unos rápidos y otros lentos. Los experimentos de Kirlian han revelado que las puntas de los dedos del sanador emiten más energía luminosa de la normal cuando piensa en curar. El hecho de que se pueda ver cómo sale esa energía de las puntas de los dedos es fascinante de por sí. El hecho de que seamos capaces de controlar esa energía de alguna manera —y ver realmente los efectos de ese control como un cambio del color o la intensidad de la luz— es casi increíble. Sólo los más escépticos se negarán a creer que la energía curativa puede ser transmitida de una persona a otra a través de las manos, pero hasta hace poco no se había considerado seriamente la posibilidad del estudio científico de fenómenos semejantes.

Para poder curar, uno tiene que ser capaz de sentir: sentir simpatía, compasión y atención o inquietud por la otra persona. Cuanta mayor concentración y energía ponga en su masaje, más fácilmente podrá fluir a través de usted esa energía curativa. El éxito del masaje no depende tanto del tipo de masaje que se da ni del refinamiento técnico empleado como del estado mental en que nos hallamos. Si la mente está distendida y uno se siente relajado, los propios movimientos fluirán con naturalidad.

El masaje de la aromaterapia es una combinación del masaje sueco (de tejidos blandos), el masaje shiatsu (de acupuntura) y el masaje neuromuscular. Aunque estos dos últimos tienen una técnica virtualmente idéntica, se basan en principios diferentes. A fin de explicarlos claramente, lo mejor es considerar primero por separado esos tres tipos de masaje y ver después cómo se combinan para constituir lo que llamamos masaje de la aromaterapia.

El masaje sueco

El masaje sueco es sencillamente un masaje de los tejidos blandos del cuerpo. Se le da ese nombre porque a principios del siglo XIX un profesor sueco, de apellido Ling, hizo un compendioso estudio científico del masaje, estableciendo así los cimientos de lo que hoy en día se conoce y practica con el nombre de «masaje sueco»

El masaje sueco incluye varios tipos de movimiento: el roce suave (*effleurage*), el amasamiento, la percusión y las vibraciones con las manos. Existe también el *petrissage*, que es un masaje bastante profundo aplicado con los pulgares. No se emplea mucho en el masaje sueco y hablaremos de él más adelante. Todos los demás movimientos son en su mayoría superficiales y afectan únicamente a los sistemas vascular y muscular; haremos una excepción referente al rozamiento que ejerce además una acción refleja en el sistema nervioso. Éste es el tipo de movimiento que nos interesa fundamentalmente, aunque el amasamiento podrá sernos útil ocasionalmente.

Effleurage

El rozamiento o *effleurage* es un movimiento rítmico suave y lento de la mano entera y se aplica normalmente hacia arriba (es decir, hacia el corazón). Cuanta mayor presión se aplica, más profundo es su efecto en la circulación sanguínea y el tejido muscular. Cuanto más ligero es (dentro de ciertos límites) mayor es el efecto reflejo en el sistema nervioso: es sumamente agradable y relajante.

La práctica normal del masaje sueco es empezar con un *effleurage*. En la espalda (que es la zona que más nos interesa en principio) se aplica normalmente recorriéndola hacia arriba, una mano al lado de la otra, pasando los pulgares por encima de la espina. Después las manos se separan hacia afuera, sobre los hombros y descienden moviéndose aún con más suavidad por los lados de la espalda. Hay distintas variaciones, pero he hallado que este método es el de utilidad más general. Una variación que a veces da resultado consiste en ponerse a la cabecera del paciente y efectuar ese mismo movimiento en sentido contrario, descendiendo espina abajo y subiendo después por los lados de la espalda. El rozamiento se emplea de manera similar en el resto del cuerpo. En la pierna, por ejemplo, con el paciente en decúbito prono (cara abajo), dé masaje desde justo encima del talón hasta lo más alto de la pierna; las manos se mantienen paralelas, tocándose apenas cuando suben, y se separan arriba para bajar a los lados de la pierna.

En este movimiento se ejerce una ligera presión en el rozamiento hacia arriba y ninguna en absoluto en el roce pierna abajo. La presión del roce hacia arriba se puede variar según sea necesario, pero lo mejor suele ser empezar con una presión muy ligera y hacerla más fuerte gradualmente. Hará falta mayor presión en las personas de complexión robusta y menor en las de físico más débil. No aplique mucha presión en las personas muy nerviosas. Cuando practique el *effleurage* las manos no deben estar tensas ni flojas, sino firmes y flexibles de modo que se adapten, «moldeándolos», a los contornos del cuerpo al pasar sobre la piel. Normalmente los dedos se mantienen juntos, pero pueden abrirse si lo prefiere, especialmente cuando haga el *effleurage* sólo con una mano. Esto a veces es necesario, por ejemplo al dar masaje al brazo, donde no hay espacio suficiente para las dos manos juntas. El *effleurage* se puede aplicar a cualquier parte del cuerpo, ya sea huesuda o musculosa.

El amasamiento

Este movimiento no se emplea tanto en la aromaterapia como en el masaje sueco, del que forma parte esencial. Se hace con la mano, o manos, entera, y consiste básicamente en un movimiento de pellizco y torsión. Para poder «apretar» y «dar vuelta», tiene que empezar por «agarrar» y es más fácil amasar en las partes más carnosas del cuerpo. No se puede hacer en partes huesudas como las manos, muñecas, codos, etc. Tome la parte que masajear «oponiendo» los dos pulgares a los otros cuatro dedos. Levántela entonces, apretando justo lo suficiente para tener sujeto el músculo, y gírelo de modo que la mano se deslice a través de la superficie de la piel. Las manos pueden volver a su posición original repasando ligeramente la misma zona (como en un movimiento de regreso del *effleurage*) o también «amasando» el camino de regreso, haciendo el mismo movimiento pero a la inversa. Otra variación consiste en hacer que una mano «amase» hacia usted mientras la otra «amasa» alejándose de usted. Ésta es un poco más difícil, pero hace mucho bien si puede dominarla. Este movimiento sólo se puede hacer en las partes más carnosas, mientras que el amasamiento con una mano es más fácil en las menos carnosas. Cuando amase tenga cuidado con no pellizcar o estrujar demasiado fuerte; es un movimiento que tiene tanto de rotación como de estrujamiento.

El amasamiento da resultado en los músculos que duelen —dolor de pantorrillas después de una caminata larga, dolor de espalda después de trabajar en el jardín— o están tensos, especialmente la parte del trapecio que se halla entre el cuello y los hombros. Los músculos empiezan a doler cuando los derivados químicos de la «combustión» muscular (principalmente el ácido láctico) empiezan a acumularse en los tejidos. Esto ocurre normalmente cuando uno emplea los músculos más allá de su capacidad normal y la sangre y la linfa no pueden eliminar con suficiente rapidez el ácido láctico existente en esa zona. El masaje, especialmente el amasamiento, estimula la circulación contribuyendo a dispersar los depósitos de ácido láctico.

El masaje sueco es fácil de aplicar. Aun cuando usted dé masaje con bastante fuerza, no hará daño a nadie, pero es preferible que sea delicado, fluido y sensible. Una vez que haya dominado las técnicas básicas, puede improvisar sus propios toques; encontrará probablemente que esto se produce con toda naturalidad. Como es el más fácil de hacer y el menos capaz de hacer daño, debe aprender a dar masaje sueco antes de intentar la práctica de ningún masaje profundo. Debe tener también unos conocimientos razonables de anatomía, a fin de saber dónde está dando masaje, y de fisiología, que le ayuden a entender por qué está dando ese masaje.

El masaje neuromuscular

Neuromuscular quiere decir de los nervios y los músculos. Es un tipo de masaje que ha sido desarrollado por osteópatas y masajistas, principalmente de Estados Unidos. Básicamente es una forma de masaje profundo que tiene por objeto alcanzar los nervios, ligamentos, tendones y otro tejido conjuntivo al que no llega normalmente el masaje de los tejidos blandos. El masaje neuromuscular no entra normalmente en el campo de acción del masaje de aromaterapia, pero incluyo aquí una descripción del mismo por ser muy útil y por no ser muy conocida su práctica en la actualidad.

Como la mayoría de los métodos de masaje profundo, el neuromuscular se lleva a cabo con los pulpejos de los pulgares y/o otros dedos. Hace falta cierta dosis de presión —como regla general no más de 5 kg, aunque los masajistas expertos pueden aplicar ocasionalmente 15 kg o más—. (La presión aplicada se puede calcular haciendo presión con el pulgar o dedo respectivo en una báscula de baño.) Se emplean varios movimientos, siendo el más usual uno circular. Se pone el pulgar o dedo en cuestión sobre la piel y se describen con él círculos pequeños, moviéndolo sobre los tejidos subyacentes, pero manteniendo el contacto con el mismo punto de la piel. Esto es muy bueno como masaje de profundidad media, y útil cuando se da un masaje general o cuando no conviene hacerlo muy profundo. Para una penetración mayor se usa un tipo de movimiento como de serrar. Manteniendo la presión, se mueve el pulgar u otro dedo hacia delante y atrás siguiendo la misma línea y manteniendo también el contacto con la misma parte de la piel. La «sierra» es un movimiento muy profundo y suele ser doloroso,

1 c. cervicales
irrigación sanguínea de la cabeza, glándula pituitaria, cuero cabelludo, huesos de la cara, encéfalo, oído interno y medio, sistema nervioso simpático

2 c. ojos, nervio óptico, nervio auditivo, senos, huesos mastoideos, lengua, frente

3 c. mejillas, oído externo, hueso de la cara, nervio trigémino

4 c. nariz, labios, boca, trompa de Eustaquio

5 c. cuerdas vocales, ganglios del cuello, faringe

6 c. músculos del cuello, hombros, amígdalas

7 c. tiroides, bolsa escapular, codo

1 d. dorsales
antebrazo, esófago, tráquea

2 d. corazón incluyendo válvulas, arterias coronarias

3 d. pulmones, bronquios, pleura, tórax, pezones

4 d. vesícula biliar, conducto común

5 d. hígado, plexo solar, sangre

6 d. estómago

7 d. páncreas, islotes de Langerhans, duodeno

8 d. bazo, diafragma

9 d. cápsulas suprarrenales

10 d. riñones

11 d. riñones, uréteres

12 d. intestinos delgados, trompas de Falopio, circulación linfática

1 l. lumbares intestino grueso, colon, anillos inguinales

2 l. apéndice, abdomen, muslo, ciego

3 l. órganos sexuales, ovarios o testículos, útero, vejiga, rodilla

4 l. próstata, músculos lumbares, nervio ciático

5 l. piernas, tobillo, dedos del pie, arcos

S. sacra
Huesos ilíacos, nalgas

C. cóccix
recto, ano

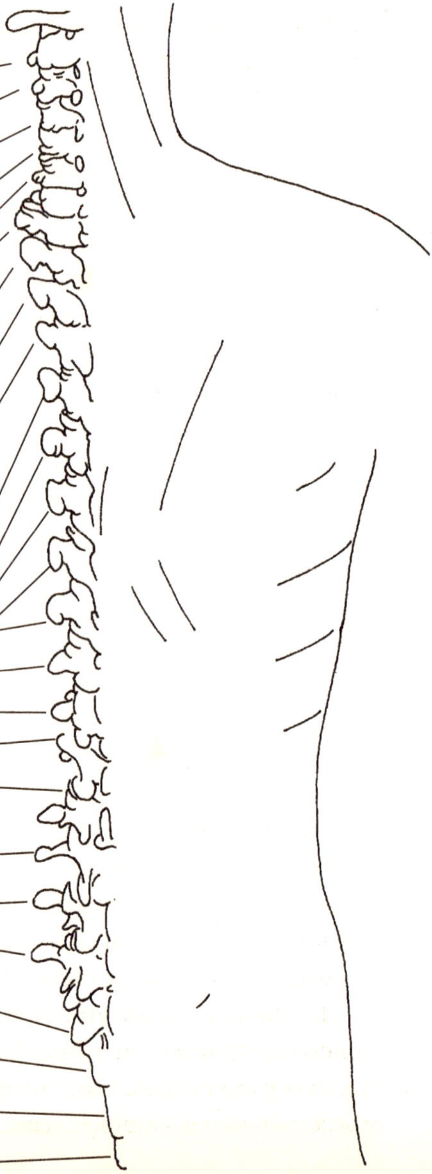

aunque ello depende también del nivel de presión aplicado. No lo aplique durante más de 20 segundos en el mismo lugar, ni durante más de un total de 10 minutos en una misma sesión de masaje. Puede ocasionar también un ligero hematoma. Esto a veces es inevitable y a algunas personas les salen cardenales muy fácilmente, pero se debe evitar dentro de lo posible.

El tercer movimiento no es realmente un movimiento, sino sólo una presión hacia abajo. Es casi tan profundo como la «sierra», pero no tan doloroso, y se puede usar con más libertad. Como en los demás movimientos se debe amoldar el nivel de presión con la respuesta dolorosa: hay que contar con cierta molestia, pero nunca con un dolor intenso. Al practicar cualquier forma de masaje que exija presión suele ser más fácil emplear los pulgares puesto que son más fuertes que los otros dedos y pueden resistir más presión durante más tiempo. Por otro lado, puede serle menos cansado alternar los pulgares con otros dedos. Es también mucho más fácil recurrir al peso corporal —teniendo el brazo recto y apoyándolo sobre el paciente— que aplicar la presión utilizando sólo los músculos de la mano y el brazo. Esto puede parecerle raro al principio, pero a fin de cuentas es mucho más descansado.

Dando masaje a la zona situada inmediatamente a uno y otro lado de la espina dorsal, se puede dar un masaje estimulante y relajante al mismo tiempo. El resultado es que el paciente se siente mucho más relajado a la vez que se le tonifica el cuerpo entero, incluyendo los órganos internos. Esto se debe a que los nervios masajeados constituyen el abastecimiento nervioso del cuerpo entero (exceptuando la cabeza, que es abastecida por los nervios craneales). Esto no quiere decir que el masaje espinal haga innecesarios los demás masajes, pero implica que la espina dorsal es la parte más importante del cuerpo para el masaje profundo.

Hay dos maneras de utilizar el diagrama adjunto con las raíces de los nervios espinales. En primer lugar, si usted sabe que determinada zona u órgano necesita tratamiento, debe dedicar más tiempo a dar masaje a los nervios espinales correspondientes. Haciéndolo así, estimula el abastecimiento nervioso de esa zona, que recibe entonces más energía, lo que estimula a su vez la renovación celular, el alivio de la congestión, etc. Si nota que hay dolor en la zona espinal, puede estar seguro de que necesita masaje. En segundo lugar, dando masaje a toda la zona espinal, hallará algunos puntos que duelen más. Esas zonas necesitan una atención especial y «piden» masaje profundo: podrían señalar también —aunque no necesariamente— la existencia de problemas en los órganos inervados por esas terminaciones. La región que nos interesa está situada entre la espina dorsal y la cresta muscular situada como a una pulgada al lado de ella. Esa «zanja», cosa muy conveniente, tiene justo la anchura necesaria para el pulgar. Puede utilizar cualesquiera de los tres movimientos descritos antes —circular, «sierra» o presión—, trabajando simultáneamente los dos lados de la espina dorsal o uno cada vez, y haciéndolo espina arriba o espina abajo, como prefiera.

El masaje neuromuscular es muy útil para las distorsiones articulares, esguinces musculares, calambres y demás problemas afines. Se puede emplear también para estimular nervios, como hemos indicado antes, por lo que puede prestarse para aliviar gran variedad de padecimientos como terapia auxiliar. Gran parte de ese tipo de masaje se practica en los orígenes e inserciones de los músculos. Es interesante recalcar que esos puntos se corresponden a veces exactamente con los puntos de la acupuntura. Todos los músculos, excepto unos pocos de la cara, están adheridos al hueso en sus dos extremos. Esa unión adquiere la forma de un haz de tejido blanco que llamamos tendón. Algunos tendones son sumamente cortos, mientras que otros tienen varios centímetros de largo. Los puntos de unión con el hueso se denominan origen e inserción, respectivamente. El origen es el punto más fijo, y la inserción contacta con el hueso movido por el músculo en cuestión. El origen del músculo de la pantorrilla, por ejemplo, está junto a la rodilla, mientras que su inserción se halla en el talón; el origen del bíceps está en el hombro y su inserción en el codo.

El masaje de los orígenes e inserciones (masaje de O e I) tiene un efecto estimulante (yang). Si un músculo está atónico (demasiado relajado, demasiado yin) el masaje O e I tendrá un efecto tonificante y contribuirá a devolver la normalidad. Ese tipo de masaje ayuda también a prevenir el desgaste de los músculos; estimula la regeneración citológica y ayuda a mantener sano el abastecimiento sanguíneo y nervioso de los músculos. Si quiere saber qué se siente con el masaje neuromuscular, trate de darse masaje en el punto donde la parte trasera del cuello (cerviz) llega al cráneo aplicando los pulgares bajo el borde del hueso que hay allí. Esa parte es dolorosa para la mayoría de la gente, especialmente hacia la zona externa. Aplique presión suficiente hasta que sienta dolor, aunque no de modo insoportable. Además de masajear las inserciones de doce músculos, lo está haciendo asimismo en siete puntos de acupuntura. El masaje en esa parte ayuda a relajar la cabeza y el cuello y es buenísimo para los dolores de cabeza, relacionados a menudo con una congestión y tensión de la zona posterior del cuello.

Si un músculo está demasiado tenso (demasiado yang) el masaje O e I no incrementa la tensión muscular y puede ayudar incluso a normalizar esa situación. Existe también un método para tratar el calambre muscular, consistente en ejercer presión en el centro o panza del músculo. El resultado es un efecto expansivo, relajante, yin. Se debe aplicar esa presión durante alrededor de un minuto, sin ningún movimiento. Cerciórese de apretar el centro del mismo músculo. La espina dorsal de la mayoría de las personas necesita masaje neuromuscular. Como usamos zapatos, caminamos sobre el cemento, nos sentamos de manera inadecuada, etc., terminamos generalmente padeciendo de la espalda. Puede ser necesaria la manipulación de los huesos, pero en la mayoría de los casos son suficientes unos cuantos tratamientos de masaje neuromuscular para corregir cualquier problema que no sea serio. Por otro lado, una manipulación ósea efectuada sin dar a su vez un masaje profundo es incapaz a menudo de corregir un problema que implica, además de los huesos, ligamentos y músculos. El resultado son innumerables sesiones de manipulación ósea para lograr sólo una mejoría relativa. Uno halla en la mayoría de las espaldas pequeños nudos de tensión —espasmo muscular— junto a la espina. A veces son tan manifiestos que se detectan con toda claridad. Ésos son los puntos que necesitan presión, y duelen siempre. Con bastante frecuencia oirá usted un pequeño chasquido al reajustarse el hueso en su sitio sin necesidad de ninguna manipulación enérgica.

El masaje neuromuscular no es algo que se pueda aplicar sin tener alguna preparación seria en cuestión de masaje. Exige la aplicación de una presión bastante fuerte y se puede lastimar a otra persona por falta de conocimiento práctico.

El masaje shiatsu

Su nombre viene de las palabras japonesas *shi*, «dedo» y *atsu*, «presión». Al igual que la acupuntura y la moxibustión, es una rama de la medicina oriental. Todos esos procesos se basan en los principios del *chi* y del yin/yang, y el tratamiento que se aplica afecta al flujo energético de los meridianos. Los puntos tratados varían considerablemente de una persona a otra, dado que su enfoque es sumamente individualizado y no sintomático. Ese número de puntos varía, pero normalmente son entre cinco y diez. El shiatsu no se centra en puntos tan exactos e individualizados. Claro está que las personas que no tengan una preparación adecuada como acupuntores no están capacitadas para administrar un tratamiento tan especializado.

El masaje shiatsu es bastante enérgico y, al igual que el neuromuscular, suele lastimar y dar origen a contusiones ligeras. Aunque en ocasiones es necesario dar masaje profundo en sitios dolorosos, es muy importante no lastimar mucho a la persona. El nivel de dolor debe mantenerse por debajo del que puede soportar el paciente y se debe dedicar menos del 10 % del tiempo total del masaje a la presión ejercida en los puntos dolorosos. Lo normal es que la zona que duele al ser tocada necesita masaje. Esos puntos no duelen mientras no se ejerce presión en ellos, y después del masaje el dolor disminuye o desaparece del todo. Esto ocurre tanto con el shiatsu como con el masaje neuromuscular.

En términos generales el shiatsu se efectúa al masajear siguiendo los meridianos. En un masaje de cuerpo entero se empieza por la cabeza, trabajando la espalda hacia abajo y subiendo después hasta los hombros, y de los pies a la pelvis; durante este proceso se sigue el trayecto de los meridianos. Al masajear los brazos, por ejemplo, hacen falta varios recorridos a fin de seguir todos los meridianos del brazo. El método de presionar empleado es de hecho similar al del masaje neuromuscular y tiene menos importancia que el hecho de aplicar la presión en la zona debida. Hay dos maneras de hacer presión: o bien una presión simple, o una presión con un pequeño movimiento circular. Lo que más se emplea son los pulgares. Se aplica la presión más o menos a cada pulgada, siguiendo cada meridiano. En el shiatsu lo importante no es presionar muy hondo, dado que no se trata de dar masaje a nervios o ligamentos situados en profundidad dentro de los tejidos. El shiatsu se parece más a un masaje energetizante —aplicación del *chi*, o fuerza vital, y no de fuerza física.

Para poder dar el *chi*, o energía, en el masaje, es necesario conocer unos cuantos «puntos neurálgicos»: el masajista tiene que hallarse en un estado de salud francamente bueno, de otra manera sólo conseguirá agotar su bastante agotado *chi*; por lo menos debe ser más fuerte en este sentido que la persona a la que da masaje. Algunas personas pueden sentir que no dan su propia energía en el masaje o en la sanación, sino que son simples canales a través de los cuales fluye energía, acaso una energía divina; por lo mismo, no creen que estén agotando su propia energía. La actitud individual es en este caso transcendental: si uno cree que su fuente de energía es la Voluntad Divina o la Fuerza Energética Cósmica, será capaz de curar mediante este método. Y viceversa, si uno siente que ese masaje va a agotar su propia energía, entonces es probable que ocurra así. Cuando uno está dando ese masaje (y también antes de darlo) debe hallarse en un estado de paz mental, un estado despojado de pensamiento. La meditación es el único modo de conseguirlo. Si usted no tiene conocimientos en materia de meditación, debe concentrar toda su atención en el masaje mismo. Respire lenta y profundamente con respiración abdominal, manteniendo el vientre, y el resto del cuerpo, lo más relajado posible. Anime también al paciente a que haga unas cuantas aspiraciones profundas si él no lo hace espontáneamente (y lo hará si usted está lo suficientemente relajado y abierto). Concentrándose en un punto hallará que le es más fácil relajarse, y su masaje será más relajante y menos agotador para usted. Si se da el caso de que se halla usted en un estado mental ansioso, esta simple forma de meditación, más el aroma de las esencias que está empleando, harán que se sienta mejor, y el paciente también. Además, al concentrarse en sus manos y en el masaje que está dando, está estimulando usted un flujo de energía sutil a través de ellas. No se limite a practicar escrupulosamente los movimientos del masaje al tiempo que tiene la mente ocupada en algo completamente ajeno. «Sienta la esencia» de sus acciones, concéntrese en lo que está haciendo.

El shiatsu tiene dos objetivos. Uno es «recargar» el *chi* del paciente, el otro es dar masaje a determinados meridianos y puntos específicos. Comprobamos también aquí que la espalda es la región más importante para dar masaje. El meridiano de la vejiga tiene dos trayectorias a cada lado de la espina dorsal. Cada una de ellas tiene una serie de puntos que se relacionan con todos los demás meridianos (y por lo mismo, con los demás órganos) del cuerpo. Una trayectoria (que podemos llamar trayectoria A) pasa a dos centímetros escasos a cada lado de la espina. La otra (trayectoria B) lo hace como a una pulgada más afuera de la trayectoria A, siguiendo una línea descendente a partir del ángulo más interior del omoplato.

Hay además un meridiano —el vaso gobernador— que discurre por el centro mismo de la espalda y la cabeza. El flujo energético del meridiano de la vejiga va de la cabeza a los pies. El masaje que sigue ese flujo, «hacia abajo», proporcionará un efecto normalmente estimulante; el mismo contra ese flujo, «hacia arriba», tendrá un efecto más relajante. El masaje de esos dos meridianos constituye una parte importante del masaje de la aromaterapia.

El masaje de la aromaterapia

La actitud mental de *no interrupción* constituye el elemento más vital del arte de la esgrima y

> también del zen. Cuando hay un espacio, incluso tan mínimo como el del grosor de un pelo, entre dos acciones, eso es una interrupción. Cuando aplauden las manos, por ejemplo, el sonido se emite sin un momento de deliberación. Del mismo modo, un movimiento debe seguir al otro sin ser interrumpido por la mente consciente propia.

Así escribe Glen Barclay en *Mind over Matter*. La actitud mental de no interrupción es su término correspondiente a la meditación, un estado mental también de gran importancia en el masaje, donde lo ideal es un flujo continuo de movimiento. Aunque el masaje de aromaterapia incorpora las presiones profundas del pulgar del shiatsu y del masaje neuromuscular, así como el tranquilizador *effleurage* del masaje sueco, el efecto total debe ser armonioso, sin sacudidas de ningún tipo. El masaje profundo debe hacerse con suavidad más que con vigor; de ese modo se puede aplicar una presión eficaz y al mismo tiempo producir una molestia mínima. Por ese motivo no soy partidario del empleo del golpeteo, ni de los movimientos más recios y bruscos asociados con el shiatsu. Tampoco recomendaría el empleo del movimiento «de sierra» profundo del masaje neuromuscular que, aunque eficaz para dar masaje a los ligamentos y nervios, lastima lo suyo y no es realmente necesario en la aromaterapia.

Nos quedamos pues con dos movimientos: el *effleurage* del masaje sueco y la presión profunda del pulgar del shiatsu y el masaje neuromuscular. Éste se puede aplicar de tres maneras: o bien con presión sin ningún movimiento, o con presión y movimientos circulares pequeños o mediante un movimiento que no hemos descrito hasta ahora. Consiste en la aplicación de presión mientras se desliza el pulgar siguiendo la trayectoria determinada, ya sea un meridiano, un tramo nervioso o un músculo. Este último movimiento es sumamente útil por ser bastante profundo; su acción es suave y cubre cada centímetro del meridiano o trayecto nervioso respectivo. Se trata de un movimiento deslizante y sólo se puede aplicar dando masaje con aceite.

Hay también otros movimientos que se pueden utilizar ocasionalmente por un motivo u otro, y cada masajista tiene sus preferencias, e improvisa también movimientos propios. Los que recomiendo me parece que son los de mayor utilidad general para nuestro propósito, y pueden proporcionar desde luego la base para cualquier masaje de aromaterapia bien aplicado.

Antes de seguir adelante con el masaje mismo, echaremos un vistazo a los fines del masaje de aromaterapia. Tiene por objeto:

- ayudar a la penetración de los aceites,
- estimular y/o relajar en general,
- dar un tratamiento local,
- tratar, a través del abastecimiento nervioso, los reflejos o los meridianos.

Podríamos añadir que tiene también por meta dirigir las esencias hacia aquellas zonas donde más falta hacen.

Para que los aceites penetren eficazmente en la piel, ésta tiene que ser capaz de recibirlos; no debe estar congestionada, ni desde dentro por efecto de toxinas, ni por fuera, debido a la suciedad. El estado de la piel está afectado en parte por el de la sangre, que a su vez necesita estar «limpia» a fin de conducir los aceites por todo el cuerpo. La linfa, aún más que la sangre, no transportará eficazmente los aceites si está ya congestionada. La linfa no tiene un sistema de bombeo como el corazón, y depende para su flujo de los movimientos musculares y de la gravedad. Por ese motivo, cuando se congestiona, tiende a estancarse. El estancamiento linfático se asocia con edema, dolores musculares, obesidad, celulitis, hinchazón ganglionar, etc. Las causas de la toxicidad de la sangre (toxemia), estancamiento linfático y la congestión cutánea resultante suelen ser la falta de ejercicio, comer en exceso, una dieta pobre (demasiados alimentos no naturales, etc.) y con mayor frecuencia el estreñimiento; en algunos casos, la congestión puede deberse también a trastornos funcionales.

Como la congestión cutánea supone una barrera considerable frente al masaje de aromaterapia, hay que corregir la causa para poder administrar cualquier tratamiento que tenga éxito. Todos los síntomas mencionados en conexión con el estancamiento linfático y además el cansancio, el semblante ictérico, los diviesos, el acné, y con frecuencia una piel aceitosa, son señales de congestión. En algunos casos un corto ayuno seguido de una mejora en la dieta pueden ser suficientes para aliviar la congestión. En otros casos puede ser necesario un tratamiento más extensivo. Esto no quiere decir que no se pueda dar un tratamiento de aromaterapia a personas de piel congestionada —de hecho a menudo puede ayudar a curar esa congestión—, pero deben emplearse medidas adicionales siempre que sea necesario.

Para conseguir una receptividad máxima, los poros (folículos del pelo) de la piel deben estar bien abiertos y la circulación sanguínea periférica debe estar al máximo de su actividad. Se puede conseguir esa condición aplicando a la piel calor radiante y/o mediante masaje de fricción, que se efectúa frotando extensamente la piel con la mano hacia adelante y hacia atrás con bastante rapidez. Hay que hacerlo antes de aplicar el aceite, y ello da lugar a una hiperemia ligera, un enrojecimiento, debido a que los capilares se hinchan de sangre. No siempre dispone uno de lámparas de radiación de calor y deseo recalcar que no es necesario utilizar este elemento. El masaje de fricción es por lo menos igual de bueno, y normalmente es más rápido.

Estimulante

Movimientos fuertes, más profundos

Se da masaje siguiendo hacia abajo el meridiano de la vejiga y hacia arriba el gobernador

Relajante

Movimientos superficiales, más delicados

No se debe interrumpir nunca el flujo del movimiento

Se da masaje siguiendo hacia arriba el meridiano de la vejiga y hacia abajo el gobernador

Esta tabla es, por supuesto, relativa: cualquier masaje es a la vez estimulante y relajante. Los términos podrían inducir a confusión al ser a la vez estimulante y relajante un mismo masaje o esencia: estimulan un sistema y relajan otro, o estimulan cuando hace falta energía y relajan cuando hay exceso de ella. El objeto tanto de la tabla como del masaje es producir un equilibrio, restablecer la armonía entre las diferentes partes y funciones del organismo.

Si existe un problema local —un hombro que duele, edema en los tobillos, o similares— el masaje debe enfocarse específicamente a su tratamiento. Esto puede incluir mucho *effleurage* por toda la zona en cuestión, la estimulación del abastecimiento de nervios local y el masaje de los meridianos y puntos de acupuntura locales. Cuando existe un mal funcionamiento orgánico —corazón cansado, mala digestión, etc.— se dará también un tratamiento específico, tanto local, como hemos indicado, como a veces en meridianos y reflejos distantes, relacionados con ese problema. Si no hay problema aparente, se puede dar un masaje general y completo del cuerpo. El masaje de la aromaterapia puede adoptar tres formas: masaje dorsal, masaje facial y masaje de cuerpo entero. Cuando se da un masaje del cuerpo entero, lo ideal es empezar por la espalda, para tener al paciente bien relajado cuando uno pasa a atender el resto del cuerpo.

Masaje dorsal

Antes de aplicar cualquier aceite déle una fricción bastante vigorosa a toda la región empleando las palmas de ambas manos. Debe durar menos de un minuto; entonces, aplique el aceite. Échelo siempre en la mano, no directamente en el paciente. Emplee sólo lo estrictamente necesario; si hace falta más, siempre puede aplicarlo después. Entonces roce con suavidad la zona entera, como se ha indicado en la sección del masaje sueco, alrededor de un minuto. A continuación amase suavemente el cuello y los hombros durante unos 30 segundos cada parte. (Es muy importante, al dar masaje dorsal, trabajar siguiendo toda la región espinal desde el coxis hasta la base del cráneo.) Ahora, utilizando los pulgares, uno detrás del otro, deslícese (con presión) hacia arriba sobre la espina misma, desde un extremo al otro. Tenga cuidado con no apretar demasiado cuando llegue a la cerviz. Repítalo otra vez. Entonces haga el mismo movimiento siguiendo la zona inmediatamente adjunta a ambos lados de la espina (raíces de los nervios y tracto A del meridiano de la vejiga). Puede tratar los dos lados a la vez o uno después del otro. Si no tiene mucha fuerza en las manos y no consigue la presión suficiente, puede utilizar el borde exterior de un pulgar y presionar sobre él con la base (incluida la región tenar y la hipotenar) de la otra mano. Los dedos de ambas manos deben estar completamente relajados. Entonces repita el movimiento, esta vez siguiendo el tracto B del meridiano de la vejiga de ambos lados. Estos dos movimientos últimos deben durar unos 30 segundos cada uno. Hemos completado así la unidad básica de un masaje de aromaterapia dorsal que debe ocupar unos tres minutos. Es importante hacerlo en tres o cuatro minutos debido a la continua evaporación de las esencias. Entonces repetiremos este mismo movimiento básico, esta vez tomando más tiempo y concentrándonos más en una zona específica. Repita la fricción, especialmente sobre la zona espinal; después de nuevo el *effleurage* sobre la espalda entera; después el amasamiento, cubriendo esta vez una zona mayor y profundizando un poco más. Debe aplicar al cuello mucho amasamiento, abarcando también toda la región escapular (de los hombros) y la de la cintura-cadera. Repita la presión deslizante sobre la espina, raíces nerviosas y meridiano de la vejiga, pero esta vez concéntrese más en las zonas que duelen o en las que sepa que necesitan estimulación. Dé masaje también a todos los demás puntos de la espalda que sepa que necesitan masaje. Puede incluir los puntos de la acupuntura, los puntos neuromusculares, los puntos reflejos, etc. Esta vez no aplique una presión máxima ni dedique demasiado tiempo a ningún punto en particular.

Llegamos ahora a la fase tercera y final consistente básicamente en otra repetición, sólo que esta vez hay que omitir la fricción, concentrándose en cambio incluso más en los puntos o zonas que necesiten atención, dedicándoles más tiempo y mayor presión. Termine con un *effleurage*, al principio bastante profundo, para ir haciéndolo cada vez más ligero. Ahora ha terminado el masaje dorsal. He procurado adrede ser muy preciso en este masaje para darle una idea clara de lo que hace falta, pero inevitablemente hay muchas variaciones y alternativas. Una vez que haya dominado las técnicas básicas, puede improvisar usted en torno a esta estructura. Los tiempos de duración que doy son también aproximados, pues varían inevitablemente de masajista a masajista y de un paciente a otro.

Masaje de cuerpo entero

De cabeza

Iniciamos aquí su descripción; aquí no se usa aceite —se puede emplear en una cabeza calva—. El masaje de cabeza se puede dar como parte preliminar de un masaje dorsal. Primero aplique un rozamiento *(effleurage)* de la cabeza entera (excepto la cara), empleando las dos manos a la vez y yendo de adelante a atrás. Puede alternar esos movimientos rectos con otros circulares. Si lo hace con ambas manos, debe describir los círculos a la vez; no alternativamente. Después friccione empleando las yemas de los dedos, como si estuviera dando champú, moviéndose también de adelante a atrás. Puede necesitar hacer cuatro o cinco movimientos para abarcar la región entera. Entonces, empleando la presión simple o haciendo movimientos circulares pequeños, dé masaje siguiendo el meridiano gobernador (dentro de la cabeza) desde el caballete de la nariz hasta la nuca; después en el meridiano de la vejiga y después en el de la vesícula. Debe dar masaje tres veces a cada meridiano, de adelante a atrás. Termine con un *effleurage* ligero.

Dorsal

Siga el mismo método que hemos descrito antes.

De tórax

Empleando sólo tres dedos de cada mano al empezar este masaje, inícielo bajo la barbilla, con las yemas de los dedos encaradas unas a otras (los codos hacia afuera). Acaricie suavemente el cuello hacia abajo hasta la punta del esternón, volviendo gradualmente las manos hasta que queden apuntando hacia abajo.

En un movimiento continuo, haga volver las manos hasta nivelarlas sobre el pecho, haciéndolas girar para que queden las yemas de los dedos encaradas de nuevo. Ahora, tras una ligera pausa y con las manos ligeramente ahuecadas, presione delicadamente sobre la zona situada más arriba de los pechos. Continúe en un movimiento hacia afuera y arriba hacia los hombros, haciendo girar las manos hasta que las yemas de los dedos apunten hacia abajo. Con el canto externo de las manos (el del dedo meñique) apriete con bastante firmeza entrando en la axila (zona situada entre el cuerpo y la parte superior del brazo). Entonces, empleando todavía la mano entera, practique un firme movimiento de regreso por la parte trasera de los hombros hasta la base del cuello.

Sin parar, y empleando ahora sólo tres dedos, vuelva al movimiento ligero y avance bajo la línea de la mandíbula hasta el punto de partida situado bajo la barbilla. Repita la maniobra entera. Las únicas presiones ligeras empleadas en este masaje están situadas sobre los ganglios linfáticos.

Abdominal

El vientre es una zona de mucha respuesta, porque en ella podemos ejercer el masaje sobre alguno de los órganos internos; el vientre es además sede común de la tensión y el miedo. Al dar masaje al vientre es sumamente importante no ejercer demasiada presión. La experiencia lo hará sensibilizarse con cada paciente y llegará a saber también lo fuerte que se puede presionar unas zonas u otras. Al empezar no se asuste —pero proceda con delicadeza—. Empiece con una ligera fricción, después aplique el aceite y empiece el rozamiento. El modo más fácil de hacerlo que conozco es describiendo con la mano un círculo en torno al ombligo. Haga mucho *effleurage* en el vientre. Empiece delicadamente, aplicando gradualmente más presión, pero sin ocasionar ninguna molestia. El paso siguiente consiste en ejercer movimientos circulares de presión a lo largo del colon. Empiece en el punto A (el ciego), suba dando masaje sobre el colon ascendente hasta el punto B (la flexura hepática). Aquí hay que dar un masaje extra, sobre todo si está blando. Dé masaje entonces al colon transverso hasta el punto C (flexura esplénica), que también necesita una atención especial, y baje entonces por el colon descendente, terminando en el punto D. Repita ahora el movimiento entero, concentrándose más en todos los puntos que estén sensibles, pero hágalo con mucha delicadeza: el abdomen es una región muy sensible y hay que tratarla siempre con el mayor cuidado. A continuación subimos desde un punto situado justo debajo del ombligo (E) hasta la punta del esternón (F). El punto de partida constituye de hecho el se-

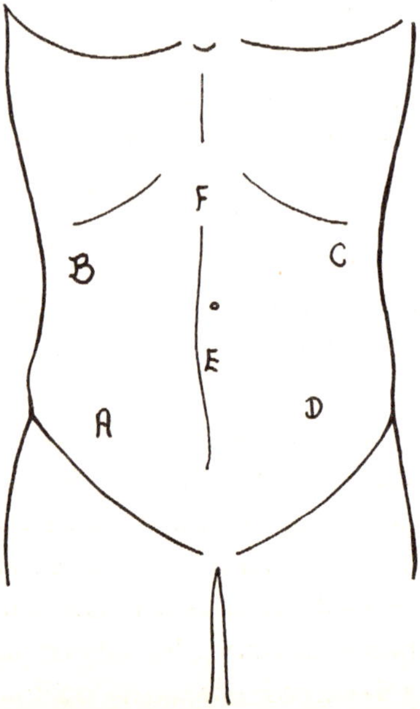

gundo chakra y el punto F el tercer chakra, o plexo solar. El masaje de esta zona puede componerse de movimientos circulares o de presión. La parte tercera y final incluye el masaje del borde inferior del hígado y del bazo. Arranque justo desde la zona superior del punto B, siga hasta el plexo solar (F) y después hasta justo por encima del punto C. Aquí puede emplear también la presión o los movimientos circulares. Termine con mucho *effleurage*. Al abarcar las superficies aquí descritas, estará dando masaje también a varios importantes puntos de acupuntura situados en diferentes meridianos.

De brazos y piernas

En un masaje de cuerpo entero no podemos olvidarnos de las extremidades, aunque no tienen mayor importancia en la aromaterapia en lo que respecta a la penetración de los aceites. Hay muchos puntos de acupuntura importantes en la mitad inferior de cada miembro; de hecho, los tratamientos de acupuntura sólo se pueden dar empleando puntos situados en esas partes. Son especialmente sensibles debido a que es en ellas donde la energía yang se convierte en energía yin, y viceversa. En el masaje de la pierna y el brazo utilice la misma fórmula: fricción, *effleurage*, amasamiento (optativo) y presión profunda. Debe dar masaje de abajo arriba, sobre todo en las piernas. Nunca presione en la corva (detrás de la rodilla). No olvide las manos y pies: son zonas sensibles y les gusta recibir masaje. Si quiere conocer las trayectorias exactas de los meridianos, adquiera un buen libro de acupuntura y estúdieselas.

Lo esencial en cualquier masaje de aromaterapia es mantener la uniformidad y la fluidez. A veces, después de haber dado masaje durante dos o tres minutos, aparecerán en la espalda líneas o manchas rojas, que se mantienen un minuto o dos, y desaparecen después. Si se es muy rápido, se puede dar masaje donde han aparecido las rayas antes de que se esfumen de nuevo. Se trata de puntos especiales que necesitan presión, y el cuerpo le está diciendo a uno dónde hay que dársela exactamente. Hallará invariablemente que se trata de puntos que duelen: pueden ser zonas de congestión, puntos de acupuntura o meridianos. He visto este fenómeno en muchas espaldas y tengo la impresión de que se produce más fácilmente cuando se emplean esencias con el masaje. Si le ocurre, puede estar seguro de que está dando un tratamiento realmente bueno.

Hay ciertas partes de nuestro organismo que nuestras preocupaciones, miedos e inhibiciones mantienen en un estado de tensión casi permanente. Las zonas afectadas comúnmente son las mandíbulas, el cuello y los hombros, el vientre y las nalgas. Aunque el masaje no puede por sí mismo eliminar el miedo o lo que esté ocasionando la tensión, es sorprendente lo mucho que se puede conseguir en combinación con una actitud comprensiva y unos oídos «inteligentes». En ocasiones, si descubre usted uno de esos núcleos de tensión, el paciente empezará a desembarazarse él mismo de sus problemas.

Es muchísimo, por supuesto, lo que depende del buen entendimiento entre el terapeuta y el paciente. Es importante que el paciente se relaje y esté a gusto. A veces es necesario que hable o incluso que grite para que afloje su tensión. Aunque puede ser de gran ayuda, no conseguirá gran cosa si el paciente se resiste. Sin embargo, en ocasiones el paciente se sentirá sencillamente relajado y aliviado en extremo, aunque no lo manifieste de manera patente, por ejemplo llorando. Todos tenemos zonas de tensión y darles masaje ayuda siempre, tanto si produce un alivio dramático de la tensión como si no.

Se puede dar masaje a las mandíbulas durante el masaje de cabeza o el facial. Los puntos donde debe concentrarse ese masaje son: más o menos a una pulgada sobre el ángulo de la mandíbula y en las sienes. Con bastante frecuencia los músculos que rodean la pelvis necesitan también atención. Cabe ejercer mucha presión en las nalgas para alcanzar los músculos más profundos. Se puede dar masaje al cuello y los hombros durante el masaje de la cabeza o el dorsal. Hemos mencionado ya los puntos situados junto a la base del occipucio. Presione también profundamente a ambos lados de la columna cervical (hacia dentro y hacia abajo). Aquí también estamos siguiendo la trayectoria de los meridianos del intestino delgado y el grueso.

Recuerde, el masaje es *mántrico*: es algo que puede sacar de sus casillas durante un tiempo tanto a usted como al paciente. Ahí reside el secreto de un buen masaje relajante. Manténgalo rítmico y fluido, consiga que el paciente respire hondo y se relaje, y, si es necesario, dígale que cierre los ojos y se concentre mentalmente en las manos de usted; es decir, en el masaje mismo. Si los pacientes se acuestan para seguir pensando en sus asuntos —y lo probable es que se preocupen por alguna cosa— no van a conseguir nada que se parezca al beneficio total de un buen masaje.

La reflexología

No es meramente otro tipo de masaje, es un método de diagnóstico y tratamiento preciso y muy útil, un valioso aliado del masaje de la aromaterapia. La reflexología fue traída de Oriente por el estadounidense doctor Fitzgerald. Aunque tiene algunos paralelismos con la acupuntura, es un método diferente basado en principios diferentes. Fitzgerald trataba a sus pacientes haciendo uso de los reflejos existentes por todo el cuerpo, pero por mor de la claridad y la sencillez sólo vamos a considerar los de los pies. Son los puntos reflejos de uso más general y, posiblemente, los más sensibles.

La reflexología (o terapia de zonas) se basa en el principio de que el cuerpo se puede dividir en diez zonas, cinco a cada lado de una línea vertical central. Todos los órganos situados en la línea central —como la vejiga, la tiroides y el estómago— se hallan representados en la zona primera de los dos pies. Cuando hay problemas en un órgano, otros órganos de la misma zona pueden estar afectados. Un órgano situado al lado izquierdo del cuerpo —como el bazo— aparece sólo en el pie izquierdo, y ocurre lo propio con el lado derecho del cuerpo. Como puede apreciarse en el diagrama de las páginas siguientes, todos los órganos tienen una situación representativa lógica: los ojos, los oídos, los senos, etc., por los dedos de los pies, los riñones «a medio camino» pie abajo, y así sucesivamente.

El tipo de masaje empleado en la reflexología es bastante diferente del empleado en el masaje neuromuscular o el shiatsu. Se utiliza el lado del pulgar más distante de los demás dedos, con pequeños movimientos circulares. Hay una sencilla regla práctica en la reflexología: si duele, déle masaje. Sin embargo, es importante darse cuenta de que el dolor que uno está provocando es un dolor reflejo y no un dolor ordinario del pie. Un dolor reflejo da la misma impresión como si a uno le dieran masaje en el pie con la uña (cosa que no debe hacerse nunca), o como si le estuviesen clavando en el pie una cosa afilada. Con bastante frecuencia el cliente dará un salto, y retirará apresuradamente el pie.

La reflexología es una ayuda valiosa en el diagnóstico. Cuando una persona tiene un dolor en una determinada parte del cuerpo, puede localizarse a menudo qué órgano es el causante del dolor mediante este tipo de masaje de los pies. Dando masaje a toda la superficie con reflejos de ambos pies, se puede averiguar qué partes del organismo no funcionan correctamente en ese momento, y tratar también los órganos afectados de la misma manera, mediante masaje reflejo. Aunque se trata de un método terapéutico simple o inocuo, puede producir a menudo resultados sorprendentes. Como en cualquier tipo de masaje, es importante no lastimar indebidamente al paciente, y no dar demasiado tratamiento en un punto dado.

Plexo solar

Este reflejo duele a menudo cuando el paciente sufre una tensión nerviosa o algún otro padecimiento nervioso.

Intestino grueso

El masaje reflejo suele dar bastante resultado en casos de estreñimiento, uno de los padecimientos modernos más comunes.

Próstata

El masaje de este reflejo dará resultado en todo tipo de trastornos prostáticos.

Ovarios

Se pueden aliviar todo tipo de padecimientos ginecológicos dando masaje al reflejo de los ovarios; verifique también si están sensibles los reflejos del útero y las trompas de Falopio. Dé masaje también a los reflejos de la pituitaria y la tiroides, si están sensibles.

Pituitaria

Es la glándula maestra y nunca se la debe omitir en la verificación de los reflejos. El masaje del reflejo de esta glándula influirá positivamente por lo general en los trastornos que afecten a cualesquiera de las demás glándulas endocrinas.

Senos

El masaje de los reflejos sinusales ayudará a aliviar la congestión catarral, los resfriados, etc.

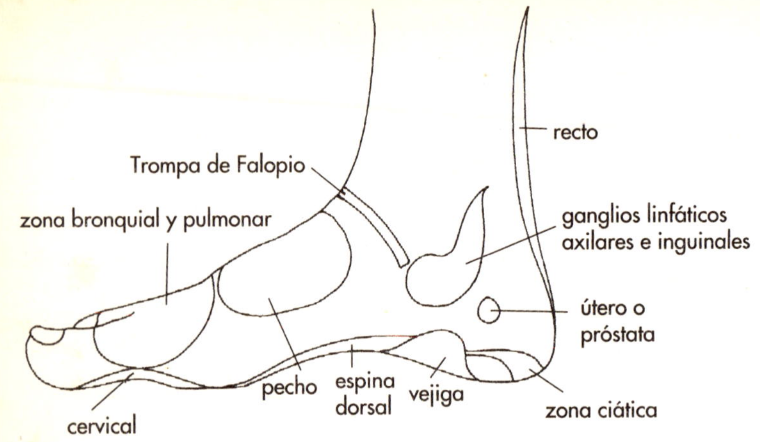
recto
Trompa de Falopio
zona bronquial y pulmonar
ganglios linfáticos
axilares e inguinales
útero o
próstata
pecho
espina
dorsal
vejiga
zona ciática
cervical

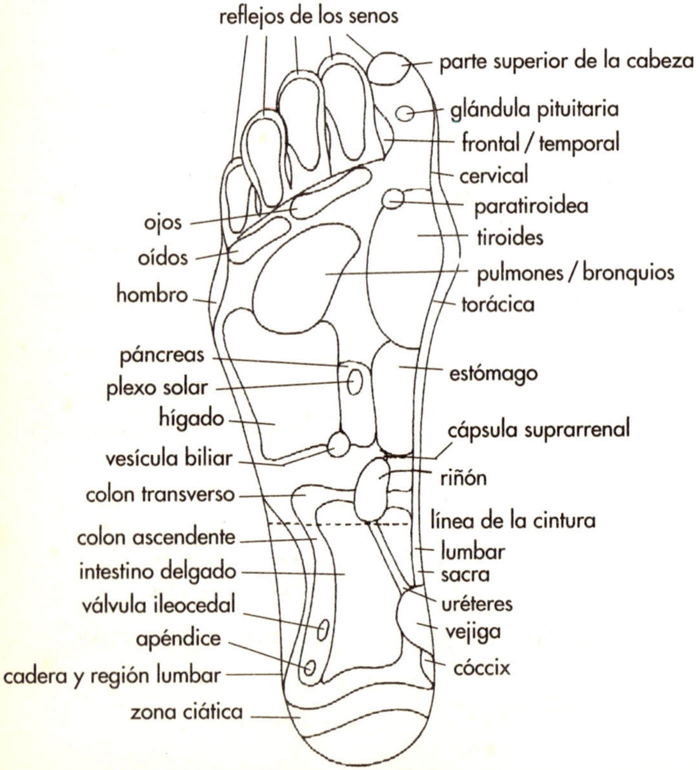
reflejos de los senos
parte superior de la cabeza
glándula pituitaria
frontal / temporal
cervical
paratiroidea
tiroides
pulmones / bronquios
torácica
ojos
oídos
hombro
páncreas
plexo solar
hígado
vesícula biliar
estómago
cápsula suprarrenal
riñón
colon transverso
línea de la cintura
colon ascendente
lumbar
intestino delgado
sacra
válvula ileocedal
uréteres
vejiga
apéndice
cóccix
cadera y región lumbar
zona ciática

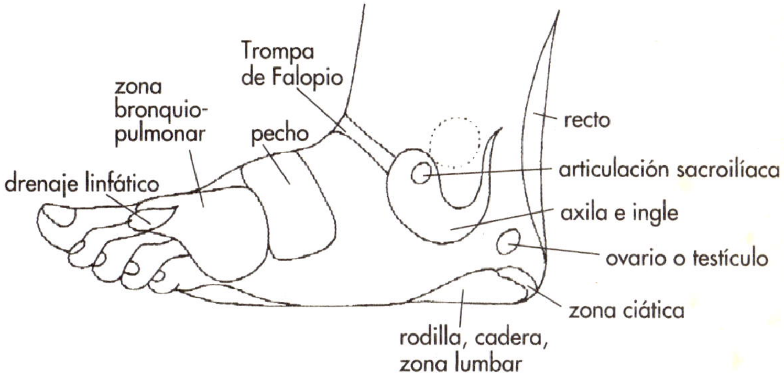
Trompa
de Falopio
zona
bronquio-
pulmonar
pecho
drenaje linfático
recto
articulación sacroilíaca
axila e ingle
ovario o testículo
zona ciática
rodilla, cadera,
zona lumbar

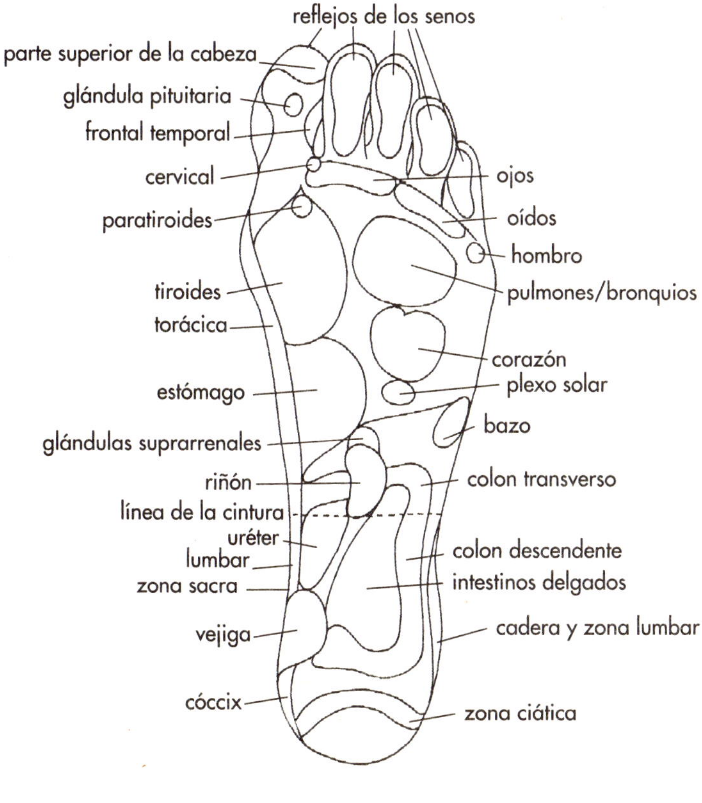
reflejos de los senos
parte superior de la cabeza
glándula pituitaria
frontal temporal
cervical
ojos
paratiroides
oídos
hombro
tiroides
pulmones/bronquios
torácica
corazón
estómago
plexo solar
bazo
glándulas suprarrenales
riñón
colon transverso
línea de la cintura
uréter
lumbar
colon descendente
zona sacra
intestinos delgados
vejiga
cadera y zona lumbar
cóccix
zona ciática

Celulitis

El masaje de las zonas linfáticas es útil contra la celulitis, la retención de líquidos y la obesidad.

Menopausia

Trabaje los reflejos de las glándulas y el plexo solar.

Asma

Dé masaje en los reflejos de las endocrinas, especialmente de las suprarrenales y también de los pulmones y ganglios linfáticos.

Varices

Trabaje en el intestino grueso y explore el intestino delgado, el hígado, los riñones y los pulmones.

Congestión

En cualquier cuadro patológico de tipo congestivo explore los órganos eliminadores: intestino grueso, riñones, pulmones, así como el hígado y los ganglios linfáticos.

La congestión puede tomar muchas formas: catarro, estreñimiento, varices, celulitis, cansancio, depresión y otras más. No se puede curar con la reflexología o la aromaterapia mientras no se localice y corrija la causa subyacente. Ésta puede ser psicológica —una congestión puede estar causada por una tensión mental que produce una tensión fisiológica— o exclusivamente física —una dieta deficiente, la falta de ejercicio, comer más de la cuenta; normalmente está implicado más de un factor.

El masaje facial

Un buen masaje facial con aceites esenciales constituye una experiencia deliciosa y estimulante. Desde el momento en que las manos empiezan a aplicar el aceite, se produce un movimiento rítmico continuo. No puede haber en absoluto movimientos torpes.

Para darlo de forma idónea, el paciente debe estar acostado en una posición completamente relajada, con el cuello y los hombros desnudos. El cuello por lo menos debe estarlo, porque no se debe dar nunca un masaje facial sin incluir el cuello.

Con el pelo separado de la cara y el cuello separado del diván, se limpia y seca la piel suavemente con un pañuelo de papel. Se elije el aceite facial aromático adecuado: un aceite vegetal ligero con las esencias puras apropiadas para la piel que se va a tratar o un aceite facial aromático preparado al efecto previamente. Se debe emplear aceite suficiente para cubrir la cara y el cuello. Normalmente es bastante con alrededor de media cucharadita (2 ½ cc), aunque algunas pieles especialmente absorbentes pueden necesitar más.

Empiece con ambas manos bajo la barbilla, tocándose las yemas de los dedos, éstos cerrados. Las muñecas tienen que estar sueltas y las manos flexibles y moldeantes.

Dé masaje hacia afuera, hacia la oreja y vuelva con las manos al centro. Después, con la mano entera, alise toda la cara hacia la sien. Vueltas las muñecas hacia usted, pase los dedos cuidadosamente debajo de los ojos, súbalos por el caballete de la nariz hasta la frente, después sobre las cejas y de nuevo cuidadosamente por debajo de los ojos, subiendo después desde el caballete de la nariz por la frente hasta la línea del pelo. Continúe aplicando movimientos de palmoteo en la frente. Esos movimientos calmantes del caballete de la nariz a la línea del pelo se repiten varias veces entre los demás movimientos. Entonces acaricie hacia abajo la nariz, la barbilla y la garganta en una línea continua y aplique aceite al cuello.

Sin detenerse, regrese a la posición inicial y repita el masaje, recordando que los movimientos deben seguir líneas transversales. Dé masaje en la parte principal de la cara, para empezar con la mano entera, yendo de la barbilla a la sien. Trabaje en torno a los ojos empleando sólo un dedo de cada mano. Partiendo de las sienes, pase debajo de los ojos y siga frente arriba hasta la línea del pelo. Aplique los movimientos que se presten al tipo de la piel, asegurándose de que el proceso sea fluido.

Después de terminar en el cuello, dé un *effleurage* completo a la cara y cuello, cada vez con más liviandad, y termine con un palmoteo ligero de la frente y una vibración sobre los ojos.

Sugerencias sobre el masaje

La habitación debe estar bien iluminada, pero sin luces deslumbradoras. Debe estar también lo suficiente caliente, sobre todo cuando dé masaje con aceite. Cubra de todos modos con una toalla cualquier parte del paciente que no esté recibiendo masaje en ese momento. Si está vestido parcialmente, protéjale la ropa con toallas de papel; el aceite puede ensuciar mucho si la toca.

Compruebe que el paciente está cómodo y caliente antes de empezar.

Lávese siempre las manos antes y después de dar un masaje. No olvide volver a tapar la botella del aceite para prevenir la evaporación de las esencias. Es muy difícil dar masaje en el suelo, porque el masajista tiene que moverse sin cesar de un sitio a otro; no sólo es fatigoso, sino que dificulta la ejecución de algunos movimientos. La mayoría de los divanes (*couches*) para el masaje sueco tienen unos 75 cm de alto. Para los de aromaterapia yo los recomendaría algo más bajos, entre 60 y 65 cm, porque uno no puede apoyarse en un cliente tumbado en un *couch* alto y en ese caso es difícil aplicar ninguna presión en los propios movimientos.

Si no tiene un diván puede utilizar una cama o colchón, pero no los recomiendo para dar masaje. Son demasiado anchos para andar alrededor de ellos y demasiado flexibles: cada vez que se aplica cualquier presión en un movimiento, ¡uno se limita a comprimir los resortes del colchón y el paciente no gana nada en absoluto! Y a fin de cuentas uno se cansa de veras sin conseguir gran cosa. Una idea mejor es hallar una mesa o mueble similar lo suficientemente largo y no demasiado alto. Cúbralo con un colchón de espuma de poliéster o unas cuantas mantas y tendrá una superficie de trabajo más adecuada.

Una regla buena y práctica consiste en dar masaje dondequiera que halle un punto doloroso, teniendo cuidado todo el tiempo de no lastimar al paciente indebidamente; si no está seguro de lo que está haciendo, no lo haga. La peor cosa para un masajista es la vacilación. Si se decide por hacer algo, hágalo, pero si le transmite al paciente cualquier sensación de vacilación, él no se sentirá seguro en manos de usted y su confianza es algo que usted necesita de veras.

Las manos deben estar flexibles, sin estar flojas. Tienen que ser muy sensibles: utilícelas para ver y oír, además de tocar y sentir. Manténgalas en contacto con la piel del paciente entre los movimientos si le es humanamente posible: esto permite mantener una fluidez constante. No hable con el paciente a no ser que él manifieste deseos de conversar; incluso entonces, deje que él dirija la conversación. ¡Háblele con las manos!

Es difícil señalar la velocidad a que se debe aplicar el masaje, pero es mejor ir despacio que deprisa, con lo que las manos pueden aprender a sentir al pasar sobre la piel. Con la práctica se vuelven sensibles a muchas cosas, pero no se esfuerce tampoco por sentir. Dé el masaje despacio y rítmicamente, con una mente clara y abierta. Desde luego es bueno empezar un masaje con movimientos lentos, pero cada masaje que damos es distinto, y la velocidad puede variar según se va trabajando.

Es muy relajante dar masaje siguiendo el ritmo de la respiración del paciente o la de uno mismo, o tal vez incluso con ambas al unísono. Pero no fuerce esas cosas si no se producen naturalmente; de lo contrario es un gesto forzado que no produce ningún bien. Con el *effleurage*, suba dando el masaje dorsal mientras el paciente espira y vuelva a bajar cuando hace la inspiración.

Cada masaje que se da debe ser distinto, porque cada paciente tiene necesidades diferentes. No intente tampoco que cada masaje siga estrictamente la misma combinación de movimientos en el mismo orden, aunque trabaje siempre alrededor de un esquema básico.

Por último, no dé masaje profundo si no se ha preparado en una escuela de masaje: hay algunas muy buenas donde elegir. Entonces podrá estar seguro de estar haciendo las cosas bien, de la manera debida y por un motivo. En la sección de recetas damos algunas ideas básicas en lo referente a los aceites de masaje facial y para el cuerpo.

Capítulo 9

El cuidado de la piel

> En lo que respecta a esos secretos de la naturaleza, con los que ella nos ha enseñado cómo embellecer y hacer a la mujer más bonita, al llegar a mis manos, no puedo hacer otra cosa que difundirlos en beneficio de aquellas a las que debo un respeto tan grande.
>
> NICHOLAS CULPEPER

Perfumar el cuerpo con olores fragantes y cuidar la piel con aceites naturales es, acaso, un poco de despilfarro, pero un despilfarro bonito, inocente y exuberante. Al igual que comer los «frutos de los árboles y las hierbas de los campos» forma parte de nuestra comunión con la naturaleza, es decir, siempre y cuando se trate de los productos de la naturaleza. Como perfumes los aceites esenciales son muy sencillos, y tienen una naturalidad que no podrá ser imitada nunca por los perfumes sintéticos. Son menos sofisticados y menos caros, y muchas personas hallan en ellos una alternativa interesante. Pruebe los de rosa y sándalo, jazmín y bergamota, espliego y azahar, rosa y geranio o el de amaro solo. Al dar un tratamiento con una esencia (o una mezcla de esencias) se le puede aconsejar al paciente que lo use como perfume, si le gusta —¡a la vez un perfume y un remedio!

Las sustancias aromáticas tienen en general una tradición de empleo en el cuidado de la piel que se remonta a unos cinco mil años e incluso más lejos. Los antiguos egipcios fueron probablemente los primeros en emplear de forma externa los artículos aromáticos. Hicieron aceites, ungüentos y mascarillas faciales perfumados. Podrían haber tenido algunos conocimientos en materia de destilación, aunque ya preparaban normalmente sus aceites perfumados infundiendo hierbas o gomas aromáticas en aceite graso. Hacían ungüentos mediante infusiones similares en grasa animal fuerte, o en una mezcla de aceite y cera. Sus máscaras contenían sustancias como gomas pulverizadas, hierbas trituradas, miel, cera, aceite, etc. Hoy sus productos no parecerían muy atrayentes para nuestro gusto, más sofisticado; los hallaríamos algo más densos, viscosos, picantes y resinosos de la cuenta. Pero fuese cual fuese su olor, fueron los predecesores de los productos para el cuidado de la piel y perfume modernos y sin duda los apreciaron mucho las egipcias que podían permitírselos. Los productos de la aromaterapia moderna, aunque más refinados en más de un sentido, son muy similares a las antiguas recetas egipcias.

Del mismo modo que la medicina ortodoxa ha terminado rigiéndose por los tubos de ensayo, los cosméticos modernos se han convertido en algo sintético y no natural. El retorno pendular a unos productos más naturales se puede apreciar tanto en el ramo de los artículos de tocador como en los alimentos y las medicinas. Los productos aplicados a la piel son absorbidos a menudo hasta el interior del organismo y lo afectan casi tanto como los ingeridos. Por lo que nos incumbe y también por lo que se refiere a los miles de animales sacrificados anualmente en los experimentos de los laboratorios de cosmética, valdría la pena que evitásemos en lo posible los productos muy sintéticos. Por desgracia se ha hecho ya un abuso tal de la palabra «natural» en la publicidad que ha dejado de significar algo; de hecho, hoy en día se emplea para anunciar incluso los artículos menos naturales.

Los aceites esenciales constituyen una forma ideal de emplear las plantas en el cuidado de la piel; se pueden incorporar con facilidad a cualquier tipo de cremas de base, lociones, pomadas, geles, aguas de tocador, perfumes, etc. Por descontado que en su mayoría tienen un aroma atrayente. Al administrar un tratamiento facial, el aroma es importante por sí mismo, y al emplear esencias es posible conseguir un grado considerable de relajación. No es de extrañar que los olores más agradables sean los más populares para el cuidado de la piel. De hecho, los aceites de flores —jazmín, rosa, ilang-ilang, espliego, azahar y manzanilla— parecen ser los más útiles; sus flores son las más hermosas y sus aceites los que más embellecen.

> Aplicadas a la piel, esas esencias regulan la actividad de los capilares y devuelven la vitalidad a los tejidos. Casi podríamos decir que hacen la carne más suculenta.

El tema central del libro de Madame Maury *The Secret of Life and Youth* es el rejuvenecimiento, y ella sugiere que los aceites esenciales son agentes rejuvenecedores naturales, constituyendo una alternativa viable a otros métodos. Esos «otros métodos» implican por lo común algún tipo de tratamiento con extractos animales —hormonas, placentas, células frescas y similares—. Para mí, ese tipo de terapia es una barbarie: ¿cómo puede dar vida nueva un producto que proviene de la muerte? El tema del rejuvenecimiento es delicado; el hombre ha buscado siempre el «elixir de la vida». ¿Es posible recuperar la juventud perdida, añadir años a la vida de uno? Lo que es desde luego posible es mejorar el estado general de salud, incluyendo el de la piel, con lo que mejora el aspecto y, a la vez, la propia esperanza de vida. El único modo cabal y seguro de hacerlo es a través del cuidado natural de la salud y de la piel, y en algunos casos el resultado se acerca no poco a un rejuvenecimiento. Depende, para empezar, del estado del individuo; si esa persona está relativamente sana, entonces el «potencial de rejuvenecimiento» no puede ser muy grande. Las fotos que vemos en las revistas de mujeres que reducen el peso de 125 a 75 kilos son una imagen de rejuvenecimiento.

Además del proceso general de mejora de la propia salud, los aceites esenciales tienen una gran capacidad para fomentar la eliminación del material de desecho y las células muertas y la regeneración de células nuevas y sanas. Esto vale tanto si se emplean por vía interna como si se aplican a la piel, y es la razón principal de su buena fama como agentes rejuvenecedores. Son bien conocidos por sus propiedades antisépticas, y si se utilizan con regularidad previenen el deterioro y la putrefacción. Muchas civilizaciones antiguas los emplearon con éxito como agentes embalsamantes, para conservar la carne. Hoy en día se emplean no sólo como antisépticos, sino también para prevenir el desarrollo de hongos y como conservantes tanto en los alimentos como en los productos cosméticos. Es fácil comprender por qué se utilizan para conservar la juventud. Conservar el cuerpo sano y el aspecto juvenil es por lo menos tan bueno, si no mejor, que un rejuvenecimiento, y el empleo regular de los aceites esenciales y los productos aromáticos para el cuidado de la piel es la manera más segura y cabal de conseguirlo. En las personas mayores se emplean normalmente las esencias más fuertes, como el incienso, el sándalo y la mirra.

El proceso del envejecimiento no se puede, desde luego, frenar o invertir, pero un rejuvenecimiento en el sentido de recuperar la salud perdida es la cosa más parecida; porque ¿querríamos de veras dar marcha atrás en los años? El proceso envejecedor de la piel se debe a una serie de factores. El desgaste propio en medio de un entorno cruel, o la falta de salud crónica en la piel misma dan pábulo a la degeneración. Una piel muy seca o deshidratada se arrugará con más facilidad. La piel se vuelve fofa al perder su elasticidad y parte de su grasa subcutánea. La congestión crónica de la piel (grasa, palidez, espinillas), asociada normalmente a una congestión general del organismo, se traduce en un exceso de toxinas (materias de desecho) en las células de las capas inferiores de la dermis. Esto da lugar a una piel ineficiente, poco sana, lo que acelera a su vez el envejecimiento general del cutis. Las propiedades antitóxicas, antisépticas y tónicas de las esencias tienen gran valor en la prevención o eliminación de la congestión cutánea.

La mayoría de las esencias, si no todas, son citofilácticas: estimulan la generación de células nuevas y, al hacerlo, ayudan a mantener la salud y juventud de la piel. Esta propiedad citofiláctica se evidencia especialmente en los aceites de espliego y flor de azahar. Es una de las razones por las que el aceite de espliego es tan bueno para curar quemaduras en las que se destruyen las capas superiores de la piel. Me tocó pasar por una dramática comprobación de ello cuando me llamaron para tratar un caso de quemaduras bastante serio. El paciente era un amigo y vivía cerca. Había quitado la tapa del radiador del coche sin darse cuenta de que el agua estaba hirviendo. Saltó inmediatamente un fuerte chorro de vapor que le escaldó la parte interior del antebrazo arrancándole toda la epidermis, una quemadura seria de segundo grado. Acudió inmediatamente a verme. Yo no había tratado nunca en mi vida una quemadura seria, y lo habría enviado a un hospital, pero trabajaba conmigo una enfermera que tenía mucha experiencia en materia de accidentes. Retiró con todo cuidado la piel muerta que tenía aún adherida al brazo y ambos lo tratamos con una gasa fina empapada en aceite puro de espliego. La herida era dolorosa en extremo, pero la esencia le escoció sólo un poquito y enseguida le disminuyó el dolor. Al principio necesitó una atención casi constante, pero a los seis días estaba completamente curado, sin la menor cicatriz ni asomo de infección. Mi enfermera estaba impresionada de veras.

Desde luego no es necesario emplear aceite de espliego ni de azahar en cada preparado rejuvenecedor. Todas las esencias comparten hasta cierto grado esa virtud, siendo probablemente más indicado emplear las esencias con un criterio individualizado, de acuerdo con la personalidad y el tipo de piel que se está tratando.

Las cremas de hormonas tienen mucha fama de rejuvenecer la piel. El aceite de hinojo, que contiene estrógenos, tiene fama de agente antiarrugas. Otras esencias contienen fitohormonas o bien ejercen una acción hormonal, muy beneficiosa como ayuda al rejuvenecimiento de la piel. Gattefossé hace el comentario de que se ha demostrado que las fitohormonas favorecen tanto las pieles secas como las grasas y que provocan un notable afianzamiento de la piel, estimulando el metabolismo de las células dérmicas y haciendo de principio activo rejuvenecedor.

Los aceites esenciales son sustancias orgánicas naturales que actúan en armonía con las fuerzas naturales del organismo. Para lograr el máximo de la aromaterapia, tanto en el cuidado de la piel como en el de la salud misma, es necesario vivir de acuerdo con las leyes de la naturaleza, especialmente en lo que atañe a la alimentación. Porque el estado de la piel refleja con frecuencia el del cuerpo, que a su vez refleja el de la mente. Y desde luego, ninguna cantidad de sustancias cosméticas y aromáticas naturales van a hacer que la piel mejore en tanto que la dieta se componga de alimentos nada naturales. Del mismo modo que la piel necesita protección contra la polución atmosférica (polvo, basura en suspensión, humos residuales, etc.), la necesita también contra la polución de origen interno. En este caso la protección adquiere la forma de comer con cuidado. La salud de la piel depende en primer lugar de la sangre que la alimenta, y la salud de la sangre está básicamente determinada por los alimentos que uno come. En segundo lugar, la salud de la piel depende de la salud y eficiencia del sistema linfático y el líquido extracelular, al igual que la de cada célula de nuestro organismo. La sobrealimentación o la alimentación indebida puede conducir a una congestión tóxica de esos líquidos, haciendo que la piel (y las demás células) se vuelvan lentas e ineficientes y, acaso, que padezcan hambre de oxígeno. Los desechos metabólicos van acumulándose en los distintos tejidos ocasionando su congestión. Como la piel es un órgano excretor (el más grande de nuestro organismo), el cuerpo trata a menudo de deshacerse de esas toxinas a través de la piel, lo que se traduce en afecciones como el acné. Si el cuerpo está mal nutrido, cosa que ocurre a menudo por no comer como es debido, la piel lo estará también con toda probabilidad. Una piel «mixta», grasa en unas partes (normalmente la frente, la nariz y la barbilla) y seca en las demás, puede ser el resultado de un organismo sobrealimentado y mal nutrido.

Ya he indicado que resulta difícil curar el cuerpo con un masaje de aromaterapia cuando la piel se halla muy congestionada, debido a que se reduce mucho la absorción de las esencias. Esto constituye también un problema en el tratamiento de la piel misma. Uno de los motivos por los que los aceites esenciales son tan eficaces en el tratamiento de los problemas cutáneos es que la piel los absorbe fácilmente y penetran hasta las capas más profundas de la dermis y aún más abajo. Para evitar esa congestión debemos consumir una dieta razonablemente *no tóxica*, libre de aditivos químicos, con poco azúcar y sal, pocos «alimentos» tales como los chocolates, los dulces, galletas, pasteles, café, alcohol, y todo ese etc. Se pueden comer libremente cereales, verduras (crudas o cocidas), frutos, legumbres y proteína vegetal. Si el organismo está subalimentado, se debería recurrir a un tónico nutritivo vegetal, más natural y de más fácil absorción para el organismo que las píldoras de vitaminas y que contiene las vitaminas y minerales necesarios en una forma orgánica natural.

Cuando ya existe una congestión, ayudará muchísimo un ayuno breve o una dieta de frutas, seguidos de un cambio de dieta. No es difícil decir qué personas van a responder mejor a un cambio de dieta. Les dolerán los reflejos de los pies correspondientes al estómago, intestinos e hígado. Son síntomas de congestión tóxica el sobrepeso, el cansancio, el exceso de sueño y las erupciones cutáneas. Las personas que más necesitan un cambio de dieta son las que viven consumiendo fritos, embutidos, bocadillos de queso, tabaco, café y alcohol. El cuerpo necesita tiempo para adaptarse a un nuevo entorno interno, del mismo modo que lo necesita para hacerlo a un entorno externo nuevo. Los cambios de dieta deben ser graduales y permanentes y no rápidos y «a corto plazo».

Ciertas afecciones cutáneas pueden estar asociadas con deficiencias en una o más vitaminas. Cito de *Let's Get Well* de Adelle Davis:

> Piel grasa o seca. Cuando se sometió a voluntarios a dietas ligeramente deficientes en vitamina B_2, los primeros síntomas fueron las espinillas y el pelo y piel grasos, situación que se despejó enseguida tras administrar a diario de 5 a 15 mg de vitamina B_2. Que yo sepa, esa anormalidad no fue producida por ninguna otra deficiencia.
>
> La sequedad de la piel se produjo en los voluntarios carentes de las vitaminas A, C, ácido linoleico o cualquiera de las distintas vitaminas B. Los aceites de la piel son insaturados y están constituidos al parecer casi totalmente por los ácidos grasos esenciales; en consecuencia, de no ser que consumamos aceites vegetales, la piel está invariablemente seca.
>
> Estrías. Aunque una piel sana es increíblemente elástica, las personas que han experimentado adelgazamiento y la mayoría de las mujeres que han tenido niños conservan las estrías. Esa anomalía es el resultado

a todas luces del estrés debido a las inadecuadas dietas de reducción de peso y por embarazo, que han permitido una destrucción tal de las proteínas del cuerpo que esas cicatrices ocupan el lugar de los tejidos debilitados.

Una amiga a la que se le habían formado unas estrías muy acusadas durante su primer embarazo se atuvo a un suplemento dietético proteínico sumamente alto, de 600 unidades de vitamina E y 300 mg de ácido pantoteínico diarios durante el embarazo siguiente. Aunque dio a luz a unos gemelos a término, las estrías producidas por el primer embarazo desaparecieron por completo y no se formó ninguna durante el segundo.

Como ya he indicado, el estado del cuerpo se ve afectado por el de la mente. La piel no es ninguna excepción; de hecho, la piel de la cara constituye probablemente el reflejo más claro de nuestro estado mental, pasado y actual. Con el paso de los años dejan su señal la pena, la depresión, la ansiedad, el asco, el miedo y la apatía, lo mismo que la alegría, las carcajadas, la ternura y la satisfacción. La cara es el espejo de nuestra vida pasada. Hay un mundo de diferencia entre una cara anciana llena de arrugas que ostenta el sello de la felicidad y otra que no retrata nada más que la tristeza y la derrota. Esa diferencia puede situarse entre alguien que ha llevado una vida fácil y otra persona que se ha visto acosada por la mala suerte, o entre un optimista y un pesimista, no tanto referente a lo que le ocurre a uno como a su modo de reaccionar ante ello. Es ese estado mental, ya sea feliz o triste, lo que resplandece con tal claridad en nuestro rostro. La paz interior y la felicidad le prestan incluso a los rasgos faciales más ordinarios una viveza, una lozanía, que no pueden fingir ningún maquillaje o cuidado facial. El ejemplo más patente es el de la persona con acné: se siente tan violenta por su aspecto que llega a ponerse interiormente tensa y nerviosa, come cualquier cosa que tiene a mano y alimenta así un círculo vicioso que le impide mejorar.

Esas mismas tendencias destructoras de la pena, la depresión, etc., constituyen factores psicológicos del mal estado físico y por lo mismo afectan indirectamente al estado de la piel de la persona. Una aflicción excesiva puede afectar al corazón, lo que a su vez puede causar la aparición de un enrojecimiento o inflamación —no sangra el corazón, lo hacen los capilares—. Esto no quiere decir que el enrojecimiento o las roturas de venas sean siempre resultado de la pena, pero es evidente que el estado del corazón y los vasos sanguíneos afectan el enrojecimiento o cianosis de la piel. Los aceites de azahar, espliego y sándalo son los más útiles a este respecto, al ejercer una influencia tranquilizadora, calmante y alentadora en la piel, la mente y el cuerpo entero.

La ira y la frustración afectan al hígado: inhiben su múltiple función. El resultado puede ser una mala asimilación del alimento; se come lo suficiente, pero el organismo no asimila la proporción necesaria del alimento digerido. Esto se traduce a menudo en una piel seca. Los aceites de rosa, ilang-ilang y romero ayudan a corregir el desequilibrio de la relación mente/cuerpo, mientras que los de rosa, sándalo y manzanilla ayudarán más directamente a la piel. Al administrar tratamiento a cualquier tipo de digestión defectuosa recuerde que la mayor parte del proceso de la digestión se efectúa en el intestino delgado y no en el estómago, que los enzimas digestivos se producen en la vesícula biliar y el páncreas (o sea, que el defecto puede residir en uno de ellos), y que la digestión empieza en la boca. El enzima de la saliva (ptialina) convierte el almidón cocido en azúcar, por lo que las personas que tengan problemas digestivos tienen que masticar bastante, especialmente los cereales, patatas, pan, etc. La mala asimilación es básicamente un problema del hígado, que desempeña un papel crucial en el metabolismo de las proteínas, grasas y los hidratos de carbono. Produce además la bilis, segregada por la vesícula biliar, que ayuda a la digestión de las grasas. Cualquier forma de alcohol debe ser evitada, tanto por vía interna como externa.

La ira y la frustración afectan a otros órganos además del hígado, del mismo modo que la pena puede afectar no sólo al corazón. Hay tantos síndromes diferentes como matices emocionales. ¿Sabe por qué se le seca la boca cuando se lleva un susto? La deshidratación de la piel está asociada al miedo la mayoría de las veces, lo que se correlaciona con los riñones y la vejiga. Son los riñones los que regulan la cantidad de agua existente en el cuerpo que, a su vez, afecta al contenido de agua de la piel. Una piel deshidratada puede delatar un cuerpo deshidratado, lo que puede deberse a una ingestión insuficiente de líquido o a un mal funcionamiento renal. Las principales esencias que emplear en este síndrome son el amaro, el geranio y el sándalo. Pueden tenerse en cuenta también factores ambientales, pero como todos tenemos que hacer frente a unas condiciones climáticas y atmosféricas muy similares, el primer factor que hay que considerar es el estado individual de la piel.

La piel grasa suele relacionarse fisiológicamente con el intestino grueso y emocionalmente con la preocupación. Todos nosotros nos preocupamos hasta cierto punto, pero los aprensivos de veras suelen comer demasiado, elegir alimentos indebidos, especialmente chocolates, y tomar demasiado café. Y probablemente sufren estreñimiento también debido a la tensión producida por cavilar y preocuparse todo el tiempo. Con frecuencia es muy difícil convencer a estas personas para que observen una dieta, pero es importante en extremo que lo hagan. Los aceites de espliego, limón y geranio les ayudarán a controlar su situación, pero un cambio de dieta es casi siempre de rigor para obtener una mejoría real. Madame Maury tenía la costumbre de emplear una mezcla de manzanilla, albahaca y sándalo como tratamiento sistémico de una piel grasa y congestionada.

El otro tipo de piel, íntimamente vinculado con la piel grasa —como la seca lo está con la deshidratada—, es la piel desvaída. Se debe también a una congestión y se traduce en hinchazones. Las personas obesas tienen a menudo la piel desvaída. Este tipo de piel está correlacionado con el bazo, el sistema linfático y la emoción admirativa y compasiva. Se trata de personas lentas, crédulas, prestas siempre a ayudar cuando no se necesita su ayuda. En su caso está indicado el empleo del aceite de espliego, romero y enebro.

Para completar nuestro vistazo a los efectos de los aceites esenciales en la piel mencionaremos los astringentes, como el ciprés y el incienso, de mucha utilidad curativa cuando la piel está «accidentada», como en el caso del acné y para frenar la secreción de sebo (seborrea) de la piel grasa. Como antisépticos son de mucho valor en los casos de acné y de seborrea infectada (bergamota, enebro, espliego). Los mismos aceites se pueden emplear en la seborrea del cuero cabelludo, que puede manifestarse en forma de pelo graso o caspa. El efecto antiséptico se relaciona además con su empleo como desodorantes, pues no sólo disimulan el olor del cuerpo, sino que inhiben el desarrollo de las bacterias que lo causan (aceites de bergamota, espliego y ciprés).

Podríamos mencionar también los opuestos efectos de la estimulación y la sedación, relacionados también con la acción de las esencias sobre el sistema nervioso. El hecho de que una esencia ejerza un efecto dado por vía interna en el organismo no implica necesariamente que tenga el mismo efecto al aplicarla a la piel, aunque éste suele ser el caso general.

La mayoría de los aceites esenciales estimulan, o si se prefiere la palabra, irritan la piel en distinto grado. Los aceites muy irritantes, como los de mostaza y gualteria, pueden ocasionar ampollas o escoceduras. La mayoría de los aceites ejercen un efecto irritante relativamente suave, y si se los diluye lo suficiente, su acción es benéfica y no hacen ningún daño. Sin embargo, si se emplean aceites como los de alcanfor o eucalipto puros, pueden causar una irritación. Si se emplean en una piel ya inflamada, el resultado puede distar de ser favorable. Por este motivo no es prudente emplear los aceites puros sobre la piel. Ya diluidos, el efecto estimulante de aceites como el del enebro y el alcanfor se traduce en un incremento de la circulación sanguínea local, cosa particularmente benéfica en las afecciones cutáneas por congestión o intoxicación que dan por resultado el acné y la piel grasa o hidratada. De todas maneras, los estimulantes deben temperarse con emolientes cuando hay inflamación, caso muy frecuente en el acné.

El efecto emoliente y refrescante de aceites como los de manzanilla y rosa son beneficiosos en todas las situaciones inflamatorias de la piel. La inflamación se debe normalmente a una infección o una toxicidad general. Esos aceites pueden emplearse también en pieles sensibles y siempre que exista enrojecimiento o irritación. En el caso de enrojecimiento debido a hipersensibilización o ruptura de venas, el aceite de ciprés debe ir combinado con la acción sedante del de azahar. El efecto de algunos aceites en la sangre, la linfa y las células de la dermis tiene también un protagonismo importante en su acción rejuvenecedora general. Podemos mencionar en este contexto los de incienso, mirra, lavanda y azahar.

En términos generales, no se deben emplear en la piel esencias sin diluir, muy caras, poco económicas y que no le harían ningún bien a la piel, excepto en aquellos casos en que se emplea como perfume una cantidad muy pequeña de esas esencias.

La piel

La piel, bien llamada el mayor órgano del cuerpo, ocupa una superficie de alrededor de 1,5 m. Cubre cada centímetro del organismo, resguardándolo del frío, del agua y de los organismos y sustancias indeseables, y conservando dentro el calor, los líquidos del cuerpo, etc. Es la «tierra» donde crece nuestro pelo y nuestras uñas —por ello está íntimamente vinculada la salud de estos tres elementos—. Segrega sebo, una especie de aceite céreo, que lubrica el cabello. Las glándulas sudoríparas eliminan productos de desecho hidrosolubles (el sudor es muy parecido a la orina; cuando uno suda mucho, no orina tanto, y viceversa). Al exponerla a los rayos ultravioleta, unas sustancias dérmicas llamadas esteroles se convierten en vitamina D. (Esto va acompañado de un aumento de la pigmentación.) La piel hace también de órgano sensorial, registrando el tacto, la presión, el dolor, el calor y el frío.

La piel es capaz, asimismo, de absorber determinadas sustancias, principalmente las liposolubles, como los aceites esenciales.

R. M. Gattefossé clasifica los tipos de piel en cuatro grupos principales:

Grasas

Un exceso de sebo, un aspecto aceitoso, amarillento, a menudo poros grandes y dilatados. Propensas al acné y a la infección. La grasa es más abundante en los sitios donde proliferan las glándulas sebáceas: la parte inferior de la nariz, la barbilla y la frente.

Secas

Alipídicas —faltas de aceite, pero no necesariamente deshidratadas—. Aspecto apergaminado, a menudo de naturaleza frágil, sin presencia aparente de orificios de glándulas sebáceas y emparentadas con una secreción endocrina deficiente.

Deshidratadas

Faltas de agua —se arrugan enseguida, cansadas, a menudo frías—. Frecuentes en personas mayores y en las muy expuestas a las inclemencias atmosféricas. Emparentadas con un desequilibrio endocrino —exceso de secreción tiroidea y escasez de segregación suprarrenal—. Las personas con este tipo de piel suelen verse flacas y demacradas.

Hidratadas

Edemáticas, con un exceso de agua; muy sensibles a las variaciones atmosféricas. Sensibles al frío y propensas a las grietas y a los sabañones. Pueden estar emparentadas con una viscosidad anormal de la sangre, que frena su circulación en las manos y la piel.

Este último tipo parece corresponder a lo que llaman ahora una piel «sensible». Es interesante observar cómo estos cuatro tipos de piel corresponden a los cuatro elementos y los cuatro humores:

Sanguíneo	*Flemático*	*Colérico*	*Melancólico*
Aire	Agua	Fuego	Tierra
Seco	Hidratado	Deshidratado	Graso

Gattefossé se interesó también en la astrología y nos da una clasificación astrológica de los tipos de piel. Dice que la halla «de un empleo más fácil que la científica y proporciona cierta información interesante sobre las reacciones individuales».

Mercurio

Cara larga, barbilla fina y ojos espirituales. La piel es por lo general fina y satinada, pero la cara es móvil. La retícula de arrugas diminutas que da en la juventud una magnificencia gozosa, acusa pronto patas de gallo y arrugas de otro tipo.

Venus

La piel es fuerte, pero no está tensa; cubierta a menudo de vello. Los ojos son más duros, pero más hermosos, y posiblemente menos inteligentes cuando está ausente la influencia de Mercurio.

Tierra

Cara cuadrangular, con líneas angulosas y una nariz poco elegante. Arrugas acusadas, piel gruesa y curtida, difícil de suavizar con las cremas. Se convierte en algo así como una manzana encogida si la piel es seca, aunque también puede ser grasa.

Marte

Cara rectangular, con ojos horizontales y saltones, labios delgados y barbilla cuadrada. La piel es parda y compacta. Las arrugas delatan un carácter relativamente duro. Puede desarrollar vello facial con los años.

Júpiter

Tipo jovial, hipotiroideo, con tendencia a la humedad fría y acaso a la hirsutez.

Saturno

Tiene un aspecto lívido, una apariencia triste, la nariz es afilada, la boca caída y las cejas arqueadas.

Sol

Tiene la piel fría, cubierta de vello fino, reluciente, de tersura regular y textura tupida.

Tiene la cara redonda, la piel tirante y de buen color, textura fina, flexible y rolliza; labios arqueados y la boca delgada.

Estos tipos no coinciden necesariamente con el signo zodiacal de cada uno, y la mayoría de la gente es de tipo mixto. Gattefossé comenta que uno debe de ser capaz de distinguir el «tipo principal» del «tipo parasítico», menos dominante. Suprimiendo este último, se recupera la belleza de la mujer, como también el desarrollo normal de su carácter subyacente. Tal era el método empleado por los herbolarios de antaño para dictaminar los humores. Hay un humor que predomina normalmente en la personalidad de cada uno; hay que contar con ello y es cosa que no necesita tratamiento. Éste hace falta en cambio cuando se manifiesta una combinación anormal de los humores.

El medio ideal que emplear tanto para el masaje de cuerpo entero como el facial es un aceite perfumado compuesto de aceites vegetales y esencias. Damos detalles sobre su composición en la sección de mezclas y combinaciones, y en la de masajes se dan indicaciones sobre el masaje facial. Las ventajas del masaje facial provienen tanto del masaje mismo como de las esencias empleadas en el aceite. Ambos son relajantes, pero para conseguir el grado máximo de relajación los aceites empleados deben ser agradables y contener esa calidad extra que sólo pueden proporcionar los aceites naturales más finos. ¡No podemos esperar que nadie se aproveche plenamente de algo que es esencialmente un tratamiento refinado, si es incapaz de oler ese refinamiento! En cambio, si la mezcla es buena y al paciente le gusta el olor, será capaz de relajarse y entonces estará virtualmente asegurado el éxito del tratamiento.

La ventaja de emplear en el masaje aceites vegetales reside en que penetran en la piel mucho mejor que los minerales, aunque no lo hacen con tal rapidez que uno necesite aplicar continuamente más aceite. El calor natural producido por el masaje abre los poros, ayudando así a la penetración de las esencias. Una cantidad pequeña de crema será absorbida con más rapidez que un aceite, aunque esto varía también de una crema a otra. Las cremas son ideales para las aplicaciones individuales rápidas, pero no para el masaje. Después de dar un masaje facial, debe quedar el aceite en la piel hasta pasados quince minutos, especialmente si el masaje ha sido breve. Esto les da a las esencias el tiempo que necesitan para penetrar y hacer su trabajo. Durante ese tiempo, conviene aplicar compresas calientes de agua aromática o sola sobre toda la superficie que ha recibido el masaje. La manera más fácil de hacerlo es emplear una pieza del tipo de gasa blanca con agujeros hechos para los ojos y la parte inferior de la nariz. Los ojos se pueden cubrir entonces con rajitas de pepino o bolas suaves de algodón empapadas con agua de espliego o rosas. Hay que mantener siempre los ojos un poco más frescos que el resto de la cara y nunca se les debe aplicar calor durante demasiado tiempo.

Como alternativa de la compresa se puede utilizar un vaporizador o atomizador facial. Esto es especialmente recomendable en las pieles acneicas o congestionadas, siendo más estimulante y extractor que una compresa; se puede emplear un atomizador en cualquier tipo de piel, con dos o tres gotas de una esencia o mezcla de esencias apropiados añadidas al agua. Tras emplear la compresa o el atomizador (también se puede, por descontado, emplear la una y después el otro), se sorprenderá usted al ver lo bien que han penetrado los aceites, y que no sea necesario limpiar esa parte de la piel. Si quedan trazas de aceite, déle sólo un toquecito con un pañuelo de papel. El proceso de limpieza realmente profundo se producirá en la siguiente aplicación —la mascarilla facial.

Necesitará varios ingredientes básicos para confeccionar cualquier mascarilla. Entre ellos cabe citar el yogurt, caolín o arcilla de batán, aceite vegetal o pulpa de fruta, y aceites esenciales. El yogurt limpia, tonifica, extrae y es suficientemente suave para emplearlo en cualquier piel. Emplee siempre yogurt puro y vivo, porque su acción depende básicamente de las bacterias que contiene. El yogurt, como la pulpa de fruta, es demasiado deslizante para emplearlo sólo; le resbalaría sin más de la cara, por esto tiene que mezclarlo con arcilla en polvo (caolín) o algún otro polvo *ad hoc* como harina fina de avena. La mezcla de yogurt y arcilla se puede emplear como base de cualquier mascarilla.

El tipo de piel más seco y deshidratado reclama una mascarilla suave, hidratante y nutritiva, básicamente un tipo de fruta. Hay que pelarla y convertirla en pulpa, ya sea a mano o en una licuadora. Puede emplear como alternativa sólo el zumo de la fruta, pero es preferible la pulpa; como hidratante añada miel. Se añade la pulpa de fruta a la mezcla básica, junto con un poco de aceite de germen de trigo en el caso de una piel seca o madura, y dos o tres gotas de aceite esencial. En el caso de los tipos de piel congestionados, acneicos y grasos debe predominar el polvo de arcilla. Los caolines tienen fuertes propiedades antitóxicas y son excelentes agentes extractores, eliminando en consecuencia las impurezas de la piel. Se puede añadir levadura de cerveza para aumentar ese proceso de extracción, junto con zumo de uva o de col. Resumiendo:

Acneico	Col, uva, tomate, levadura, alcanfor, enebro, bergamota.
Graso	Col, uva, limón, pera, fresa, alcanfor, incienso.
Sensible	Miel y yogurt, uva, melón, azahar, rosa, manzanilla.
Seco	Aguacate, plátano, zanahoria, melón, aceite de germen de trigo, rosa, sándalo.
Maduro	Manzana, aguacate, uva, limón, aceite de germen de trigo, ciprés, incienso, pachulí.
Hidratado	Caolín, harina de avena o de linaza, enebro, espliego.
Normal	Aguacate, uva, limón, melocotón, aceite de germen de trigo, jazmín, azahar, espliego.

Quiero resaltar que esto es un resumen y que no es necesario utilizar todos los ingredientes mencionados en cada encabezado. Sólo hacen falta una o dos frutas y una o dos esencias en cada caso. Con una piel normal se puede emplear cualquier fruta y casi cualquier aceite. Si no le parece práctico licuar la fruta, puede utilizar simplemente caolín, yogurt y esencias. Los aceites esenciales que he mencionado aquí son sugerencias muy experimentadas, pero puede usar en cualquier caso otros aceites.[1] La mascarilla facial tiene ante todo un carácter nutritivo y extractor. Estimula la circulación sanguínea local, fomenta la eliminación de material de desecho y prosigue el trabajo iniciado por el masaje facial. Al mismo tiempo puede suavizar la piel y humedecerla, según los ingredientes que se utilicen. Empleando fruta fresca y yogurt, a la vez vivos y orgánicos, en conjunción con la acción dinámica de las esencias, a veces se consiguen resultados que pueden calificarse sin más de rejuvenecedores. Pero recuerde, no es suficiente una sola vez, y sólo conseguirá resultados duraderos empleando las mascarillas con regularidad. Una piel normal necesita sólo una mascarilla cada una o dos semanas.

Hay que dejar puesta la mascarilla durante 20 minutos para que complete su cometido, tras lo cual, hay que eliminarla cuidadosamente con una esponja y agua tibia. Puede aplicar también una compresa o, de preferencia, un atomizador con esencias para tonificar y refrescar la piel; y para estimular el cierre de los poros, puede emplear aceites de ciprés, enebro o bergamota. Entonces puede secar la piel con una toallita de papel y, si lo desea, puede aplicar a la piel, con palmaditas, un poco de crema hidratante. Si tiene una crema hidratante de base, puede añadirle sus propias esencias y hacer sus propias cremas para cada diferente tipo de piel. Utilice tarros que cierren bien, de otra manera los aceites no incorporados al conjunto durante el proceso de elaboración tienden a evaporarse. Puede hacer también sus cremas limpiadoras y suavizantes propias y así sucesivamente. Puede utilizar alternativamente un producto comercial. Después de un tratamiento facial de este tipo, no debe añadir ninguna clase de maquillaje, porque destruiría en gran medida la acción benéfica del tratamiento; en ese momento hay que dejar que la piel respire.

1. Véase Índice terapéutico, pág. 347.

Capítulo 10

Sugerencias y recetas prácticas

Cantidades y diluciones

Están siempre expresadas en ml (mililitros). Para los propósitos de este libro, 1 ml, 1 cc (centímetros cúbicos) y 1 g (gramo) pueden considerarse equivalentes.

1 ml =	20 gotas
5 ml =	1 cucharadita
30 ml =	1 onza líquida
500 ml =	medio litro
1.000 ml =	1 litro

Aceites para masaje

En todos los aceites de masaje, tanto facial como de cuerpo entero, empleamos una dilución del 2,5%. Se trata de una dilución muy conveniente y cómoda, porque equivale a UNA GOTA DE ESENCIA POR CADA 2 ML DE ACEITE VEGETAL.

Por ejemplo, una mezcla típica podría ser más o menos ésta:

	%	*ml*
Aceite esencial	2,5	1,25 = 25 gotas
Aceite de almendra	97,5	48,75
	100 %	50 ml

Observe que hay *25* gotas de esencia en cada *50 ml* (cc) de mezcla total. Independientemente del tamaño de la botella que emplee usted, sólo tiene que dividir su capacidad en *ml* por 2 y tendrá el número total de gotas de aceite esencial que le corresponden a esa botella. No se preocupe por medir al milímetro el aceite vegetal. Vierta primero las gotas de aceite esencial en la botella y llénela después hasta arriba con su aceite vegetal.

Ungüentos

En los ungüentos empleamos una concentración doble del aceite esencial —un 5 %—. Esto quiere decir que la cantidad total en *ml* (cc) es *la misma* que el número de gotas de esencia. Por ejemplo:

	%	*ml*
Aceite esencial	5	1,5 = 30 gotas
Aceite de almendra	75	22,5
Cera de abejas	20	6 g
	100 %	30 ml (cc)

Vea el texto siguiente, relacionado con el método de preparación de sus ungüentos.

Inhalaciones

8-12 gotas por cada cuenco de agua caliente
4-6 gotas para baño de vapor de cabeza
Vea el texto siguiente.

Baños

3-5 gotas de aceite esencial
Véase págs. 139-140.

Compresas

2 gotas de aceite esencial en ½ litro de agua caliente
Véase la pág. 146.

Al prescribir aceites para un empleo terapéutico hay que tener en cuenta el cuadro total de los síntomas del paciente. Consulte el Índice terapéutico correspondiente a cada síntoma o afección y fíjese en qué aceites se emplean con más frecuencia. Consulte entonces la sección de Esencias que se ocupa de cada uno de los aceites de su breve lista. Se encontrará con una o más esencias que parecen estar indicadas. Muy a menudo es suficiente una sola esencia; en ese caso, úsela. El tratamiento no mejora necesariamente por emplear una mezcla de varias esencias y cuando un solo aceite es perfectamente adecuado al caso carece de sentido combinarlo con otros.

Si no hay ninguna esencia que parezca cubrir la mayoría de los síntomas existentes, será necesario mezclar varias, pero procure atenerse al *menor número posible*, digamos, de dos a cinco aceites. La mezcla resultante no sólo es una combinación de las propiedades de sus distintos ingredientes; tiene sus propiedades individuales *propias*, como si usted hubiese creado un aceite esencial nuevo. Aunque en este libro sólo se describen *28* esencias, las diferentes combinaciones posibles de tres, cuatro o cinco esencias ascienden a más de 12 millones.

En la medicina herborística tradicional china se observan determinadas reglas básicas que se incluyen aquí para su información: he hallado que algunas de ellas son muy útiles. Las enfermedades causadas por el frío en el organismo deben ser sanadas con medicinas calientes; las medicaciones frías deben administrarse en las enfermedades causadas por el calor. Las medicinas dedicadas a enfermedades situadas más arriba del tórax deben ser tomadas después de las comidas. Las destinadas a afecciones situadas debajo del corazón y el estómago deben ser tomadas antes de las comidas. Las medicinas destinadas a afecciones de las cuatro extremidades deben tomarse por la mañana temprano, con el estómago vacío; las destinadas a padecimientos de los huesos y la médula, avanzada la tarde, después de una comida.

Los chinos dividieron las hierbas medicinales en cuatro categorías: hierbas «emperadoras» (el agente curativo principal), «ministras» (agentes sinérgicos o ayudantes de la acción del «emperador»), «cancilleres» (las que ponen en movimiento el proceso curativo, dotadas de un efecto catalizador) y «embajadoras», o sea, los vehículos o bases de la receta en cuestión. Las prescripciones se basaban a su vez en la «doctrina de las siete recetas», que las clasificaba como sigue:

1. *Ch'i fang*, o receta impar. Contenía un número impar de ingredientes. Se trata básicamente de una receta yang y se prescribe sólo en afecciones yin.
2. *Go fang*, o receta par. Es una receta yin que contiene un número par de ingredientes.
3. *Ta fang*, o gran receta. Una receta muy potente, empleada sólo en enfermedades serias, generalmente en presencia de muchos síntomas.
4. *Hsao fang*, o receta pequeña. Empleada en las enfermedades sencillas que presentan sólo uno o dos síntomas. Se utilizan en ella sólo dos o tres ingredientes.

5. *Huan fang*, o receta lenta. Una receta relativamente suave, empleada en pacientes muy débiles, cuyo estado no resistiría los fármacos fuertes. Esta receta proporciona resistencia.
6. *Chi fang*, o receta de urgencia. Prescripción de efecto inmediato, empleada a menudo en pacientes cercanos a la muerte.
7. *Ch'ung fang*, o receta repetida. Se emplea en enfermedades complicadas que afectan a varios órganos distintos. Contiene muchos ingredientes y se toma durante un período de tiempo prolongado.

En la medicina homeopática no es realmente necesario hacer un diagnóstico médico clásico, y los homeópatas se burlan a veces de esos diagnósticos. En homeopatía tiene importancia primordial la prescripción del medicamento para cada cuadro sintomático. No es necesario saber si el paciente tiene asma o bronquitis, pero es muy importante prescribir el remedio adecuado. En la acupuntura es esencial en cambio hacer un diagnóstico correcto, pero no se hace de acuerdo con las líneas médicas occidentales.

En aromaterapia hay que tener en cuenta el estado general del paciente, y síntomas incluso aparentemente insignificantes pueden ayudar a prescribir el remedio adecuado. Sin embargo, esto no se lleva al mismo extremo que en la homeopatía, y un diagnóstico ortodoxo correcto tiene también su importancia. Consultar el Índice terapéutico es muy fácil una vez que uno sabe cuál es el problema, pero hay que estar seguro de lo que se está tratando.

Una vez hecho un diagnóstico y seleccionado el remedio o remedios apropiados, se pueden aplicar por vía externa o interna, o por ambas. La toma oral de los aceites no es necesariamente más eficaz que su aplicación externa. En el uso interno se deben tomar en agua de miel. Para obtener una dosis, disuelva una cucharadita de miel en 30 ml (30 cc) de agua bien caliente. Añadir las gotas respectivas de aceite esencial y tomarla. Tome siempre los aceites después de comer.

La mala salud, hay que recordarlo, nunca es puramente fisiológica; implica siempre algún elemento psicológico. Por ese motivo, y siempre que se pueda, procuremos que los aceites que preparamos para los masajes tengan un olor atrayente. Si con una simple alteración del porcentaje relativo de cada aceite de la mezcla podemos aumentar su reclamo olfativo, salimos ganando mucho y no se pierde nada. A uno lo asusta instintivamente el empleo de cantidades grandes de aceites fuertes, y hace bien desde luego en evitarlo. Cuando llega el momento de mezclar, la nariz es nuestro mejor guía. La gente pregunta a menudo si hay aceites que no se deben mezclar nunca; no los hay. Pero el mejor método para juzgar si dos aceites en particular armonizan es mezclarlos y oler. Se dará cuenta de que algunos aceites casan mejor entre sí que otros y también de que hay un índice, una proporción, en la que hacen mejor mezcla que en ninguna otra. Puede llevarle su tiempo hallar ese equilibrio, pero el mejor modo de aprender reside en la experiencia. Después que haya probado una serie de mezclas, sabrá qué proporciones debe usar casi en cualquier mezcla que requiera.

Aceites para masaje

Al mezclar un aceite para uso externo existen dos ingredientes básicos: el aceite esencial y un aceite vegetal (conocido en este contexto como «aceite de base»). El aceite de base hace de vehículo de la mezcla de esencias para poder diluirlas a la concentración deseada y aplicarlas en forma de aceite de masaje común y corriente. Al elegir su aceite vegetal, se atendrá en parte al precio, pero hay otros factores que tener en cuenta. Si quiere un aceite que le alimente la piel a la vez que hace de vehículo, los aceites de aguacate y germen de trigo son especialmente ricos en vitaminas. Pero son bastante densos para emplearlos solos, y se los puede mezclar con otro aceite vegetal más ligero, de manera que su «aceite de base» sea nutritivo, pero no demasiado denso. Aunque el aceite de almendra dulce es ideal para el empleo general, sirven también perfectamente los de oliva, soja o girasol.

Otra consideración importante es que casi todos los aceites vegetales, y los esenciales, se oxidan: se vuelven rancios. El resultado es un olor desagradable en los aceites vegetales y una clara pérdida de la frescura y deterioro del olor en los esenciales. Los aceites terminan enturbiándose y su valor terapéutico se reduce considerablemente. Una vez iniciado el proceso de oxidación, éste es irreversible. Por ese motivo es tan importante guardar los aceites en recipientes herméticos, preferentemente bien llenos, y no echar nunca aceite fresco en una botella usada. Afortunadamente la naturaleza nos ha brindado un antioxidante natural en el aceite de germen de trigo: se debe a su gran contenido en vitamina E. Incluya siempre de un 5 a un 10 % de aceite de germen de trigo en sus mezclas. No van a durarle eternamente, pero sí más de lo usual; exactamente esa duración depende de la frecuencia con que abra la botella, pero el período medio son cinco meses, para empezar, si los aceites están frescos.

La cantidad de aceite esencial que debe emplear depende un poco de la fuerza de las esencias, pero sugiero un 2 % en términos generales. Las esencias son algo muy potente, y sólo hace falta emplear justo la cantidad suficiente. No crea que si emplea más esencia va a conseguir resultados mejores o más rápidos. El porcentaje de esencia existente en una planta varía entre el 0,01 % y alrededor del 10 %. El promedio se sitúa entre el 1 % y el 2 %.

He oído una serie de cuentos raros en lo tocante a la mezcla del aceite, como si fuera alguna clase de brujería, pero en realidad es una cosa muy sencilla. No es necesario calentarlos a no ser que estén sólidos a la temperatura ambiente. Ni es necesario hacerlo en luna llena a medianoche —¡cuando coinciden siete líneas-ley!—. No tiene usted más que llenar la botella con aceite (o aceites) vegetal y añadir entonces las esencias por gotas. Cierre la botella y agítela suavemente. Conozco algunas personas que prefieren mezclar cada esencia con una cantidad adecuada de aceite vegetal (digamos, mezclas al 2 %) y utilizan después esas mezclas en la mezcla definitiva. Desde luego, se puede hacer, pero esos aceites corren peligro de volverse rancios mucho más deprisa que si se conservan aparte las esencias hasta el momento de hacer cada mezcla.

Si quiere que sus aceites conserven el olor el máximo tiempo posible, tanto en la botella como fuera, tiene que «fijarlos» bien. En otras palabras, su mezcla deberá incluir por lo menos un aceite del tercio inferior de la tabla de índices de volatilidad. Los «fijadores» se emplean en perfumería para ayudar a contener la evaporación del perfume con el objeto de que el buen olor dure más y de que la fragancia no cambie demasiado al evaporarse. El aceite de sándalo es el mejor fijador universal del perfume, aunque son también muy eficaces los de pachulí, mirra y madera de cedro.

Aunque los aceites esenciales son caros, no sale más barato destilarlos uno mismo. Necesitaría varios cientos de veces su peso en hierbas nada económicas, un equipo especializado y un acervo considerable de conocimientos técnicos. En cambio, existe otro proceso, mucho más hacedero, que ya utilizaban los herbolarios hace cientos de años:

> El aceite de rosas se hace así: algunos hierven rosas en aceite y lo conservan así, otros llenan un vaso con rosas y aceite y lo hierven en una caldera llena de agua y ese aceite es bueno. Otros machacan rosas frescas en aceite y lo ponen en un recipiente de vidrio y lo dejan al sol 4 días y ese aceite es bueno.
>
> El aceite de violetas se hace así. Ponga las violetas en aceite y cuélelo. Será aceite de violetas.

Estos aceites, que los perfumistas franceses solían llamar *huiles antiques* (aceites antiguos) y que llamaremos «aceites infundidos», no se emplean mucho en perfumes, medicinas de uso interno, inhalaciones o aguas aromáticas, pero son muy buenos para el masaje de aromaterapia. El resultado es similar al de mezclar aceites vegetales y esenciales. Para ello existen básicamente dos métodos. Uno consiste en poner la hierba y el aceite en un recipiente bien cerrado que se coloca a su vez en una cacerola con dos o tres dedos de agua en el fondo. Se hierve entonces el agua durante una hora, con lo que el aceite se calienta sin llegar a hervir. Entonces se separa el aceite de la hierba, colándolo, y se le echa otra porción de hierbas, y se vuelve a hervir como antes. Se puede repetir esto las veces que uno quiera y cada vez el aceite se volverá más fuerte. Cuanto más fuerte quede el aceite, más tendrá que diluirlo para emplearlo en el masaje. El otro método consiste en poner las hierbas y el aceite en un recipiente de vidrio incoloro y dejarlos allí, bajo la fuerza del Sol, cambiando las hierbas cada dos o tres días. Aunque las esencias no deben exponerse a la luz, este método produce al parecer aceites de muy buena calidad. Estoy seguro de que la luz solar tiene que cargar de energía al aceite, hasta el punto de anular cualesquiera aspectos negativos que tenga. Hay que machacar primero un poco la mayoría de las hierbas para que la esencia se mezcle fácilmente con el aceite graso.

Ungüentos, aguas, inhalaciones

Los ungüentos son muy fáciles de hacer. Todo lo que uno necesita es esencia, aceite y cera, mezclados en las debidas proporciones. Yo empleo siempre cera de abejas (la amarilla es más natural que la blanca). Hay que fundir la cera para poder mezclarla con el aceite y se necesita una parte de cera de abejas por cada cuatro de aceite. Se calientan junto al aceite y la cera en un plato colocado en una cacerola de agua caliente (baño María). Al derretirse la cera, retire el plato del agua. Cuando la mezcla empieza apenas a solidificarse por el contorno, añada las esencias, revuélvalo todo y échelo en los recipientes. Ponga éstos entonces en un baño de agua fría para acelerar el proceso de enfriamiento. El motivo de añadir la esencia en el último momento es garantizar que se evapore lo menos posible antes de solidificarse el ungüento. Si lo desea más suave, emplee cinco partes de aceite, una de cera de abejas y una de vaselina. Si incluye aceite de germen de trigo y lo guarda en tarros muy bien cerrados, los ungüentos durarán hasta un año. Digamos a propósito que un ungüento perfumado es lo que conocemos como pomada. Todos los perfumes, los bálsamos y los ungüentos cosméticos primitivos aparecen en forma de pomadas.

Una manera muy sencilla de preparar aguas perfumadas es diluir unas cuantas gotas de esencia en agua destilada. Con este método se puede hacer aguas de rosas, flor de azahar, espliego (lavanda), geranio, en una palabra, la esencia que más le guste. Mezclando varias esencias puede preparar algunas aguas de tocador muy finas, siguiendo las recetas que hay al final de este capítulo. Emplee una gota de esencia por cada media taza de agua destilada. Como hay que conservarla herméticamente cerrada, es preferible emplear una botella de cierre totalmente hermético. Eche dos o tres gotas de esencia en 100 ml (cc) de agua destilada, ciérrela bien y agítela con fuerza. Aunque la esencia no se disuelva por completo, se dispersa lo suficiente para producir un agua aromática de muy buen resultado. Guardándolas debidamente, este tipo de aguas pueden durar varias semanas. Si les añade alcohol suficiente, obtendrá una auténtica solución, pero el alcohol no es nada bueno para la piel, más aún, es imposible conseguir un alcohol adecuado para ese fin.

Las esencias, mezclas de aceites y demás preparados similares deben conservarse siempre en sitios secos, frescos y oscuros, y cerrados herméticamente.

En las inhalaciones deben emplearse entre ocho y doce gotas de esencia. Échelas en un cuenco lleno de agua muy caliente (de medio litro a un litro). El agua debe hervirse antes y dejarla enfriar en el cuenco durante un minuto antes de añadirle las esencias. Si estuviera demasiado caliente, los vapores de los aceites serían demasiado fuertes para inhalarlos. Un método alternativo es emplear un baño de vapor de cabeza echando también las esencias en el agua. Este método es más idóneo porque el agua se mantiene a temperatura constante y sólo hace falta la mitad de aceite esencial. Inhale despacio y profundamente de cinco a diez minutos; no es estrictamente necesaria la tradicional toalla puesta sobre la cabeza.

En el capítulo sobre baños se dan detalles sobre los baños y las compresas.

Aceites faciales

Para piel normal

Geranio	6 gotas
Jazmín	3 gotas
Espliego	16 gotas
	25 gotas

Para piel seca

Geranio	7 gotas
Rosa	4 gotas
Sándalo	14 gotas
	25 gotas

Para piel grasa

Bergamota	12 gotas
Ciprés	8 gotas
Enebro	5 gotas
	25 gotas

Para piel inflamada o sensible

Palo de rosa	12 gotas
Azahar	4 gotas
Rosa	4 gotas
	20 gotas

Nota: En cada caso las 25 gotas han de diluirse en 50 ml de aceite vegetal.

Aguas tónicas para la piel

Piel normal	Bergamota	4 gotas
	Jazmín	10 gotas
Piel seca	Geranio	10 gotas
	Rosa	7 gotas
Acné	Bergamota	10 gotas
	Espliego	6 gotas
Piel grasa	Ciprés	7 gotas
	Enebro	10 gotas

Emplee agua destilada, a ser posible. Las cifras de arriba, en gotas, le darán 50 ml de agua aromática.

Cuidado del cabello

Contra la caída del cabello

Enebro	7 gotas
Espliego	9 gotas
Romero	9 gotas
	25 gotas

Para cabello graso o con caspa

Cedro	7 gotas
Ciprés	9 gotas
Enebro	9 gotas
	25 gotas

Éstas deben prepararse en una dilución del 2,5 % en aceite vegetal. Dé un buen masaje con ellas al cuero cabelludo y déjelas durante un mínimo de una hora. Aplíquese champú al cabello y frótelo antes de añadir el agua, de lo contrario es difícil quitar el aceite.

Cuidado de las manos

Para las manos secas o agrietadas

Prepare un ungüento o un aceite mediante la receta siguiente:

Benjuí Pachulí Rosa	a partes iguales

Extiéndalo bien frotándose las manos durante un mínimo de dos minutos. Es mejor hacerlo de noche y acostarse acto seguido llevando puesto un viejo par de guantes de algodón.

Para la transpiración de las manos

Use baños de manos o maniluvios, como para los pies sudorosos. Puede emplearlos también en forma de compresa, o sencillamente darse palmadas con un poco de agua aromática.

Cantidades para un baño

Para una resaca

Hinojo	1 gota
Enebro	2 gotas
Romero	1 gota
	4 gotas

Se puede aplicar también como compresas para el hígado y la cabeza. Este baño es útil también contra la obesidad.

Para el agotamiento nervioso

Albahaca	1 gota
Geranio	2 gotas
Espliego	2 gotas
	5 gotas

Baños de pies o pediluvios

Para la transpiración de los pies

Amaro	2 gotas
Ciprés	3 gotas
Espliego	2 gotas
	7 gotas

Para pies cansados, doloridos

Enebro	3 gotas
Espliego	2 gotas
Romero	2 gotas
	7 gotas

Baños de asiento

Para las hemorroides

Ciprés	3 gotas
Incienso	2 gotas
Enebro	2 gotas
	7 gotas

Para la impotencia o la frigidez

Amaro	6 gotas
Jazmín	1 gota
	7 gotas

Duchas locales

Para la leucorrea

Bergamota	1 gota
Espliego	3 gotas
Rosa	1 gota
	5 gotas

(Se pueden tomar también, por vía interna, hisopo, enebro o sándalo.)

Para períodos dolorosos

Amaro	2 gotas
Mejorana	2 gotas
Manzanilla	1 gota
	5 gotas

Menstruación irregular o escasa

Amaro	2 gotas
Melisa	2 gotas
Rosa	1 gota
	5 gotas

Prurito vaginal

Bergamota	2 gotas
Manzanilla	1 gota
Menta piperita	1 gota
	4 gotas

Cada receta debe ir diluida en medio litro de agua.

ACEITES PARA MASAJE

Para el dolor reumático

Incienso	5 gotas
Eucalipto	5 gotas
Romero	15 gotas
	25 gotas

Para tonificar los músculos y aliviar dolores ligeros

Enebro	6 gotas
Espliego	12 gotas
Romero	7 gotas
	25 gotas

Un aceite relajante general

Geranio	10 gotas
Espliego	10 gotas
Mejorana	5 gotas
	25 gotas

Un aceite afrodisíaco

Romero	13 gotas
Jazmín	4 gotas
Ilang-ilang	8 gotas
	25 gotas

Nota: En cada caso las 25 gotas deben diluirse en 50 ml de aceite vegetal.

Antisépticos

Un lavado bucal antiséptico

Bergamota	2 gotas
Espliego	1 gota

Dilúyalas en una taza de agua.

Un ungüento antiséptico para cortes, etc.

Esencias

Bergamota	12 gotas
Eucalipto	4 gotas
Espliego	14 gotas
	30 gotas

Base

Vaselina	30 gramos

o bien

Aceite vegetal	30 g (cc)
Cera de abejas	7 g (cc)

Caliente la base del ungüento hasta que se funda, añada las esencias, revuelva, viértalo en un tarro y enfríelo rápidamente.

Estas mismas esencias, diluidas en agua, se pueden emplear como líquido antiséptico para lavar cortes, heridas, etc.

Ambientador de aire desinfectante

Bergamota	155 gotas
Eucalipto	5 gotas
Enebro	40 gotas
	200 gotas = 10 ml (cc)

Mezcle las esencias y consérvelas en un gotero. Se emplea como ambientador general y también en habitaciones de enfermos, lavabos, etc. Se puede utilizar asimismo como desinfectante al lavar pisos y muebles, pañales, desagües, etc.

Para resfriados u otras afecciones con bloqueo de los senos frontales (nariz)

Albahaca	2 gotas
Eucalipto	7 gotas
Menta piperita	1 gota
	10 gotas

Para la gripe o catarros fuertes con fiebre

Alcanfor	3 gotas
Eucalipto	7 gotas
	10 gotas

Para bronquitis, etc., como expectorante/antiséptico

Bergamota	3 gotas
Eucalipto	3 gotas
Sándalo	4 gotas
	10 gotas

Para asma, bronquitis, como antiespasmódico

Hisopo	2 gotas
Espliego	6 gotas
Mejorana	2 gotas
	10 gotas

Para tos espasmódica

Ciprés	2 gotas
Hisopo	3 gotas

Para indigestión o cólico

Albahaca	1 gota	Enebro	2 gotas
Cardamomo	1 gota	Menta piperita	1 gota

Para cálculos biliares

Bergamota	2 gotas		
Eucalipto	1 gota	*o* Romero	2 gotas

Para cálculos urinarios

Manzanilla	2 gotas
Geranio	2 gotas
Enebro	2 gotas

Cada receta deberá tomarse tres veces al día en agua de miel (véase la pág. 359).

Algunas recetas tomadas del «Arts Master-Piece or the beautifying part of Physick» de Nicholas Culpeper

Un agua perfumada de los italianos a la que éstos llaman Agua de Damasco

Tome una onza de canela, de clavo media onza, de mejorana, romero, espliego, hojas de laurel, poleo, rosas verdes de Provenza, un puñado de cada uno, vino de Málaga, agua de rosas, de cada uno medio azumbre (un litro escaso). Corte las cosas verdes, pulverice las secas y póngalas al sol seis días. Destílelas entonces en una cacerola doble; algunos añaden líquidos de cidra, estoraque, raíz de lirio, un dracma de cada uno y flores de jazmín, y rocían con esta agua su ropa de vestir, ropa interior, las manos y las fosas nasales.

Un baño perfumado para mujeres nobles

Tome rosas, píldoras de cidra, flores de cidro, flor de azahar, jazmín, laurel, romero, espliego, poleo, agua de primavera, cantidad suficiente de cada uno, hiérvalas juntas un poco y prepare un baño; añada al mismo cinco gotas de aceite de espicanardo, cinco granos de almizcle, tres granos de ámbar gris, almáciga una onza; entre en el baño dos horas antes de comer.

Otro baño para limpiar el cuerpo y hacerlo hermoso

Tome de salvia, flores de espliego y rosas dos puñados de cada uno, un poco de sal, hiérvalas en agua o en una lejía y haga un baño no demasiado caliente y báñese el cuerpo en él dos horas antes de comer.

Un agua contra los ramos de sangre en los ojos

Tome una onza de benjuí, de miel pura media pinta (285 cc), de hinojo y agua de ruda doce dracmas de cada uno, agua de mejorana media onza, y destílelo en un alambique.

Un ungüento perfumado

Tome un dracma de aceite de nuez moscada extraído a presión, un escrúpulo de la mejor algalia, seis granos de almizcle escogido, aceite de espicanardo, aceite de espliego, dos o tres gotas de cada uno, haga un ungüento para untar en la frente, la nariz y otras partes principales para fortalecerlas.

Un ungüento para emblanquecer las manos

Tome una libra de piñones limpios y machacados, una onza de semilla de mostaza, tres onzas de higos, dos dracmas de alcanfor, machálo todo bien y mézclelo, y haga una pasta para frotar las manos.

Para mantener los pechos pequeños

Tome cantidad suficiente de piedra alumbre, aceite de rosas el que sea necesario, mézclelos y úntese los pechos.

Un aceite para curar una cara roja

Tome cuatro onzas de almendras de melocotón, dos onzas de semillas de calabaza, macháquelas y haga un aceite para untarse con él la cara por la mañana y por la noche.

Aceites para quitar las arrugas de la cara

El aceite de mijo turquesco, y el cocimiento de sus granos estiran, suavizan y consolidan de veras las arrugas; también es bueno el aceite de nueces.

El aceite de ajenjo hace salir el pelo

Se hace como el aceite de ruda, y es bueno para hacer que el pelo crezca; y cuando se cae el pelo, se hace una untura con láudano y grasa de oso.

Un ungüento para las grietas de los pezones (pezones agrietados)

Tome aceite de rosas, la corteza media de saúco, una onza de cada uno, cera la que haga falta, y mézclelo todo.

Unas cuantas recetas diversas

Estas dos recetas proceden de fuentes completamente distintas:

Agua aromática o *Aqua aromatica*

Canela en rama	3 partes	Hojas de salvia	10 partes
Flores de espliego	5 partes	Semilla de hinojo	3 partes
Hojas de menta piperita	5 partes	Alcohol	70 partes
Hojas de romero	5 partes	Agua	300 partes

Agua milagrosa o *Aqua mirabilis*

Aceite de canela	1 parte	Aceite de salvia	1 parte
Aceite de espliego	1 parte	Aceite de hinojo	1 parte
Aceite de menta piperita	1 parte	Alcohol	350 partes
Aceite de romero	1 parte	Agua	644 partes

Un libro de recetas publicado en 1681 afirma que el *aqua mirabilis* «no sufre que el calor queme ni que la melancolía ni la flema se soliviantes o tengan dominio sobre la naturaleza y expulsa también las secreciones y proporciona un buen color, mantiene y preserva el semblante y la memoria».

Aceite para los moretones

Manzanilla, matricaria, betónica, espliego, melisa, romero, salvia, capullos de rosa, anís, ajenjo.

Tome un puñado de cada una y píquelo mucho, póngalo en un tarro de piedra con aceite de oliva suficiente para cubrirlo. Déjelo estar quince días revolviéndolo a menudo. Hiérvalo después un poco hasta que suelten el aceite, pero no pase del calor del agua hirviendo. Cuélelo con tela de lino y guárdelo en una botella bien corchada.

Bálsamo emoliente para la piel

Semilla de membrillo	14 gramos	Aceite de laurel	10 gotas
Agua	200 cc (ml)	Aceite de clavo	5 gotas
Glicerina	42 gramos	A. de piel de naranja	10 gotas
Alcohol	130 cc (ml)	Aceite de gualteria	8 gotas
Ácido salicílico	6 granos	Aceite de rosas	2 gotas
Ácido carbólico	10 granos		

Deje reposar la semilla de membrillo en el agua durante 24 horas y prénsela entonces a través de una tela. Disuelva el ácido salicílico en el alcohol; añada el ácido carbólico a la glicerina; mézclelo todo, agítelo bien y embotéllelo.

Lavado bucal

Corteza de quillay	125	partes	Glicerina	95	partes
Alcohol	155	partes			

Macérese durante 4 días, añada después:

Ácido carbólico cristalizado	4	partes	Aceite de rosa	0,6	partes
Aceite de geranio	0,6	partes	A. de canela	0,6	partes
Ac. de carriofilo	0,6	partes	Tintura de ratania	45	partes
			Agua de rosas	900	partes

Macérese de nuevo durante 4 días y fíltrese.

Agua de Colonia

Aceite de romero	5	partes	Aceite de espliego	5	partes
Aceite de azahar	20	partes	Ac. de bergamota	220	partes
Aceite de limón	75	partes	Alcohol 90 %	5000	partes

Agua balsámica Carmelita

Aceite de melisa	30	mínimos	Clavo	15	mínimos
Aceite de mejorana	3	mínimos	Aceite de culantro	5	mínimos
Aceite de canela	10	mínimos	Aceite de angélica	3	mínimos
Aceite de limón	30	mínimos	Alcohol 90 %	10	onzas líquidas
				300	cc aprox.

Agua de Florida

Aceite de bergamota	90	cc (ml)
Aceite de clavo	45	cc (ml)
Aceite de canela	70	cc (ml)
Aceite de espliego	30	cc (ml)
Aceite de limón	30	cc (ml)
Aceite de azahar	15	cc (ml)
Aceite de jazmín	180	cc (ml)
Agua de rosas	570	cc (ml)
Alcohol	4,5	litros

Capítulo 11

Los aceites esenciales

Este capítulo incluye los aceites esenciales siguientes:

- Albahaca
- Alcanfor
- Amaro
- Azahar (Flor de naranja)
- Benjuí
- Bergamota
- Cardamomo
- Cedro (madera de)
- Ciprés
- Enebro
- Espliego (Lavanda)
- Eucalipto
- Geranio
- Hinojo
- Hisopo
- Ilang-ilang
- Incienso
- Jazmín
- Manzanilla
- Mejorana
- Melisa
- Menta piperita
- Mirra
- Pachulí
- Pimienta negra
- Romero
- Rosa
- Sándalo (madera de)

La clasificación de las esencias en yin o yang proyecta inevitablemente una limitación conceptual en algo cuya acción es sumamente dinámica. Cada esencia tiene a la vez cualidades yin y yang, y su efecto predominante depende además de las circunstancias que rodean a su aplicación. Con todo, la referencia a la cualidad yin-yang de un aceite proporciona una clave importante para formar el conocimiento de la acción terapéutica del aceite en cuestión. Y proporciona también un criterio útil de comparación de las esencias.

Lo mismo diremos de su clasificación astrológica. Aunque no voy a extenderme sobre el empleo de la astrología en la prescripción de los aceites, incluyo aquí alguna información para las personas que deseen emplearla y estén en condiciones de hacerlo. Aunque en la mayoría de los casos he acudido a Culpeper como referencia en lo tocante a los planetas regentes, él desconocía la existencia de algunas plantas que aparecen en este libro. He seleccionado los planetas que les corresponden de acuerdo con mis conocimientos de los cuatro elementos.

Los índices de evaporación y de intensidad del olor están tomados de los libros de Louis Appell. Los índices de intensidad del olor están situados en una escala de 1 a 10, pero ninguno de los aceites está por debajo del número 4. Esto se debe a que el estudio original incluyó sustancias aromáticas químicas, algunas de las cuales no llegaron a la cifra 4. Digamos, en términos relativos, que las esencias de una intensidad de 7 tienen una intensidad media y las indicadas con un 4 tienen la intensidad mínima. Los índices de evaporación están situados en una escala que va de 1 a 100. Según ella, el aceite de eucalipto tiene el índice de evaporación más alto (5) y el de pachulí el más bajo (100). Estas cifras son diferentes de las empleadas realmente por Louis Appell, pero los valores relativos son los mismos. La mayoría de estos índices de evaporación son diferentes de los obtenidos por W. A. Poucher antes de la guerra. Poucher empleó un método mucho más subjetivo e inevitablemente tomó en cuenta al mismo tiempo la intensidad del olor. He incluido también una tabla de sus cifras, porque pueden ser de utilidad para distinguir las notas altas, medias y bajas. Algunas de las esencias de este libro no se incluían en la obra de Appell. En esos casos o bien he dado una cifra, seguida de un interrogante, o he dejado el espacio en blanco.

Las personas familiarizadas con los métodos científicos saben lo difícil que es hacer cualquier demostración de carácter general. Y sobre todo en lo referente a organismos vivos. Los experimentos farmacológicos se efectúan con gatos, ratas, ratones, perros, cobayas, monos y ocasionalmente con seres humanos. Con bastante frecuencia los resultados de dos experimentos diferentes son contradictorios; uno puede demostrar que determinado fármaco eleva la presión de la sangre, y otro que la reduce. Ése es el motivo por el que tales experimentos se hayan vuelto cada vez más exigentes en cuanto al control de cada condición. En el caso citado, por ejemplo, ¿emplearon exactamente la misma sustancia, en la misma dosis, durante el mismo tiempo, en la misma especie de animal, aplicada del mismo modo? Otros factores como la estación del año, el momento del día, la situación geográfica, la influencia astrológica de las estrellas, el estado mental del animal, y la actitud del científico frente al experimento, pueden influir muy posiblemente en su resultado. En su *Supernature* (Supernaturaleza) Lyall Watson ha demostrado que algunos de estos factores ejercen una influencia de ese tipo.

Según van haciéndose cada vez más estrictos los controles de una experimentación, se hace también cada vez más difícil interpretar y aplicar sus resultados. Podemos decir que, dadas unas condiciones exactas —ubicación, animal utilizado, dosis, etc.— se obtuvo un resultado determinado. Pero ¿hasta qué punto es significativo ese resultado y qué utilidad tiene? ¿Al haberse dado en esas condiciones, va a cumplirse también en otras? Que se haya demostrado que el aceite de canela estimuló el miocardio de un perro, que estaba anestesiado, en una operación a tórax abierto, en Estados Unidos en 1962, ¿quiere decir que para nosotros el aceite de canela es un estimulante cardíaco?

El hombre de ciencia supone que si dos experimentos dados arrojan resultados contradictorios, tiene que haber una razón lógica: tiene que haber sido diferente por lo menos una de las condiciones existentes. Supone que, en buena lógica, una determinada sustancia tiene que producir siempre el mismo efecto dadas unas mismas condiciones. Esto podría ser cierto, pero en tanto que estemos seguros de incluir todas las condiciones, incluso las astrológicas —y es un hecho que éstas nunca se repiten con exactitud.

Cuando el hombre de ciencia ha experimentado con el suficiente número de perros y gatos, y se siente satisfecho porque su medicamento tiene determinadas propiedades y no es demasiado tóxico, vuelve su atención a los seres humanos en lo que se denominan experimentos clínicos. Una vez que esa droga ha sido debidamente probada en nosotros, puede recibir el sello aprobatorio y ser lanzada al mercado. Con no poca frecuencia se demuestra, unos años después, que un fármaco como el hexaclorafeno o la talidomida es peligroso, y se retira del mercado. Por lo mismo, incluso cuando una sustancia se ha empleado en la clínica práctica durante una serie de años, no podemos estar seguros de que su empleo es fiable. Y «fiable» o «seguro» es sólo un criterio relativo; ¿es totalmente seguro el empleo de un determinado medicamento?

Hay un pequeño número de aceites esenciales, como el del ajenjo, que están clasificados como tóxicos, en los que una cantidad muy grande (10-20 ml) tomada por vía oral tendría probablemente consecuencias fatales. Sin embargo, estos aceites tóxicos no están a la venta. Los aceites que hay a nuestra disposición no son tóxicos, e incluso en sobredosis serían relativamente inofensivos. Al menos en el caso de las esencias puede estar uno seguro de que no va a contraer de repente una enfermedad de nuevo cuño. La mayoría de esas esencias llevan empleándose desde hace más de cien años y muchas de ellas desde hace cuatrocientos o más. Las que han sido excluidas de las farmacopeas lo han sido debido a su relativa falta de fuerza, no porque se hubiera descubierto que son peligrosas. Muchas esencias presentan de hecho propiedades antitóxicas y contrarrestan el envenenamiento producido por sustancias del tipo del veneno de ofidios, los barbitúricos o el alcohol.

Se han hecho muchas pruebas y experimentos impresionantes con los aceites, habiéndose publicado una serie de artículos informativos sobre ellos. Mucho de lo que en ellos se dice corrobora el empleo empírico efectuado con esas sustancias aromáticas por los antiguos herboristas. Esto es para mí más convincente que los experimentos aislados hechos con animales. La prueba del tiempo no es tanto una prueba de su potencia terapéutica como de su integridad terapéutica. La mayoría de los resultados dan un espaldarazo a los empleos empíricos de esos aceites. Cuando no lo hacen o cuando existe un desacuerdo o hay otros motivos de incertidumbre, uno sólo puede fiarse de la propia intuición, adquiriendo un conocimiento profundo de ese aceite, consultando los antiguos herbarios, examinando la planta en su estado natural (cuando es posible) y observando sus colores, su estructura y su «vibración». Adquiriendo el conocimiento de cada una de las cualidades de un aceite y de su planta madre, se puede percibir si una propiedad dada forma parte de su carácter.

Al escribir sobre cada uno de estos aceites me ha resultado difícil diferenciar entre las propiedades y usos espigados de los viejos herbarios y las que se basan en los experimentos modernos. Con frecuencia se yuxtaponen y, cuando no lo hacen, ¿quién puede decir cuál es la correcta? Al pintar sus cuadros he aplicado a veces unas cuantas pinceladas fruto de mi propia experiencia o intuición, aunque he tratado siempre de ser lo más objetivo posible. Hago muchas citas de herbarios antiguos, no sólo por su interés anecdótico, sino también como parte de la información correspondiente a cada aceite. En ocasiones, el texto original puede aportar mucho más que una paráfrasis o contener detalles menores que no se incluyen en mi propio resumen o en el Índice terapéutico.

ALBAHACA

Nombre latino	*Ocimum basilicum*
Familia	Labiadas
Cualidad	Yang
Planeta regente	Marte
Índice de evaporación	78
Intensidad de olor	7
Esencia extraída de	La hierba

Propiedades	*Usos*	
Antidepresiva	Bronquitis	Náuseas
Antiséptica	Catarro (crónico)	Tensión nerviosa
Antiespasmódica	Depresión	Parálisis
Carminativa	Dispepsia	Pólipos (nasales)
Cefálica	Dolor de oídos	Trastornos resp.
Digestiva	Epilepsia	Vómitos
Emenagoga	Desmayos	Tos ferina
Expectorante	Fiebres (malaria, intermitente)	Repele mosquitos
Febrífuga	Gota	
Nervina	Hipo	
Estimulante de la corteza suprarrenal	Histeria	
Estomacal	Insomnio	
Sudorífica	Fatiga mental	
Tónica	Migraña	

La albahaca, llamada *tulsi* en la India, donde la utiliza extensamente la medicina ayurvédica, está consagrada allí a Krishna y a Vishnu. Es una planta pubescente que alcanza hasta 90 cm de alto y tiene flores blancas. Originaria de Asia, se cultiva actualmente en Europa, norte de África, las Seychelles y Reunión.

La esencia es de un amarillo verdoso claro y contiene linalol, existente también en los aceites de bergamota y espliego. Tiene un olor suave, refrescante, muy agradable, parecido a una mezcla de tomillo, menta piperita y regaliz. El sabor es dulce, penetrante y ligeramente amargo. Proporciona una nota superior dulce y verde a las mezclas y combina favorablemente con geranio, hisopo y bergamota. El nombre latino viene del griego *basilicon*, equivalente a ungüento o remedio «para reyes».

> El olor del basilico es bueno para el corazón [...] ahuyenta las penas que vienen de la melancolía y hacen al hombre alegre y gozoso (John Gerard).

> Y me fui a ver al doctor Reason, quien me dijo que era una hierba de Marte, situada debajo de Escorpio y llamada en consecuencia basilicón,

y no es maravilla si lleva consigo una especie de calidad virulenta. Aplicada al lugar mordido por bestias venenosas o picado por una avispa o abejorro, se lleva consigo enseguida el veneno. *Lo igual atrae lo igual.* [...]. Expulsa tanto al feto como a las secundinas (Nicholas Culpeper).

Da la impresión de que en la India es donde mejor conocen el empleo de la albahaca. Cito lo siguiente del libro *Ayurveda para usted*, del doctor Chandrashekhar:

> Se le da el jugo de las hojas a una persona inconsciente por la mordedura de una serpiente, administrando de 1 a 2 cucharaditas con 2 o 3 horas de intervalo. Se aplica el jugo también al cuerpo entero. Se aplica asimismo en el caso de mordedura de escorpión.
>
> En su forma ordinaria, el jugo del tulsi con canela, clavo, cardamomo, un poco de azúcar y leche ayuda mucho en el resfriado común y la gripe. Provoca transpiración, reduce la fiebre, el dolor de las articulaciones y actúa como expectorante. A veces se aplica el jugo de la hoja sobre todo el cuerpo en casos de fiebre malaria.
>
> Unas pocas gotas del jugo derramadas en el oído quitan el dolor de oídos. El jugo de la hoja sirve como rejuvenecedor tomándolo dos veces al día a razón de una cucharadita. Le da vida al semblante.
>
> El tulsi se ha usado en la India desde el período védico. En tiempos de epidemias y endemias actúa como profiláctico.
>
> El jugo de las hojas administrado con jugo de ajo y miel reduce la tos de un modo prodigioso. El jugo para los vómitos; expulsa las lombrices intestinales.
>
> El jugo de la hoja se emplea junto con miel para hacer preparados medicinales. En determinadas variedades de trastornos de la piel como picazón, tiña y sangre impura, se aplica el jugo en la parte afectada, y se toma también por vía interna.

La albahaca se parece a la menta piperita en muchos aspectos. Su olor tiene la misma calidad penetrante, pero es más caliente. Las dos son buenas para los desvanecimientos, la indigestión, los vómitos, etc. Tienen también una calidad similar caliente/fría. La señora Grieve dice que las hojas de albahaca son «frías al tacto»; Potter menciona sus «propiedades enfriantes»; el doctor Chandrashekhar describe como «picante y caliente» el jugo de las hojas. A diferencia del alcanfor, la albahaca es predominantemente yang; es un yang que se convierte en yin mientras el alcanfor es yin que se convierte en yang. En el baño la albahaca es euforizante y refrescante, pero ejerce también una sensación fuerte en la piel, caliente y fría al mismo tiempo, y cuanta más echa uno en el agua, más pica, como menudísimos alfilerazos. Desde luego está bajo el signo de Escorpio. Su efecto caliente/frío en el baño es similar al del aceite de menta piperita que, en cambio, es decididamente frío.

Los doctores Gatti y Cajola le atribuyen a la albahaca una acción inferior a la del eucalipto, pero superior a la del aceite de tomillo en las enfermedades de las vías respiratorias. Su afinidad con la menta piperita y su calidad penetrante daría a entender que la albahaca es buena para la congestión sinusal. Constituye un buen antiséptico, expectorante y antiespasmódico (neurotrópico), que puede aliviar el asma, la bronquitis y el enfisema. En los casos agudos se combina preferentemente con expectorantes suaves. El doctor Valnet la recomienda en los catarros crónicos y el doctor Chandrashekhar en los catarros y gripes en combinación con otras sustancias aromáticas «calentadoras».

El aceite de albahaca es un tónico nervioso aromático excelente, con gran probabilidad el mejor. Despeja la cabeza, alivia la fatiga intelectual y le da a la mente fuerza y claridad. Puede emplearse en todo tipo de trastornos nerviosos, especialmente los asociados con debilidad, indecisión o histeria; el doctor Valnet la recomienda para la epilepsia y la parálisis. Es uno de los aceites más agradables entre las plantas labiadas, siendo muy valioso en los casos de nerviosismo, ansiedad y depresión. Es exhilarante, clarificadora y fortalecedora.

Su acción antiespasmódica la convierte en un eficaz remedio contra el hipo y la tos ferina. Es sudorífica y febrífuga y se puede emplear en todo tipo de fiebres. La medicina ayurvédica la combina con la pimienta negra en la fiebre malaria. La acción de la albahaca se parece también a la del tomillo. No es un antiséptico general tan potente como aquél, y acaso no es un remedio tan fuerte a nivel físico; actúa más sobre la mente y las emociones. Tiene un perfume más agradable y es un remedio más sutil y se debe emplear cuando la mente constituya el factor predominante en enfermedades relacionadas con la respiración, la digestión y el sistema nervioso. El doctor Chandrashekhar indica que hace resplandecer el semblante; tiene un efecto estimulante en la piel y se puede emplear —siempre con moderación— en las pieles perezosas y congestionadas o como tónico refrescante general. La acción de la albahaca suele reforzarse combinándola con otros remedios.

Ha demostrado ser un útil repelente de insectos, especialmente de los mosquitos, y se ha empleado también contra las picaduras de insectos y escorpiones y mordeduras de serpientes.

Durante el embarazo conviene excluir el aceite de albahaca.

Alcanfor

Nombre latino	*Cinnamomum camphora* (alcanforero)
Familia	Lauráceas
Cualidad	Yin
Planeta regente	Saturno
Índice de evaporación	?
Intensidad de olor	5
Esencia extraída de	La madera

Propiedades	*Usos*	
Analgésico	Acné	Tensión nerviosa
Antihelmíntico	Bronquitis	Neumonía
Antidepresivo	Contusiones	Retención de orina
Antiséptico	Quemaduras	Reumatismo
Antiespasmódico	Cólera	*Shock*
Carminativo	Resfriados	Cuidado de la piel
Diurético	Cólico	Torceduras

Febrífugo
Hipertensor
Laxante
Rubefaciente
Sedante
Estimulante (de la circulación, la digestión, el corazón y la respiración)
Sudorífico
Vasoconstrictor (sistémico)
Vulnerario

Estreñimiento
Debilidad
Depresión
Diarrea
Fiebres
Flatulencias
Gota
Insuficiencia cardíaca
Hipotensión
Afecciones inflamatorias
Insomnio

Dolor de muelas
Tuberculosis
Úlceras
Vómitos
Heridas

El alcanfor se obtiene de unos árboles muy grandes y resistentes, originarios de Formosa, China y Japón y se ha introducido con éxito para su cultivo en otros países subtropicales como India, Sri-Lanka y Madagascar. Árbol perennifolio, crece despacio y puede alcanzar los 30 m de altura, con un tronco de entre 2,5 y 3 m de diámetro. El tronco suele crecer recto hasta los 6 o 9 m de altura antes de echar ramas. Las hojas son pequeñas, elípticas y ligeramente serradas. Las flores son blancas, pequeñas y arracimadas; los frutos son unas bayas rojo oscuras.

El alcanfor existe en cualquier parte del árbol, pero tarda muchos años en formarse y no aparece hasta que éste tiene 50 años de edad. En el tronco surge formando masas de 30 a 45 cm de largo. Se extrae de las ramas picando la madera e hirviéndola después en agua. Entonces el alcanfor sube a la superficie y se solidifica al enfriarse el agua. Se extrae el aceite por destilación al vapor. Es claro y tiene un olor penetrante, similar al del eucalipto.

El alcanfor asoma a los herbarios europeos a finales del siglo XVII. Joseph Miller escribe:

> El «canfor» se compone de partes calientes sutiles, resiste a la putrefacción y las destemplanzas malignas, es bueno en las fiebres pútridas y pestilentes acompañadas de delirio o desvarío de la cabeza. En uso externo es de gran servicio en toda suerte de inflamaciones, el fuego de san

Antonio, la oftalmía, quemaduras y escaldaduras. Se emplea como corrector de las cantáridas; algunas personas se lo cuelgan del cuello en una bolsita de seda para curar las fiebres intermitentes.

Aparentemente hay cierta confusión sobre si el alcanfor es básicamente caliente o frío. Li Shih-Chên escribe, por ejemplo, que «el alcanfor tiene un fuerte olor terebintinado y un sabor aromático, caliente y amargo, con un regusto algo enfriador». La señora Grieve dice que es «frío al tacto» y el doctor Chandrashekhar «frío en su acción». Esto se concilia mal con los comentarios de Joseph Miller y con el hecho de que el alcanfor se emplea también como rubefaciente y como estimulante del corazón y la circulación. Christian Samuel Hahnemann, padre de la homeopatía moderna, arroja bastante luz sobre este tema:

> La acción de esta sustancia es muy desconcertante y de difícil investigación, incluso en organismos sanos, debido a que esa acción, con más frecuencia que la de cualquier otro remedio, presenta alternativas y se entremezcla con las reacciones vitales del organismo dado. Por ese motivo, a menudo es difícil de determinar qué cosa pertenece a las reacciones vitales del cuerpo y cuál a los alternantes efectos propios de la acción primaria del alcanfor.

Meditando sobre esta desconcertante acción del alcanfor, me di cuenta de que el yin y el yang no son dos objetos fijos opuestos. No sólo hay uno contenido siempre dentro del otro, sino que hay además una transformación constante del uno en el otro. Cuando algo se vuelve cada vez más yin, termina alcanzando una fase de inestabilidad, dado que nada puede volverse del todo yin, y entonces pasa a ser predominantemente yang.

La acción del alcanfor se aproxima a un yin convirtiéndose en yang, y muestra ambas cualidades bastante acusadas. A primera vista, siempre se me presenta como yin. Su acción en la piel es enfriante, y es un eficaz agente antiinflamatorio. Todo el mundo ha notado cómo una cosa muy fría quema como si estuviese ardiendo: la acción de un agente frío puede producir una fuerte reacción de calor, del mismo modo que al dar en la cara el viento frío estimula la circulación. Esto representa en muchos sentidos la acción del alcanfor. Partiendo de los comentarios de Hahnemann (que están basados en una experiencia considerable) podemos ver que su acción depende, acaso más que en ninguna otra esencia, del estado de la persona a la que se aplica. Si su estado en ese momento es muy yin, ello precipitará la acción yang; si esa persona es muy yang, la acción del alcanfor puede seguir siendo predominantemente yin.

Al ser un remedio potente, es muy útil en determinadas condiciones serias. Es un fuerte cardioestimulante, y puede administrarse en casos de insuficiencia cardíaca, ya sea debida a un shock extremo, a una cardiopatía o como consecuencia de fiebres infecciosas del tipo de la tifoidea o la neumonía. Tiene otros efectos útiles en caso de neumonía al ser activo contra la bacteria neumocóccica, así como un estimulante de la circulación. En la homeopatía el alcanfor está especialmente indicado en la frialdad del cuerpo entero (en este caso provoca una fuerte reacción yang). Cualquier estado patológico que incluya frialdad —el resfriado común, un estómago frío, la gripe, una fiebre acompañada por una sensación de frío— requiere el empleo del alcanfor.

Debido a su acción casi doble, el alcanfor es también útil cuando hay un estado de excesivo yang: una fiebre abrasadora, la inflamación reumática, una quemadura de la piel o cualquier otro tipo de inflamación. Es de gran utilidad al vendar heridas y úlceras indoloras y como ingrediente en aplicaciones externas en pieles de tipo graso o acneico. El uso externo del alcanfor insensibiliza las terminales nerviosas periféricas.

Su efecto en el sistema digestivo es antiespasmódico, carminativo, laxante, y estimula el flujo de los jugos digestivos. Es de utilidad no sólo en el estreñimiento, sino también en la diarrea, los vómitos, cólicos, flatulencias y en el cólera. Es preferible *reservar* el alcanfor para las afecciones alimentarias más serias, como la diarrea aguda. No se debe emplear habitualmente como laxante.

El aceite de alcanfor (alcanforado) estimula el corazón y la respiración y hace subir la presión de la sangre si está baja. Está indicado cuando hay debilitamiento de estas funciones, cosa que puede ocurrir en los estados serios de depresión, después de una operación, y en el curso o la convalecencia de enfermedades graves como el cólera o la tuberculosis. El alcanfor inhibe eficazmente el *Mycobacterium tuberculosis*. Es un útil ingrediente en las inhalaciones contra la tos, resfriados, gripe, bronquitis, tuberculosis y dificultad respiratoria. Calma la irritación de los órganos sexuales y es un potente diurético. Algunos afirman que es afrodisíaco, mientras otros recalcan mucho lo contrario —cosa que parece más probable.

Está claro que el alcanfor tiene un efecto equilibrador del yin y el yang. De ahí su eficacia en las situaciones en que ese equilibrio se ve afectado, o bien repentinamente o más seriamente: shock, insuficiencia cardíaca, histeria, exceso de calor o frío, infección. Este efecto equilibrador se refleja asimismo en su efecto sobre el sistema nervioso. Estimula la depresión lánguida y calma la histeria; no es eficaz en cambio en la mayoría de las enfermedades psicosomáticas o nerviosas. El alcanfor da buen resultado con frecuencia en los casos donde los remedios más suaves son insuficientes o cuando se necesita un ligero *shock* a fin de inducir algo de reacción en un organismo crónicamente enfermo.

Recuerde esos árboles de 30 m de altura y cuánto tiempo han tardado en formar y darnos ese alcanfor. El aceite alcanforado no es caro, pero hay que emplearlo con sabiduría y sólo cuando haga falta.

Amaro

Nombre latino	*Salvia sclarea*
Familia	Labiadas
Cualidad	Yang
Planeta regente	Mercurio
Índice de evaporación	82

Intensidad de olor	5
Esencia extraída de	La hierba

Propiedades	*Usos*	
Anticonvulsivo	Amenorrea	Infecciones de la garganta
Antidepresivo	Diviesos	Úlceras
Antiflogístico	Cólico	Tos ferina
Antiséptico	Convulsiones	
Antiespasmódico	Depresión	
Afrodisíaco	Dismenorrea	
Astringente	Dispepsia	
Carminativo	Flatulencia	
Desodorante	Frigidez	
Digestivo	Hipertensión	
Emenagogo	Histeria	
Hipotensor	Impotencia	
Nervino	Trastornos nefríticos	
Sedante	Leucorrea	
Estomacal	Neurastenia	
Tónico	Oftalmía	
Uterino	Cuidado de la piel	

El amaro es muy similar de aspecto a la salvia común, aunque sus flores azules son ligeramente menores. Tiene las hojas anchas y arrugadas, verdes con un asomo purpúreo. Los botones de las flores están encerrados en brácteas puntiagudas verdes, rayadas a veces de púrpura. Tanto las hojas como las brácteas son muy aromáticas. El nombre específico de *sclarea* se deriva a su vez de *clarus*, es decir, clara en buen castellano. Uno de sus viejos sinónimos es «ojo limpio» y se debe al empleo de un mucílago hecho de sus semillas para limpiar los ojos de cuerpos extraños.

Esta planta ya fue conocida y empleada por los antiguos y es original de Siria, Italia, España, Francia y Suiza. Se cultiva para obtener aceite esencial en Francia y la ex Unión Soviética. Se empleaba ya en Europa en la Edad Media, pero no se ha utilizado mucho para fines medicinales en estos últimos años. La han eclipsado en este contexto la salvia común, de un modo parecido a como la mirra desplazó al incienso.

En Alemania la llaman *Muskateller Salbei* o «salvia moscatel», al parecer, porque hubo vinateros alemanes que la emplearon en su día para falsificar el auténtico vino moscatel. La primera vez que usé el aceite de amaro fue dando un masaje, y tanto el paciente como yo quedamos bastante intoxicados. Al principio no estaba seguro de si se debía al aceite de amaro, pero cada vez que lo he tomado, o inhalado durante algún tiempo, he notado el mismo efecto. Lo entorpece a uno, le da una sensación de euforia y dificulta la concentración al mismo tiempo. Se parece mucho más al efecto de la *Cannabis* que al del alcohol. No estuve seguro de si ese efecto del amaro tenía un carácter general o si sería sólo una experiencia subjetiva hasta que tropecé con los párrafos siguientes en *A Modern Herbal*:

> Waller (1822) afirma que se empleó también en Europa como sustituto del lúpulo para sofisticar la cerveza comunicándole un amargor y una propiedad intoxicantes considerables, que producía un efecto de insana exhilaración del espíritu, seguida por un dolor de cabeza fuerte.
>
> Lobel dice: «Algunos fabricantes de cervezas y ales lo echan en su bebida para hacerla más cabezuda, a la medida para dar gusto a los borrachos, quienes después, de acuerdo con sus diferentes temperamentos, quedan terriblemente borrachos, o borrachos atontados o alocados».

Nunca he combinado el aceite de amaro con alcohol, pero por sí solo no produce dolores de cabeza. Nicholas Culpeper afirma:

> Las hojas, usadas como vinagre, ya sea solas o con un poco de miel, ayudan en los diviesos y comedones y las inflamaciones calientes que se originan con sus dolores si se aplican antes de que crezcan demasiado [...]. Las semillas o las hojas tomadas en vino dan excitación venérea. Es de gran servicio tanto en hombres como mujeres que tengan débiles las espaldas y ayuda a fortalecer los reaños [...]. El jugo de esta hierba puesto en ale o cerveza y bebido después, hace bajar la regla en las mujeres y expulsar las secundinas.

Se considera que el amaro es de naturaleza caliente y seca; infundido en vino reconforta a un vientre ventoso frío.

Se recomienda especialmente para fortalecer los reaños, ayudar en un flujo blanco y vigorizar una matriz relajada fría (Joseph Miller).

En Jamaica, donde se da la planta, la empleaban mucho los negros, que la tenían por enfriadora y limpiadora de las úlceras y la usaban también en las inflamaciones de los ojos. Empleaban un cocimiento de las hojas hervidas en aceite de coco para curar las picaduras de alacranes. El amaro y una especie jamaiquiana de la verbena son dos de los ingredientes de un baño caliente aromático recetado allí a veces con éxito (la señora Grieve).

Este aceite esencial es incoloro y tiene un aroma dulce, como de nueces, que sólo recuerda de lejos al de la salvia común, con una cualidad mucho más agradable, casi floral. Tiene un atractivo bastante exclusivo y es uno de mis perfumes favoritos. El sabor es caliente y moderadamente amargo. El amaro se mezcla bien con los aceites de enebro, espliego y sándalo; se emplea a menudo como fijador de perfumes. Un baño de amaro es calentador y muy relajante.

El aceite de amaro es un buen aceite como tónico general, como los del enebro y la salvia común. Sus efectos tónicos favorecen particularmente los nervios, el estómago, los riñones y el útero. Su efecto en el sistema nervioso es sedante, anticonvulsivo y tónico. Produce también a todas luces una ligera forma de intoxicación eufórica que, sin embargo, no se relaciona directamente con una toxicidad, dado que unas dosis muy pequeñas ya son eficaces. Aunque el amaro es menos tóxico que la salvia común, no se deben tomar dosis grandes susceptibles de producir una intoxicación, cuyo resultado, más que euforia, será una intoxicación con una fuerte cefalalgia. La calidad afrodisíaca del amaro se relaciona estrechamente con su propiedad euforizante.

Como tónico de los nervios el amaro es muy bueno para los tipos nerviosos, débiles y medrosos, y se puede emplear en la convalecencia. Es útil en todo tipo de debilidad, ya sea física, mental, nerviosa o sexual. Al ser eufórico-tónico-sedante es útil en la depresión nerviosa y «debilidad de espíritu»; da resultado por lo general en esos casos de depresión que suelen acompañar a las enfermedades físicas agudas, como la gripe, y también en los casos de depresión posparto.

Según Caujolle y Franck (1945) el aceite de amaro produjo un aumento de la presión sanguínea al ser administrado a perros por inyección intravenosa. Ese efecto duró casi una hora y se debe al parecer a una estimulación de la secreción de adrenalina más que a la de los nervios. Shipochliev (1968) halló que el aceite de amaro, administrado por vía intravenosa a los animales experimentales provocaba una reducción de la presión sanguínea. En el primer caso la dosis fue de alrededor de 1 cc por kilo de peso y en el segundo fue de 5-10 mg por kilo de peso: una dosis mucho menor. De acuerdo con Rovesti y Gattefossé (1973), el aceite de amaro es ligeramente hipotensor. Como el estudio de Shipochliev empleó la dosificación usada normalmente en la aromaterapia, podemos asumir que el amaro es hipotensor. Con todo, su posible influencia en la secreción de adrenalina es muy interesante y podría estar relacionada con su efecto intoxicante.

En su aspecto anticonvulsivo-eufórico-sedante el amaro está indicado en las situaciones mentales nerviosas, histéricas, paranoicas y de pánico, y es con mucho uno de los mejores remedios de la depresión, sea del origen que sea. Es un buen tónico de la matriz y de la función femenina en general. (Tal vez, como la salvia, contiene estrógenos, o alguna sustancia similar.) En palabras de Joseph Miller, el amaro «ayuda a fortalecer una matriz relajada fría». Es bueno cuando hay períodos dolorosos, y ausencia o escasez de menstruación; y es muy útil en forma de inhalación, fumigación o compresas durante el parto. Estimula el proceso del mismo, al tiempo que ayuda a la madre a relajarse.

El aceite de amaro tiene fama como vigorizante de los riñones y el estómago. Por vía externa enfría la inflamación y se emplea mucho en el cuidado de la piel debido a su aroma. Es efectivo en una piel inflamada, normal o hiperhidratada.

Nombre latino	*Citrus aurantium* (Naranjo amargo)
Familia	Rutáceas
Cualidad	Yang
Planeta regente	El Sol
Índice de evaporación	79
Intensidad de olor	5
Esencia extraída de	Las flores

Propiedades	*Usos*
Antidepresivo	Depresión
Afrodisíaco	Diarrea crónica
Antiséptico	Histeria
Antiespasmódico	Insomnio
Cordial	Tensión nerviosa
Desodorante	Palpitaciones
Digestivo	Shock
Sedante	Cuidado de la piel
Tónico	

Hay dos variedades de naranjos, el naranjo dulce, *Citrus aurantium var-sinensis*, y el naranjo amargo, *Citrus aurantium*. El aceite de la flor del naranjo o flor de azahar —tan popular, simbólica y conocida en la Península Ibérica— se extrae de las blancas flores de azahar del naranjo amargo. Las del naranjo dulce producen también una esencia parecida, pero de calidad inferior y se emplea poco. Esta esencia recibe en otros muchos idiomas el nombre de neroli, originado acaso por el emperador Nerón o, más posiblemente, por cierta princesa de Nerola, Ana María de nombre, que fue la primera en emplearla como perfume, en sus guantes y su agua de baño. Fue esposa de un famoso príncipe italiano y vivieron en el siglo XVI. El perfume de sus guantes se hizo sumamente popular y los guantes perfumados con él eran conocidos como *guanti di Neroli*.

Se cree que los primeros naranjos que llegaron a Europa fueron traídos en el siglo XII por navegantes portugueses desde las Indias orientales. El naranjo es nativo de China, donde se emplearon las flores de azahar desde muy antiguo en preparados cosméticos. Hoy se cultiva en España, Francia, Italia, Túnez y Estados Unidos. Esos dos tipos de naranjo se parecen muchísimo entre sí, con la salvedad de que el pecíolo de la hoja del naranjo amargo presenta una «alita» que, si la aplanamos, ofrece la forma exacta de un corazón.

El aceite de azahar, de acuerdo con su precio, figura entre las esencias florales más finas. Su empleo más extendido está en el agua de Colonia, donde se combina con los de espliego, bergamota, limón y romero, dando origen a esa clásica agua de tocador. Casa asimismo bien con el sándalo, el jazmín y la rosa, y queda muy bien como «corazón» de una mezcla floral. Tiene un olor exquisito y fragante, femenino, tan único como los de la rosa o el jazmín, y nada fácil de describir; acaso sea el que más se parezca al aceite de espliego. De color amarillo claro, tiene el sabor amargo, lo que apunta hacia una posible acción en el corazón y el intestino delgado.

El de azahar es uno de los aceites sedantes-antidepresivos más eficaces que hay: se puede emplear en casos de insomnio e histeria, estados de ansiedad y depresión. Calma y apacigua la mente. Ejerce también una acción notable en el corazón, reduciendo la amplitud de las contracciones del miocardio, de ahí su empleo en las palpitaciones y otros tipos de espasmo cardíaco. Por esa razón se ha usado siempre para tranquilizar a las personas miedosas, histéricas y propensas al pánico —que se alteran enseguida, sin necesidad, y se ponen nerviosísimas por nada—. Es fácil deducir que el azahar constituye un valioso remedio para el shock o los trastornos ocasionados por un susto o miedo repentino, traducidos en un esfuerzo peligroso del corazón. Es útil en la diarrea crónica cuando se relaciona con algún estrés o miedo prolongado. Su acción es lenta pero segura.

El aceite de azahar ejerce también una acción pronunciada en la piel. Igual que el espliego y el geranio, se puede emplear para bien de cualquier tipo de piel. No irrita en absoluto y se puede aplicar, por lo mismo, donde existe una irritación o enrojecimiento. Se dice que es útil también para la piel seca agrietada y rotura de venas. Es uno de los aceites que actúan a nivel celular, estimulando la eliminación de las células viejas y el desarrollo de las nuevas. El azahar constituye un aceite de baño exuberante, relajador y desodorante.

El agua de azahar es calmante, digestiva y carminativa. Constituye un remedio suave, muy útil, en el cólico de los niños pequeños, y su acción sedante los ayuda a dormirse.[1]

Benjuí

Nombre latino	*Styrax benzoin*
Familia	Estiráceas
Cualidad	Yang
Planeta regente	El Sol
Índice de evaporación	100
Intensidad de olor	4
Esencia extraída de	La goma

Propiedades	*Usos*	
Antiséptico	Artritis	Heridas
Carminativo	Asma	Espermatorrea
Cordial	Bronquitis	Llagas
Desodorante	Cólico	
Diurético	Toses	
Expectorante	Gota	
Sedante	Laringitis	
Vulnerario	Irritaciones de la piel	

El árbol del benjuí se cultiva en Java, Sumatra y Tailandia. No produce la goma naturalmente, sino que se le forma al practicarle en

1. Véase la pág. 360.

el tronco una incisión profunda. Se produce en ella una lenta exudación, que se recoge del árbol cuando se ha endurecido lo suficiente. Esa goma es de color grisáceo con vetas rojo oscuras. Son esas partes rojas las que contienen la mayor parte del material aromático.

El benjuí es uno de los ingredientes clásicos empleados para incensar y se empleó ya en tiempos remotos en forma de fumigaciones para ahuyentar a los malos espíritus. Es más conocido en su forma compuesta de tintura de benjuí o bálsamo de Siam, de gran utilidad en las inhalaciones de antaño. Ejerce una acción similar a la del ácido benzoico, su ingrediente principal. No lo mencionan muchos de los herbolarios antiguos, aunque se le conocía en Europa ya en el siglo XVI. La referencia más antigua que ha llegado a mis manos es de Joseph Miller:

> El árbol da unas hojas grandes, como las del cidro, pero de un verde más pálido, blanquecinas por envés; el fruto viene a tener el tamaño de una nuez de nogal, pero de exterior algo pubescente.
>
> Esta goma calienta y seca y [...] es de gran servicio para abrir los pulmones y librarlos de los humores lacerantes y tártaros que los acatarran, y por esa razón, ayuda mucho en caso de asma.

De la goma se obtiene un resinoide o «absoluto», que presenta un hermoso color pardo rojizo y la consistencia de un aceite graso. Los chinos han importado desde hace siglos el benjuí y Li Shih-Chên ya mencionaba un producto similar a nuestro moderno benjuí «absoluto»:

> El benjuí líquido [...] un aceite parecido al melado con todas las propiedades de la goma de benjuí. Se vende en frascos pequeños en las grandes tiendas de medicamentos.

El benjuí absoluto tiene un olor meloso, parecido a la vainilla, uno de los olores más agradables entre las gomas. Hace buena combinación con los de la rosa y el sándalo y es un fijador excelente. Una gota en la lengua produce una sensación casi abrasadora, aunque de hecho no quema. Cuando se aplaca esa sensación ardiente, aporta un agradable calor al cuerpo y una cálida claridad a la cabeza.

Es un sedante yang y ejerce una acción acusada en las mucosas. Es particularmente benéfico en los trastornos de las vías urinarias y respiratorias. Como lo rige el Sol, el benjuí tiene una acción estimulante y energética de largo alcance; parece tener la facultad de «fundir» los bloqueos, llevándoselos por delante. Promueve la expectoración del *mucus*, estimula el flujo de la orina, calienta y tonifica el corazón y la circulación y expulsa la flatulencia.

El benjuí se emplea con gran beneficio en todas las afecciones frías relacionadas con los pulmones, como los resfriados, la gripe, toses, el asma y la bronquitis. Se puede aplicar en uso externo o en inhalaciones. La mayor parte del principio volátil es eliminado por los pulmones. Es bueno también en las afecciones frías del sistema genitourinario y se puede emplear en la cistitis, la albuminuria y todas las situaciones que incluyen infección o flujo, como la espermatorrea, la gonorrea y tal vez la leucorrea.

Por vía externa ayuda mucho en las afecciones dérmicas que incluyen rubefacción, irritación o prurito, como las dermatitis; también cuando la piel está agrietada o seca, si hay heridas, etc. Tanto por vía externa como interna es bueno para las afecciones frías de las articulaciones, como la gota y la artritis reumatoide. Calienta el corazón, tanto física como metafóricamente. Madame Maury dice del benjuí: «Esta esencia crea una especie de euforia, interpone una zona acolchonada entre nosotros y los acontecimientos». Recomienda también una mezcla de benjuí y canela para el «agotamiento de naturaleza emocional o psíquica». Joseph Miller comenta: «Es un buen cefálico que reconforta el cerebro con su grato aroma».

Para entender la acción del benjuí no tiene usted más que pensar en su dominante planetario, el Sol: calentador, secador, energetizante, estimulante, y en último término, soporífero. ¿Qué cosa hay más placentera, más eufórica, que bañarse en el caliente Sol?

Nombre latino	*Citrus bergamia*
Familia	Rutáceas
Cualidad	Yang
Planeta regente	El Sol
Índice de evaporación	55
Intensidad de olor	4
Esencia extraída de	La fruta

Propiedades	*Usos*	
Analgésica	Abscesos (fríos)	Herpes
Antidepresiva	Acné	Leucorrea
Antiséptica	Bronquitis	Tensión nerviosa
Antiespasmódica	Cáncer (uterino)	Psoriasis
Carminativa	Carbuncos	Infecciones de las vías respiratorias
Cicatrizante	Cólico	Sarna
Desodorante	Cistitis	Cuidado de la piel
Digestiva	Depresión	Estomatitis
Expectorante	Difteria	Tonsilitis (aguda)
Febrífuga	Dispepsia	Tuberculosis
Sedante	Eczema	Infecciones de las vías urinarias
Vermífuga	Fiebres	Prurito vaginal
Vulneraria	Flatulencia	Úlceras varicosas
	Cálculos biliares	Heridas, úlceras
	Glositis	
	Gonorrea	
	Halitosis	

El aceite de bergamota procede de la corteza de una fruta que se cultiva en el sur de Italia y no se debe confundir con la variedad de pera muy jugosa procedente de Bérgamo (Italia). Existe una planta natural de América del Norte cuyo nombre «bergamot o beebalm» (en inglés), se debe a que el perfume de sus hojas recuerda al aceite de bergamota auténtico. El árbol de la bergamota debe su nombre a la ciudad lombarda de Bérgamo, donde se vendió primero su esencia. Ésta se extrae de la corteza de su fruta, que es una especie de lima de forma algo parecida a una pera. Es una de las esencias más empleadas en la industria perfumera; su aroma y su precio son superiores a los de los demás aceites de cítricos. El aroma es dulce y acitrado, pero tiene una calidad caliente y floral inexistente en el limón o la naranja y que recuerda al espliego o al azahar. El sabor del aceite de bergamota es más amargo que el del aceite de limón o incluso más que el de naranja; es de un color amarillo verdoso.

Casa bien con la mayoría de las esencias, especialmente las de jazmín, ciprés y azahar. Junto con el azahar y el espliego, es uno de los ingredientes principales del agua de Colonia clásica. Da una nota alta muy agradable prácticamente a cualquier combinación y constituye un aceite de baño refrescante y relajador.

Dice Li Shih-Chên:

> Los chinos consideramos que las frutas de todas las diferentes especies y variedades [de cítricos] son enfriadoras. Si se comen en exceso se cree que aumentan la «flema» y esto probablemente no es ventajoso para la salud. Las variedades dulces aumentan la secreción bronquial y las ácidas favorecen la expectoración. Todas ellas calman la sed y son estomacales y carminativas.

Afirma que las mondas secas de los cítricos son estomacales, carminativas, estimulantes, tónicas, antiflogísticas y desodorantes. Los bergamotos no crecen en China, pero se dan abundantemente en variedades de naranjas que son muy populares en la medicina de ese país. La monda de naranja está recomendada en el marasmo infantil, las lombrices y el cáncer de mama.

Rovesti recomienda el aceite de bergamota para el cáncer de útero, no como agente curativo, sino a todas luces para reducir al mínimo muchos de sus síntomas y efectos secundarios. Los aceites de cítricos en general se sabe que son algo irritantes y en cantidades muy grandes han provocado tumores experimentales en ratones. Esos tumores fueron benignos y no se produjeron con facilidad, sobre todo con el aceite de bergamota. Sin embargo, existe al parecer alguna asociación entre los tumores y los aceites de cítricos, que muy bien podría ser de carácter homeopático; *lo que produce una dosis muy grande, lo cura una dosis muy pequeña.*

El aceite de bergamota ha sido empleado en la medicina popular italiana durante muchos años, principalmente contra las fiebres y las lombrices. En 1960 Paolo Rovesti publicó un artículo titulado «L'aromaterapia dell'essenza di Bergamotta», que ha constituido mi principal fuente de información.

Empleado en duchas vaginales y baños de asiento, el aceite de bergamota ha demostrado su eficacia en las infecciones gonocóccicas, la leucorrea y el prurito vaginal. En el cáncer de útero reduce al mínimo la infección local, las secreciones purulentas y la irritación de las partes genitales. Tiene mucha aplicación como antiséptico y es eficaz contra los gonococos, estafilococos, colibacilos, neningococos, el vibrión de Nasik, el bacilo de la difteria y muchos microbios más. Es especialmente eficaz en las infecciones de la boca, la piel, las vías respiratorias y urinarias, y está indicado en los casos de difteria, tonsilitis y la mayoría de los tipos de ulceraciones de garganta.

El aceite de bergamota tiene un efecto ligeramente irritante sobre la piel a altas concentraciones, pero, empleado con moderación (1 % o menos), tiene el efecto opuesto. Ha dado resultado en el eczema, la psoriasis y el acné y es un buen antiséptico y agente curativo en las heridas y úlceras indoloras. Se emplea también en casos de seborrea de la piel y cuero cabelludo y actúa como parasiticida en la sarna. Es un eficaz agente desodorante.

Es eficaz también contra el bacilo de la tuberculosis y está indicado en todo tipo de infecciones de las vías respiratorias, especialmente la bronquitis; en ese aspecto tiene su máxima eficacia mezclado con aceite de limón. Al ser desinfectante de las bacterias orales ayuda a eliminar el mal aliento. Su acción antiséptica está muy indicada en la cistitis y las infecciones de las vías urinarias. La bergamota es útil en todos los tipos de fiebre, incluyendo las intermitentes, tipo malaria. Su acción en el tracto digestivo es antiespasmódica, carminativa y digestiva, siendo uno de los muchos remedios aromáticos de los cólicos, la flatulencia y la indigestión.

Como sedante nervioso es útil en la depresión y estados de ansiedad, y su agradable olor lo hace tan útil como la rosa o el sándalo en ese sentido. A diferencia de estos dos, tiene un olor ligero y refrescante y una mayor calidad exhilarante y anímica. El aceite de bergamota sirve para aromatizar el Earl Grey tea.

Tiene asimismo la virtud de aumentar la fotosensibilidad de la piel, que con ella se broncea más rápidamente. Por lo mismo, *nunca hay que emplearlo puro en la piel expuesta a la luz solar o la ultravioleta.* ¡Recuerde que, incluso diluido en aceite vegetal, no protege precisamente la piel contra los ardientes rayos del Sol!

Cardamomo

Nombre latino	*Elettaria cardamomum*
Familia	Zingiberáceas
Cualidad	Yang
Planeta regente	Mercurio
Índice de evaporación	68
Intensidad de olor	9
Esencia extraída de	Las semillas

Propiedades	*Usos*	
Antiséptico	Cólico	Pirosis
Antiespasmódico	Tos	Vómitos
Afrodisíaco	Debilidad	Fatiga mental
Carminativo	Dispepsia	
Cefálico	Flatulencia	
Digestivo	Halitosis	
Diurético	Cefalalgia	
Estomacal	Pérdida de apetito	
Tónico	Náuseas	

La planta del cardamomo se da en el sur de la India y en Sri-Lanka, y algunas otras de sus especies se dan en China o Indochina. En la India crece en bosques situados entre 750 m y 1.500 m sobre el nivel del mar al norte de Canara, Coorgi y Wynaad, donde la cultivan mucho. Tiene un rizoma grande y carnoso, similar al del jengibre, con el que está emparentado botánicamente. Sus hojas son como sedosas láminas verdes de entre 30 y 75 cm de longitud, y sus pequeñas flores son normalmente amarillentas, con un labio morado. Los frutos son ovoides, de unos 13 mm de largo, y se vuelven grises al madurar. Contienen tres secciones y en cada una de ellas dos hileras de pequeñas semillas color pardo rojizas.

El aceite de cardamomo es incoloro, relativamente caro, y tiene un olor cálido, dulce, picante, muy agradable. Su empleo es bastante reciente, aunque es posible que se haya destilado localmente en la India desde hace varios siglos. Sigue estando de actualidad en la mayoría de las farmacopeas como agente aromatizante y en ocasiones también como carminativo. Escribe Joseph Miller:

> El auténtico amomo calienta y reconforta, fortalece el estómago, ayuda a la digestión, expulsa el viento y es bueno contra el cólico y los trastornos fríos del estómago y los intestinos, así como contra las mordeduras de las criaturas venenosas; es eficaz para estimular la orina y la catamenia (menstruación).

Es moderadamente yang, calienta suavemente, y es un tónico general. Ejerce su acción primaria en el sistema digestivo. En este sentido se le puede comparar favorablemente con el aceite de menta piperita, y juntos constituyen un potente «equipo» alimentario. A veces se emplea como correctivo de los laxantes y tal vez se subestima su eficacia en los cólicos. Mi esposa atestigua a favor de su gran ayuda contra las náuseas del embarazo. Al igual que el aceite de menta piperita, alivia la náusea, pero no evita el vómito cuando uno necesita de veras vomitar. Después de hacerlo, sosiega y calienta rápidamente el estómago y ayuda a poner de nuevo en su sitio la cabeza y el paladar. Además de corregir la indigestión, es un eficaz remedio contra la pirosis o ardor de estómago, aunque una indigestión persistente podría ser un síntoma de un problema más serio, como la hernia de hiato aórtico. Ayuda también a corregir esa fermentación gástrica no natural que constituye a menudo la causa del mal aliento (halitosis). El doctor Chandrashekhar recomienda el cardamomo para la tos, la dificultad para expulsar la orina y la indignación y gases producidos por comer... ¡una cantidad excesiva de plátanos!

Aunque afecta primordialmente el sistema digestivo, el aceite de cardamomo tiene desde luego otras aplicaciones. La mayoría de las personas hallan su aroma agradable en extremo y sé por experiencia propia que tiene un decidido efecto estimulante y euforizante, y eleva el ánimo ayudando a limpiar la mente del ruido y la confusión. Es lo que Culpeper habría llamado un cefálico y la señora Grieve menciona su empleo en las afecciones de la cabeza. Podría no ejercer un efecto fisiológico en el sistema nervioso, pero desde luego ejerce uno psicológico y es sumamente bueno en los problemas digestivos de origen nervioso. En los afrodisíacos orientales se emplea bastante el cardamomo, aunque uno no puede estar seguro de si existe o no algún efecto fisiológico. Como tónico general y estimulante suave puede ser muy útil en cualquier condición que incluya una debilidad general y en particular cuando esto se relacione con una digestión pobre. En China se ha empleado también en las enfermedades pulmonares y contra la fiebre intermitente; podría servir de algo en estos casos, pero me parece que tendría un efecto relativamente débil si se utiliza solo. El aceite de cardamomo casa bien con la mayoría de las demás esencias, aunque, al tener un olor tan intenso, da a conocer su presencia con mucha rapidez. Con él se prepara un excelente aceite de baño, suave, refrescante y estimulante.

Cedro

Nombre latino	*Juniperus virginiana* (cedro de Virginia, enebro de Virginia, cedro rojo)
Familia	Coníferas
Cualidad	Yang
Planeta regente	Urano
Índice de evaporación	97
Intensidad de olor	4
Esencia extraída de	La madera

Propiedades	*Usos*	
Antiséptico	Acné	Afecciones respiratorias
Astringente	Bronquitis	Enfermedades de la piel
Diurético	¿Cáncer?	Trastornos de las vías urinarias
Expectorante	Catarro	Repelente de insectos
Sedante	Cistitis	
	Disuria	
	Gonorrea	
	Pielitis	

> Miel virgen destilan tus labios, | esposa; | miel y leche hay bajo tu lengua; | y el perfume de tus vestidos | es como aroma de incienso (Cantar de los Cantares 4,11).

Por desgracia, aquel cedro del Líbano (*Cedrus libani*) que emplearon los antiguos, no crece ya en la abundancia con que antes lo hiciera. Había grandes bosques de estos enormes árboles, pero con el correr de los siglos han sido reducidos considerablemente por la cruel demanda impuesta por los muebles de madera de cedro. Se usó esta madera en la construcción de los templos y palacios del Oriente Cercano, y Salomón utilizó también grandes cantidades en la construcción de su gran templo de Jerusalén. Hoy en día sobreviven sólo unos cuantos cientos de ellos.

El aceite de cedro fue posiblemente el primer aceite esencial extraído de una planta y lo emplearon los egipcios en sus procesos de momificación. Lo apreciaron también muchísimo como ingrediente de cosméticos e impregnaban con él las hojas de papiro para protegerlas de los insectos. Emplearon su madera para hacer joyas, muebles y embarcaciones y no utilizaban ninguna otra en sus sarcófagos. Apreciaban de tal manera la madera de cedro que la zona del Líbano fue incorporada en el Imperio Egipcio a fin de garantizar un abastecimiento regular.

Hay dos aceites comerciales conocidos bajo el nombre de cedro. El aceite del *Cedrus atlantica*, que es un cedro auténtico, recibe el nombre de aceite de cedro del Atlas y viene de Marruecos. Los demás aceites proceden del *Juniperus virginiana*, una conífera que se da en América del Norte. Recibe el nombre de cedro rojo y está muy emparentado con el árbol de la vida o tuya (*Thuja occidentalis*), de cuyas hojas se obtiene el aceite de tuya.

El cedro rojo se utiliza para hacer lápices y es difícil oler su esencia sin pensar en ellos. El aceite es incoloro y relativamente viscoso, del estilo del de sándalo; hace buena mezcla con los de rosa, enebro y ciprés y se utiliza como fijador en los perfumes. Terapéuticamente se parece al de sándalo hasta cierto grado; tiene una fragancia igual de suave, pero es más caliente y más tóxico. El sabor es ligerísimamente amargo.

El aceite de madera de cedro rojo actúa principalmente sobre la piel y las vías respiratorias y genitourinarias. Se dice que es por lo menos tan bueno como el de sándalo para los flujos de aspecto mucoso y la gonorrea. Se desconocen sus efectos antisépticos exactos. Se debe administrar cuando hay dolor, ardor o dificultad en orinar, y es un eficaz remedio contra la cistitis. Está indicado también en la pielitis y la hiperemia de los riñones.

Como el aceite de sándalo, tiene también un acusado efecto sobre las mucosas y es bueno en todas las condiciones catarrales, especialmente las toses y la bronquitis. Se puede emplear, con otras esencias, en inhalaciones para todo tipo de padecimientos respiratorios. Como el aceite de sándalo, posee también un efecto sedante, y se puede emplear en situaciones asociadas con ansiedad y tensión nerviosa. Por lo general es más eficaz en las afecciones crónicas que en las agudas.

El aceite de cedro ejerce un acusado efecto sobre la piel y es eficaz en todo tipo de erupciones cutáneas. Su acción es sedante, astringente y antiséptica, y alivia el prurito. Es muy bueno para el acné, la piel grasa y la seborrea del cuero cabelludo (cabello graso, caspa), y se ha recomendado para la alopecia traumática. Puede ser eficaz también en afecciones más serias como eczemas, dermatitis y psoriasis. En concentraciones altas irrita la piel.

Es un buen repelente de insectos, contra una «caterva faunística» que incluye los mosquitos, la polilla, las carcomas, las sanguijuelas... ¡y las ratas! Como se ha comprobado que inhibe la mitosis[2] de las células tumorales, podría ser útil dentro de la terapia del cáncer. Esa acción se debe a su aceitosa consistencia y la comparten la trementina y distintos ácidos grasos. El aceite de madera de cedro del Atlas tiene probablemente una acción muy similar a la del cedro rojo. Se menciona su empleo en conexión con la bronquitis, la gonorrea, las infecciones urinarias y respiratorias, la consunción y la tuberculosis.

Ciprés

Nombre latino	*Cupressus sempervirens*
Familia	Coníferas
Cualidad	Yin
Planeta regente	Saturno
Índice de evaporación	30
Intensidad de olor	4
Esencia extraída del	Fruto

Propiedades	*Usos*	
Antiséptico	Asma	Problemas menopáusicos
Antiespasmódico	¿Cáncer?	Menorragia

2. Mitosis: división celular.

Antisudorífico	Diarrea	Tensión nerviosa
Astringente	Disentería	Piorrea
Desodorante	Dismenorrea	Reumatismo
Diurético	Enuresis	Cuidado de la piel
Hepático	Hemorragias	Tos espasmódica
Sedante	Hemorroides	Varices
Vasoconstrictor (local)	Gripe	Tos ferina
	Trastornos hepáticos	

Este árbol alto, esbelto y cónico es bien conocido. Sus pequeñas flores dan lugar a unos conos esféricos, de color pardo o grisáceo. Es un árbol perenne, oriundo de Oriente. Abunda en parques, jardines y plantaciones utilitarias y en todo el Mediterráneo, como símbolos ancestrales de la inmortalidad, su silueta afilada apunta al cielo junto a las iglesias de aldea y en los cementerios. Ha dado el nombre a la isla de Chipre, donde se le rindió un culto muy especial.

El aceite de ciprés es incoloro y tiene una calidad de madera y de nuez con un toque de especia —es uno de mis perfumes favoritos—. Su fragancia es más bien masculina, aunque algunas mujeres pueden darle acogida como un cambio refrescante del denso dulzor de la mayoría de los perfumes, y muchas otras esencias. Su aroma recuerda al de otros aceites de la familia de las coníferas —enebro o pino— y hace buena mezcla con ellos. Constituye un aceite de baño relajador y refrescante.

Culpeper nos dice sobre el ciprés:

> Los conos, o nueces, es lo que más se emplea, las hojas mucho menos; se los considera muy secantes y astringentes, buenos para atajar flujos de todas clases, como escupir sangre, diarrea, disentería, el flujo inmoderado en los meses, la micción involuntaria; previenen la hemorragia de las encías y afianzan los dientes flojos. Por fuera se emplean en fomentos y cataplasmas estípticos reductores.

Los chinos no distinguen con claridad los *Thuja* de los *Cupressus*. Así que el siguiente comentario de Li Shih-Chên se refiere a ambos géneros:

Las nueces están consideradas muy nutritivas y engordadoras y dicen que favorecen los órganos respiratorios y reducen la transpiración profusa. Actúan también sobre el hígado y se las receta en los trastornos convulsivos de los niños.

El aceite de ciprés es beneficioso en las afecciones que incluyen una eliminación excesiva de líquido, como las mencionadas por Culpeper. Su calidad astringente y estíptica lo hace muy útil en hemorragias del tipo de la hemoptisis y la metrorragia; por vía externa es bueno para las hemorroides, las varices y la piel grasa. Actúa desde luego en el aparato reproductor femenino, probablemente a través de los ovarios, y está comprobado su valor en los trastornos menopáusicos y menstruales.

Es un antiespasmódico potente, muy útil en el asma, la tos ferina y en todas las toses espasmódicas. Es también un sedante de las terminaciones nerviosas del sistema nervioso (Couvreur). Debido a su efecto combinado sobre la respiración, el ciprés puede ser también útil en la bronquitis y el enfisema; su utilidad en la gripe es reconocida (Valnet).

No está clara la acción del ciprés en el hígado. No es probable que sirva de algo en las condiciones yin como la anemia, pero podría servir cuando hay un calor o energía excesivos en el hígado, causantes, por ejemplo, de un exceso de bilis. Debido a su efecto restringente en los líquidos del organismo, es de esperar que sea muy útil en las personas de tipo flemático y locuaz, y en las que tienen bloqueo mental. Su efecto sobre los nervios es más sedante que estimulante.

El de ciprés podría ser uno de los aceites más útiles si supiésemos algo más sobre sus propiedades. Su efecto restrictivo de los líquidos es casi único entre las esencias. Su afinidad por el aparato reproductor femenino (que podría deberse a una especie de hormona) confirma su predominio natural del yin.

Nombre latino	*Juniperus communis*
Familia	Coníferas
Cualidad	Yang
Planeta regente	Júpiter
Índice de evaporación	30
Intensidad de olor	5
Esencia extraída del	Fruto (gálbulos)

Propiedades	*Usos*	
Antiséptico	Acné	Hemorroides
Antiespasmódico	Albuminuria	Cálculos renales
Antitóxico	Amenorrea	Leucorrea
Afrodisíaco	Arteriosclerosis	Trastornos nerviosos
Astringente	Blenorragia	Oliguria
Carminativo	Cirrosis	Infecciones pulmonares
Cicatrizante	Cólico	Pielitis (crónica)
Depurativo	Tos	Reumatismo
Diurético	Cistitis	Cuidado de la piel
Emenagogo	Dermatitis	Estranguria (micción dolorosa)
Nervino	Diabetes	Úlceras (externas)
Rubefaciente	Hidropesía	Infecciones del tracto urinario
Sedante	Dismenorrea	Heridas
Estomacal	Dispepsia (atónica)	
Sudorífico	Eczema	
Tónico	Flatulencia	
Vulnerario	Gota	

El enebro es un arbolillo o arbusto perennifolio de hojas cortas y aciculares, apiñadas en verticilos de tres. Alcanza de 1,20 a 1,80 m de altura, llegando a los 10 m en algunas regiones, y se da por lo común en suelos cretosos o calizos. El aceite se obtiene a partir de sus pequeñas «bayas», parecidas a las grosellas negras, y cambian de un color verde a un azul púrpura profundo al madurar. También de la madera se obtiene un aceite, pero tiene mucho menos valor terapéutico.

Se usó el enebro para quemarlo como incienso en civilizaciones anteriores. En el Tíbet lo emplearon con fines tanto religiosos como medicinales. Fue uno de los muchos arbustos aromáticos que se quemaban para ahuyentar los espíritus malignos o servían de desinfectantes en las épocas de pestes y demás enfermedades contagiosas. Los franceses acostumbraban a quemar una mezcla de ramitas de enebro y hojas de romero para purificar el aire en las salas de los hospitales y habitaciones de los enfermos. En la otrora Yugoslavia el aceite de enebro viene a ser un curalotodo de su medicina popular tradicional.

La esencia tiene un ligerísimo matiz amarillo verdoso y un agradable olor terebenténico. Igual que los de ciprés y pino, constituye un refrescante aceite de baño de efecto a la vez estimulante y relajante. Tiene un sabor bastante amargo. Las bayas de enebro se emplean en la preparación de la ginebra.

> Las bayas son calientes en tercer grado y secas en primero, siendo un contraveneno y un enemigo de la peste, y excelente contra las mordeduras de las bestias venenosas; provoca la orina y es aprovechable contra las disenterías y la estranguria. Es un remedio contra la hidropesía y hace bajar los períodos, ayuda en los dolores de la madre, expulsa los vientos y fortalece el vientre. Desde luego no hay mejor remedio para el viento metido en cualquier parte del cuerpo, o el cólico, que el aceite químico sacado de las bayas. Son buenas para la tos, escasez de respiración, consunción, dolores de vientre, quebradura, calambres, convulsiones [...] las bayas cortan todos los flujos, ayudan contra las hemorroides o almorranas y matan las lombrices de los niños (Nicholas Culpeper).

«Aceite químico» significa para Culpeper aceite esencial. Lo menciona el *Herbal* de Joseph Miller como única preparación oficial del enebro.

> Un estimulante y estomacal suave a pequeñas dosis. Entra enseguida en la sangre y lo entresacan los riñones, que estimula con fuerza, llevándose consigo cantidades aumentadas de agua cuando existe hidrope-

sía, mientras que habiendo salud puede disminuir incluso la cantidad de agua. Excita los órganos genitales y al parecer se parece a las cantáridas cuando se administra en dosis muy grandes, y también se ha sabido que siguen a su empleo estranguria y priapismo (William Whitla).

El empleo principal del enebro es como de un auxiliar de los diuréticos en la hidropesía dependiente de afección del corazón, hígado o riñones (la señora Grieve).

El aceite de enebro actúa sobre la piel, la digestión, las vías urinarias, la sangre y los nervios. Junto con el sándalo es uno de los diuréticos y remedios clásicos de las infecciones del tracto urinario. Es también un buen antiséptico de las vías respiratorias, el tracto digestivo y la sangre. Es eficaz contra los meningococos y estafilococos, el bacilo de la difteria y el de Eberth. Se emplea en el tratamiento del cólera, la disentería y la fiebre tifoidea, aunque uno no puede responsabilizarse de sus propiedades antimicrobianas en estos casos.

Un estudio de la acción diurética del aceite de enebro ha revelado que actúa reforzando la filtración glomerular y que entonces se excretan mayores cantidades de potasio, sodio y cloro. No se han descubierto reacciones adversas y la administración crónica de este aceite no produjo cambios patológicos.

La acción del enebro recuerda la del ciprés, siendo ambos parientes cercanos dentro de la botánica. El ciprés es desde luego un astringente y antiespasmódico más potente, mientras que el enebro es un diurético más eficaz. Las acciones diurética y depurativa del enebro hacen de él un remedio excelente del reumatismo y la gota. Se puede usar por vía externa, debidamente diluido en un aceite graso, como un analgésico-rubefaciente suave para aliviar el dolor reumático. En el tracto urinario ejerce un útil efecto en caso de cistitis, pielitis crónica, oliguria y cálculos renales. Como el ciprés, es útil en las toses convulsivas y se utilizó con ese fin en la farmacología de Yugoslavia.

El enebro es un remedio excelente del cólico y la flatulencia, pudiendo ser empleado en todo tipo de indigestiones y trastornos gástricos menores. Su efecto tónico y fortalecedor de los nervios indica su uso en los trastornos nerviosos y los estados de estrés y ansiedad. Su acción sedante ayudará a las personas que padezcan insomnio a causa de preocupaciones y tensiones. Esto, combinado con su acción emenagógica, lo convierte en un remedio apropiado en las faltas de menstruación o en las reglas dolorosas. Culpeper recomienda el enebro para las parálisis y la epilepsia.

El enebro estimula la circulación y como depurativo de la sangre está indicado en todos los trastornos de la piel y sanguíneos. Es igualmente eficaz aplicado externamente en caso de eczema, dermatitis y, tal vez, psoriasis. Sus propiedades depurativas, sudoríficas, antisépticas y rubefacientes, combinadas, lo convierten en un remedio ideal en las afecciones de la piel. Como astringente, es bueno para las hemorroides y todo tipo de flujos. Como antiséptico-astringente, es bueno en las pieles grasas y en el acné. El aceite de enebro nos da una excelente agua aromática que limpia y tonifica la piel.

Considerada su toxicidad relativamente suave, el enebro es un remedio notablemente eficaz y versátil, sin contraindicaciones. Se debe emplear en condiciones caracterizadas por frío, miedo, temblores, debilidad y languidez.

Espliego, lavanda

Nombres latinos	*Lavandula angustifolia* *Lavandula officinalis (= L. spica)*
Familia	Labiadas
Cualidad	Yang
Planeta regente	Mercurio
Índice de evaporación	85
Intensidad de olor	4
Esencia extraída de	Las flores

Propiedades	*Usos*	
Analgésico	Abscesos	Dispepsia
Anticonvulsivo	Acné	Dolor de oídos

Antidepresivo
Antiséptico
Antiespasmódico
Antitóxico
Carminativo
Colagogo
Colerético
Cicatrizante
Cordial
Citofiláctico
Desodorante
Diurético
Emenagogo
Hipotensor
Nervino
Sedante
Esplenético
Sudorífico
Tónico
Vermífugo
Vulnerario

Alopecia circunscrita
Asma
Blenorragia
Blefaritis
Forúnculos
Bronquitis
Quemaduras
Carbuncos
Catarro
Clorosis
Cólico
Conjuntivitis
Convulsiones
Cistitis
Depresión
Dermatitis
Diarrea
Difteria
Oliguria
Parálisis
Psoriasis
Sarna
Cálculos (biliares)
Infecciones de la garganta
Úlceras (córnea, pierna)
Heridas

Eczema
Epilepsia
Desmayos
Fístula (anal)
Flatulencia
Gonorrea
Halitosis
Cefalalgia
Hipertensión
Histeria
Gripe
Insomnio
Laringitis
Leucorrea
Migraña
Náuseas
Tensión nerviosa
Neurastenia
Palpitaciones
Pediculosis
Reumatismo
Escrófula
Insolación
Tuberculosis
Fiebre tifoidea
Vómitos
Tos ferina

Las palabras lavanda y lavándula vienen del latín *lavare*, o sea, lavar. Era una planta «que lavaba» y una de las sustancias aromáticas favoritas de los romanos en sus importantísimas actividades balnearias (media vida social giraba en torno a termas y balnearios). Con toda probabilidad introdujeron su empleo en sus colonias y desde siempre ha sido una favorita de las mujeres. Se emplea bastante como agua de tocador y constituye el ingrediente principal de no pocos «popurrís» y saquitos de olor. En otros tiempos se esparcía espliego en el suelo de las casas e iglesias en los días de fiesta y fue muy popular en aguas y vinagrillos de tocador.

Originario de nuestra zona mediterránea, el espliego se cultiva en muchos países europeos, siendo Francia la mayor productora.

El fresco y nítido aroma del espliego no necesita descripción, ni la planta. Su esencia es muy empleada en perfumería, especialmente en forma de «aguas de lavanda» y su olor sigue siendo muy popular. Su aceite es incoloro y tiene un sabor amargo francamente suave. Hace buena mezcla con gran número de esencias, añadiendo un toque de suavidad floral y luminosa a casi cualquier mezcla.

> La llaman lavanda. Si se macera en agua y se da a beber esa agua a un hombre que tuvo el paralís, lo curará. Es caliente y seca (*Herbario*, de Banckes).

> El agua destilada de lavanda dada a oler, o bañando con ella las sienes y frente, refresca a los que tienen la catalepsia, una migraña ligera, y a los que tienen la epilepsia y acostumbran a desmayarse mucho [...]. Aprovecha mucho a los que tienen parálisis si los lavan con el agua destilada de las flores o los ungen con el aceite hecho de las flores y aceite de oliva de la manera que se hace con el aceite de rosas, según se expresa en el tratado de las rosas (John Gerarde).

> La lavanda se consume casi por entero aquí, para perfumar la ropa de cama, la ropa en general, los guantes y el cuero, y las flores secas para reconfortar y sacar la humedad de un cerebro frío... Ésta se pone normalmente entre otras hierbas calientes, ya sea en baños y ungüento o en otras cosas que se usan en las causas frías (John Parkinson).

> Mercurio es dueño de esta planta. Es de especial utilidad en los dolores de cabeza y del cerebro que proceden del resfriado, la apoplejía, la epilepsia, la hidropesía, o enfermedad inerte, calambres, convulsiones, parálisis y desmayos frecuentes. Fortalece el estómago y libra de obstrucciones el hígado y el bazo, provoca los cursos de las mujeres y expulsa el niño muerto y la secundina. Macerando las flores en vino, ayu-

dan a hacer aguas a los que están tapados o aquejados del viento o del cólico, si bañan con ella el sitio [...]. Dos cucharadas del agua destilada de la flor ayudan a los que han perdido la voz, para los temblores y pasiones del corazón y los desmayos y desvanecimientos, aplicadas a las sienes o narices, dadas a oler (Nicholas Culpeper).

El espliego está considerado en general como la esencia más útil y versátil para fines terapéuticos. Sus propiedades muestran un equilibrio prácticamente igual entre el yin y el yang, y en este contexto es virtualmente neutro. Ejerce una acción sedante y tónica en el corazón (histeria, tensión nerviosa, palpitaciones) y reduce la hipertensión sanguínea. Es un analgésico local suave y calma la excitabilidad cerebro-espinal; sus propiedades nervinosedantes tienen fama y se ha comprobado su eficacia en una serie de trastornos nerviosos y psicológicos, incluyendo depresión, insomnio, migraña, histeria, tensión nerviosa y parálisis. Como sedante-analgésico es muy bueno para el dolor de cabeza y la migraña. El espliego se parece bastante al geranio por tener una calidad predominantemente normalizadora y no tanto yin o yang, de ahí su considerable versatilidad. Se puede emplear en la epilepsia, convulsiones, catalepsia y otras condiciones nerviosas causadas por un serio desequilibrio del yin y el yang. Es cardiotónico, pues calma los nervios del corazón. Lo de los «temblores y pasiones del corazón» de Culpeper describe perfectamente el tipo de estado mental en el que está indicado el espliego: palpitación, temblor, irritabilidad, desmayo, pánico, histeria (optando primero por una cosa y después, con la misma firmeza, por la cosa opuesta). La señora Grieve menciona el empleo de la tintura de espliego en los delirios y la depresión mental. Se debe emplear el espliego dondequiera que haya síntomas mentales fuertes con un cuadro de cambio constante de un extremo a otro —por ejemplo, en la depresión maníaca—. Es muy bueno para el agotamiento nervioso.

Aunque no es realmente antiinflamatorio, el espliego es útil con frecuencia donde hay inflamaciones, de ahí su empleo en las quemaduras, dermatitis, eczema, psoriasis, forúnculos, reumatismo, heridas, úlceras, blefaritis, conjuntivitis, cistitis, diarrea, laringitis, etc. En la mayoría de esas afecciones tienen también valor sus propiedades antisépticas. Es bueno en los flujos catarrales (leucorrea, gonorrea, bronquitis, etc.), y es además un analgésico suave, lo que hace resaltar su valor en la mayoría de las afecciones mencionadas. Es útil en los dolores reumáticos o musculares y desde luego un buen ingrediente de los aceites de masaje, especialmente para los atletas y deportistas.

El espliego es un buen antiespasmódico (asma, bronquitis), carminativo y estomacal (cólico, náuseas, vómitos, flatulencia, dispepsia), especialmente cuando esas afecciones están asociadas con problemas nerviosos o emocionales. Aumenta la secreción gástrica y la motilidad intestinal. Sus propiedades antisépticas se prestan especialmente para combatir la halitosis, y es un excelente antiséptico para la piel.

Se puede emplear en cualquier afección dermatológica (dermatitis, eczema, acné, psoriasis, etc.) y es eficaz también contra determinados parásitos de la piel (piojos, sarna). Ha resultado ser un remedio eficaz en algunos casos de alopecia circunscrita y se puede emplear en todo tipo de calvicie, especialmente si está asociada a problemas nerviosos. Puede ser beneficiosa para cualquier tipo de piel (grasa, seca, sensible, acneica), aunque da la impresión de actuar mejor en combinación con otras esencias. Es un excelente citofiláctico (regenerador de las células cutáneas), por lo que se le puede considerar un agente rejuvenecedor del cutis. Esta cualidad explica también por qué el espliego es probablemente la esencia más eficaz en las quemaduras. Y es un desodorante tan agradable como activo.

Como antiséptico-antiflogístico-cicatrizante el aceite de espliego es uno de los mejores para las heridas y úlceras inflamadas e infectadas. El doctor Valnet recomienda su empleo en los chancros sifilíticos, heridas gangrenosas y fístulas anales. Como antiséptico, el espliego se puede emplear en la mayoría de las infecciones de la garganta, siendo a menudo útil en la gripe. Como antiséptico-diurético es buenísimo para la cistitis, especialmente cuando se asocia con frío o enfriamientos. Está indicado cuando existe una excreción de orina anormalmente baja.

El aceite de espliego es un remedio excelente para la insolación, y preparado en forma de aceite de masaje ayuda a evitar las quemaduras solares. Sin embargo, no es eficaz como filtro solar y no protege lo suficiente cuando uno se baña bajo un sol muy fuerte.

El espliego es bueno también para las lesiones ulcerativas de la córnea. Produce hipotensión arterial y reduce la tensión superficial de la sangre. Es un depresor del sistema nervioso central e inhibe la actividad motriz espontánea. Inhibe asimismo el *Mycobacterium tuberculosis*, los estafilococos y gonococos, el bacilo de Leoffler (difteria) y el de Eberth (tifoideo). El vapor del aceite de espliego destruye los neumococos y el estreptococo hemolítico en un plazo de 12 a 24 horas. Presenta una toxicidad muy baja.

Es un muy útil remedio para los niños pequeños, especialmente en el tratamiento del cólico, la excitación nerviosa, irritabilidad, debilidad general, afecciones cutáneas e infecciones en general. Afirman que es eficaz contra la tos ferina, pero no sé de casos en los que se haya empleado en niños pequeños con esta afección. El espliego es especialmente útil en las infecciones otorrinolaringológicas, siendo una útil alternativa del de manzanilla en el dolor de oídos infantil.

El aceite de espliego es eficiente en distintos métodos que seguir durante el parto. Favorece un curso rápido de éste sin aumentar la violencia de las contracciones. Ayuda a que la madre se calme y, en forma de agua aromática, se puede emplear por medio de compresa refrescante en la cabeza. Se puede utilizar también en un aceite para dar masaje a la región lumbar (lo que reduce de por sí el dolor) y como compresa caliente sobre el abdomen. Ayuda además a expulsar la secundina. Unas cuantas gotas puestas sobre una fuente calórica refrescan y purifican el aire. Como emenagogo el espliego es bueno si la regla es escasa, y puede aliviar los dolores del período. Es un remedio excelente de la leucorrea, en forma de duchas vaginales.

Por vía externa es uno de los aceites más eficaces para estimular la leucocitosis. Hay que tener en cuenta el espliego siempre que exista una infección, espasmo, inflamación o un trastorno emocional/nervioso. Aunque algunos herboristas han hecho referencia a la toxicidad del aceite de espliego, es de hecho una de las esencias menos tóxicas, incluso menos que el aceite de manzanilla. Los efectos del espliego suelen potenciarse al mezclarlo con otras sustancias.

En casos de afección inflamatoria hay que emplearlo siempre en concentraciones bajas (de menos del 1 %). En concentraciones más altas se acusa su efecto estimulante de la circulación. Al emplearlo en dolores, distensiones y esguinces musculares, dolores reumáticos, etc., hágalo en concentraciones del 2 al 4 %. Cuando emplee el espliego en heridas, úlceras y afecciones cutáneas inflamadas u otras inflamaciones por el estilo, es muy recomendable mezclarlo con manzanilla.

Un baño de espliego es refrescante, relajante, y casi inevitablemente terapéutico, cualquiera que sea el caso. Calienta el corazón y estabiliza las emociones, y constituye un excelente baño vespertino para quienes tienen dificultades con el sueño. En muchos sentidos el espliego es similar a la manzanilla, pero es menos tóxico y más neutro: la manzanilla es abiertamente yin. Un baño caliente de espliego, entero o de pies, es óptimo para aliviar la fatiga física o nerviosa.

El aceite de espliego es un remedio muy eficaz para las picaduras de insectos, especialmente las de las abejas, avispas, tábanos y mosquitos; y lo es también contra los pinchos de las ortigas. Basta con frotar un poco de espliego puro en el sitio mismo de la picadura.

Eucalipto

Nombre latino	*Eucalyptus globulus* y otras especies
Familia	Mirtáceas
Cualidad	Yin
Planeta regente	Saturno
Índice de evaporación	5
Intensidad de olor	8
Esencia extraída de	Las hojas

Propiedades	*Usos*	
Analgésico	Asma	Herpes
Antiséptico	Bronquitis	Gripe
Antiespasmódico	Quemaduras	Leucorrea
Cicatrizante	¿Cáncer?	Malaria
Desodorante	Catarro	Sarampión
Depurativo	Cólera	Migrañas
Diurético	Resfriados	Nefritis (aguda)
Expectorante	Tos	Neuralgia
Febrífugo	Cistitis	Pediculosis (piojos)
Hipoglicemiante	Diabetes	Reumatismo
Rubefaciente	Diarrea	Escarlatina
Estimulante	Difteria	Sinusitis
Vermífugo	Dispepsia atónica	Infecciones de la garganta
Vulnerario	Enfisema	Tuberculosis
	Fiebre	Fiebre tifoidea
	Cálculos biliares	Úlceras (de la piel)
	Gonorrea	Heridas
	Hemorragias	

El eucalipto (hay de hecho más de 300 especies) es uno de los árboles más altos del mundo. El *Eucalyptus amygdalin* llega a alcanzar a veces una altura de 145 m, mayor incluso que la de la enorme Secoya de California (*Sequoia gigantea*), siendo probablemente el árbol más alto de todos. El *Eucalyptus globulus*, la especie más conocida, alcanza alturas hasta de 114 m. Como la mayoría de los miembros de la familia del eucalipto, es originario del continente australiano.

El nombre latino viene del griego *eukalyptos*, que significa bien cubierto, debido a que los botones de sus flores están cubiertos de una especie de tapa (el opérculo) que se cae al abrirse la flor. Las hojas son muy recias y tienen la forma de una hoja de guadaña; alcanzan de 15 o 30 cm de largo con una anchura central de 3 a 5 cm. De color verde algo azulado, los bordes suelen seguir una orientación vertical, cosa que podría reducir al mínimo la evaporación del agua y del aceite esencial bajo el tórrido sol australiano.

Fue el barón Ferdinand von Müller, un botánico y explorador alemán, quien introdujo los eucaliptos, junto con su valiosa esencia, en el resto del mundo. (Entre 1857 y 1873 fue director de los jardines botánicos de Melbourne.) Desde entonces se les ha cultivado en muchas regiones subtropicales y templadas, incluyendo Egipto, Argelia, España, Sudáfrica, India y California. El *Eucalyptus globulus* sigue siendo probablemente la variedad más común —y en algunos sitios toda una plaga—, y hoy en día se cultivan unas 50 especies para la producción de aceite esencial. Las ricas en eucaliptol (entre el 55 % y 85 %) se emplean en medicina, mientras otras especies, cuyo aceite tiene una composición química algo distinta, se utilizan en perfumería.

El eucalipto, el «árbol de la goma azul», ha sido desde hace mucho un remedio casero muy popular en Australia, donde los colonizadores británicos aprendieron sus propiedades de los nativos australianos. El pasaje siguiente procede de *Folk Medicine*, de Bill Wannan:

> En la segunda mitad del siglo XIX el aceite de eucalipto era considerado en toda Australia un verdadero curalotodo. May Gilmore escribía: «En cualquier clase de herida que se hacía, padre empleaba hojas de eucalipto como le habían enseñado los negros. Se ponían las hojas sobre las ampollas, quemaduras o escaldaduras, y cuando en 1880 uno de mis hermanos casi se seccionó un pulgar de un hachazo, las hojas atadas alrededor de él hicieron una labor curativa tan buena que, aunque mi padre había tenido que darle siete puntos, cuando al fin un cirujano le vio la mano preguntó qué médico se la había atendido y dijo que ningún médico lo habría hecho mejor».

El eucalipto, preparado de distintas formas, se utilizaba mucho también contra los resfriados, fiebres, reumatismo, mordeduras de serpientes, disentería, fiebre del heno, neuralgia y dolores musculares diversos.

William Whitla escribe:

En su uso externo es rubefaciente, y si se cubre con seda aceitada salen ampollas. Se administra en afecciones febriles sépticas, y ha dado buen resultado en fiebres puerperales, piemia y septicemia en cinco dosis mínimas. Reduce la temperatura y ha demostrado ser curativo en las fiebres intermitentes, y durante su eliminación por la [superficie] mucosa bronquial y el tracto renal hace de expectorante desinfectante en la tisis y la bronquitis y en la cistitis y la gonorrea. Se ha administrado por vía hipodérmica en vaselina líquida.

Muchos médicos están tratando ahora todos los casos de hexantemas, coqueluches y difteria envolviendo al paciente en una atmósfera de vapor de eucalipto. Esto se ha convertido en una práctica popular en los casos de gripe. Gurgenven ha publicado hace poco un informe muy favorable de los sorprendentes resultados obtenidos con este método en el tratamiento de la escarlatina.

Con carácter local se ha empleado ese vapor como inhalación en la gangrena pulmonar, la tisis, la rinitis fétida y la difteria, y se emplea una solución diluida para el lavado de cavidades y la irritación de heridas malolientes. En forma de pesario se ha empleado en el cáncer de útero y del recto y en forma de gasa como vendaje antiséptico quirúrgico.

El aceite de eucalipto se emplea en forma de gárgaras estimulantes y antisépticas. Aplicado localmente debilita la sensibilidad. Aumenta la acción cardíaca. Sus propiedades antisépticas le confieren algún efecto antimalaria, aunque no puede ocupar el lugar de la chinchona.

En el crup y los trastornos espasmódicos de la garganta se puede emplear por vía externa a discreción.

En la práctica veterinaria se administra el aceite de eucalipto a los caballos con gripe, a los perros con moquillo y a todos los animales con septicemia. Se emplea también en las afecciones parasitarias de la piel (la señora Grieve).

El aceite de eucalipto es incoloro; se emplea poco en perfumería, pero tiene buena fama como elemento inhalatorio o para friccionar el pecho. Tiene un olor canforáceo característico y un sabor sorprendentemente suave, muy ligeramente amargo. En la lengua se siente frío, como el aceite de menta piperita, aunque no contiene mentol en absoluto.

La cualidad más sobresaliente del aceite de eucalipto es su excelente efecto en todo tipo de fiebres. Los australianos nativos lo emplean como febrífugo; Whitla lo recomienda en las fiebres puerperales, las intermitentes, los exantemas (fiebres eruptivas) y algunas afecciones febriles del tipo de la difteria, la gripe y la escarlatina. El doctor Valnet señala su empleo en el cólera, la malaria, el tifus, la escarlatina, el sarampión y la gripe. El eucalipto ejerce un acusado efecto refrescante en el organismo, produciendo de hecho una reducción efectiva de la temperatura.

El de eucalipto es uno de los mejores aceites antisépticos, y su utilidad en muchas de las situaciones antes mencionadas se relaciona también con esta cualidad. Su eficacia antiséptica se debe en parte a la formación de ozono que se produce al oxidarse alguno de sus terpenos. La pulverización de una emulsión con un 2 % de aceite de eucalipto mata el 70 % de los estafilococos del aire de la habitación. Según la señora Grieve, es un antiséptico antimalaria. Un estudio publicado en 1958 en Estados Unidos revela que el eucalipto tiene una eficacia moderada contra *S. typhosa*, *P. morgani*, *B. brevis* y *M. citreus*. Otro, hecho en Rusia en 1973, afirma que algunos aceites de eucalipto (*E. viminalis, E. cinerea, E. macarthuri* y *E. dalrympheana*) son eficaces contra los virus de gripe A2 y A. Se probaron soluciones hasta del 2 % en ratones y en embriones de pollo de 10 días.

Algunas especies de eucaliptos producen una goma roja que exudan por la corteza, conocida como *kino*. El aceite de eucalipto posee muchas de las cualidades que aparecen en los aceites extraídos de gomas, sobre todo un efecto pronunciado en los flujos catarrales o purulentos, las infecciones de las vías genitourinarias y respiratorias y las afecciones cutáneas. Es un remedio buenísimo en las heridas y úlceras indolentes y se le debe considerar un depurativo de la sangre en todas las situaciones que incluyan toxemia o sepsis. En uso externo es bueno en el herpes y erupciones cutáneas similares. Es un buen analgésico en la neuralgia y un analgésico-cicatrizante en caso de quemaduras. Como rubefaciente se puede aplicar por vía externa en los dolores musculares o reumáticos y es además un remedio sistémico en la artritis reumatoide. Podría tener un ligero efecto astringente.

Al eucalipto se le conoce especialmente por su acción en las vías respiratorias: antiséptica, expectorante y ligeramente antiespasmódica. Constituye un valioso remedio en la mayoría de los trastornos respiratorios incluyendo la sinusitis y la tuberculosis, y es muy bueno en gran parte de las infecciones de la garganta, especialmente cuando hay un flujo mucoso denso.

Tiene también una acusada acción antiséptica y diurética en el tracto urinario; produce un aumento de la excreción de urea. Está especialmente indicado cuando hay algún flujo putrescente y fétido, y es valioso en la cistitis, la nefritis aguda, la leucorrea y la gonorrea. Se puede emplear también en la diarrea y mucosidad agudas.

El eucalipto está especialmente indicado cuando hay sepsis, toxemia, cefalalgia congestiva, agotamiento, incapacidad para concentrarse o fiebre. Debido a su eficacia en los resfriados, herpes, gripe y sarampión, podemos considerar el eucalipto como un agente antiviral aceptable, *in vivo* si no *in vitro*. Tiene un ligero efecto estrogénico, parecido al del hinojo, pero menos pronunciado.

Geranio

Nombres latinos	*Pelargonium odorantissimum* (Geranio de malva o malva de olor) *Pelargonium graveolens*
Familia	Geraniáceas
Cualidad	Yin
Planeta regente	Venus
Índice de evaporación	87
Intensidad de olor	6
Esencia extraída de	La planta

Propiedades	*Usos*	
Analgésico	Aftas	Cálculos renales

Antidepresivo
Antiséptico
Astringente
Cicatrizante
Diurético
Hemostático
Sedante
Estimulante de la corteza suprarrenal
Tónico
Vulnerario

Quemaduras
Cáncer (uterino)
Depresión
Dermatitis
Diabetes
Diarrea
Eczema (seco)
Plenitud mamaria
Gastralgia
Glositis
Hemorragia
Ictericia

Tensión nerviosa
Neuralgia (facial)
Oftalmía
Pediculosis (piojos)
Tiña
Herpes
Cuidado de la piel
Úlceras de la garganta
Esterilidad
Estomatitis
Úlceras (internas y externas)
Heridas
Repele mosquitos

Hay varios geranios aromáticos. Esta especie alcanza unos 60 cm de altura, tiene las hojas serradas, apuntadas y unas flores pequeñas color rosa. Toda la planta es aromática. Crece en baldíos, setos y márgenes de bosques. La emplearon ya los antiguos como remedio de heridas y tumores.

La esencia va de incolora a verde clara, y tiene un aroma deliciosamente fresco. Da un aceite para baño muy refrescante y relajador. Mezcla bien con los de rosa, cítricos y albahaca, siendo uno de los pocos aceites que se pueden emplear casi en cualquier combinación. En pequeñas cantidades concilia los demás aromas, dándole al conjunto una calidad ligera, verde, suave y levemente floral. Tiene el sabor amargo.

> Está bajo el dominio de Venus y se le recomienda contra la piedra y para detener la sangre, de donde quiera o como quiera que salga; sana rápidamente todas las heridas no curadas, y es efectivo en las úlceras antiguas de las partes privadas o dondequiera. Todos los geranios son vulnerarios, pero esta hierba lo es más particularmente, sólo que un poco más detergente y diurética, calidad descubierta por su fuerte olor jabonoso; responde muy bien tomada interiormente en polvo con vino y se aplica también externamente contra las quebra-

duras viejas. Un cocimiento de él da servicio también en las obstrucciones de los riñones y en agregaciones de cristales urinarios (Nicholas Culpeper).

El aceite de geranio es predominantemente yin, pero tiene también una calidad calentadora, no como resultado de convertirse en yang un yin extremo, sino como la inclinación de un aceite neutro hacia el lado yin. Su cualidad neutra se evidencia por el color verde claro y explica por qué se mezcla tan fácilmente casi con cualquier otro aceite.

Es un analgésico y sedante suave y se puede emplear contra la neuralgia y cuando hay un dolor de origen probablemente más nervioso que físico. Como analgésico-cicatrizante-antiséptico, es un remedio excelente para las quemaduras, y está acreditada su eficacia en las heridas y en úlceras de todo tipo. El geranio reduce extremos tanto de yin como de yang, y en las heridas y otras afecciones inflamatorias, reduce precisamente la inflamación. Donde hay frío ejerce un efecto estimulante suave. Su acción calmante es útil en la glositis, la oftalmía, la estomatitis y la gastroenteritis.

La acción del geranio en el sistema nervioso es bastante acusada. A la vez sedante y animadora como la bergamota, es una de las esencias empleadas con éxito por Rovesti en el tratamiento de los estados de ansiedad. Al igual que la albahaca y el romero, estimula las suprarrenales, cuyas hormonas tienen una naturaleza esencialmente reguladora y equilibradora. En esta estimulación se incluye también la de las hormonas sexuales, y asimismo el geranio se utiliza para equilibrar la hiposecreción, ya sea de los andrógenos o de los estrógenos que se presenta con tanta frecuencia durante la menopausia.

Como antiséptico, el geranio es de un valor mediano, pero suele dar buen resultado en las infecciones de la boca y la garganta, donde hace también de analgésico. Es moderador y astringente, como el ciprés, y muy bueno en las hemorragias internas o externas y en la diarrea. Puede ser útil en otros flujos tales como la blenorrea o la leucorrea. Por vía externa se emplea en la plenitud mamaria.

Es insecticida debido a su contenido en terpenos y da un estupendo repelente de los mosquitos.

El geranio es un diurético suave y se aplica por vía interna contra los cálculos de las vías urinarias. Sirve también en la ictericia y su sabor amargo delata su eficacia en el intestino delgado. Podemos comprobarla en su acusado efecto antidiarreico/antienterítico; puede dar resultado contra los cálculos biliares. Se emplea además en el tratamiento de las afecciones del tracto urinario y en la tuberculosis.

Es una esencia útil en todo tipo de afecciones cutáneas incluyendo el eczema seco, las quemaduras, herpes, tiña y pediculosis (piojos, ladillas). El geranio es también muy útil en el cuidado de la piel, pudiéndose emplear en cualquier tipo de cutis. Limpia y refresca, es astringente y un suave tónico dérmico. Se le puede emplear también en una piel inflamada, siendo bueno para los tipos inertes, congestionados y grasos.

HINOJO

Nombre latino	*Foeniculum vulgare*
Familia	Umbelíferas
Cualidad	Yang
Planeta regente	Mercurio
Índice de evaporación	85
Intensidad de olor	6
Esencia extraída de	Las semillas (son realmente los frutos)

Propiedades	*Usos*	
Antiséptico	Alcoholismo	Náuseas
Antiespasmódico	Amenorrea	Obesidad
Carminativo	Cólico	Oliguria
Digestivo	Estreñimiento	Afecciones pulmonares
Diurético	Dispepsia	Vómitos
Emenagogo	Flatulencia	
Expectorante	Gota	

Galactógeno	Hipo
Laxante	Insuficiencia de leche
Esplenético	(en las amamantadoras)
Estomacal	Cálculos renales
Tónico	Problemas
Vermífugo	menopáusicos

Lo llamamos hinojo, algo así como «henillo», *fonoll* en catalán; los romanos le llamaban *foeniculum*, palabra derivada de *foenum* = heno. Alcanza de 1,20 a 1,50 m de altura y tiene las flores de un amarillo dorado. Común en casi toda Europa, se le cree oriundo de las costas del Mediterráneo. Prospera sobre todo en suelos calizos. Lo conocieron bien los antiguos, y los romanos ya lo cultivaban. Plinio tenía mucha fe en sus propiedades y le atribuía un mínimo de veintidós efectos curativos. Se emplea tradicionalmente en la cocina, para combatir la obesidad, y se dice que da fuerza, valor y longevidad. Y también que fortalece la vista. En la Edad Media lo utilizaban para evitar el embrujamiento y ahuyentar los malos espíritus.

> Esta hierba se conoce como hinojo o henojo. La virtud de la misma es ésta: si se seca la semilla, es buena y reconforta el estómago. Abre la tapazón de los riñones y de la vejiga. Si se toma con vino y agua, es bueno para expulsar toda suerte de veneno. Y el jugo, echado en gotas en los oídos del hombre, matará los gusanos del hombre. Y también, tomado con vino, rompe la hidropesía y toda suerte de hinchazón y lo libra del vómito. Y si se toma con vino y agua, hace que aumente la leche de una mujer. También, mezclado con aceite, es bueno para curar la verga de un hombre si está hinchada. Y esta hierba es caliente y seca (*Herbario* de Banckes).

> El hinojo es bueno para soltar el viento y provocar la orina, y aliviar los dolores de la piedra, y ayuda a romperla. Las hojas o la semilla, hervidas en agua de cebada, y bebidas, son buenas para aumentar la leche de las nodrizas y hacerla más completa para el niño [...]. Las semillas, y las raíces mucho más, ayudan a abrir las obstrucciones del hígado, bazo y la hiel, y alivian así las hinchazones dolorosas y ventosas del bazo y la

> ictericia amarilla; y otrosí la gota y los calambres. La semilla es de buen uso en medicinas para ayudar la escasez de respiración y el resuello jadeante por atascamiento de los pulmones. Ayuda también para hacer bajar las reglas [...]. Tanto las hojas, las semillas y las raíces de la planta se usan mucho como bebida o caldo para hacer delgadas a las gentes que son demasiado gordas (Nicholas Culpeper).

> La semilla es carminativa, expulsa el viento, fortalece las tripas y ayuda en el cólico y es buena para ayudar a una vista cansada (Joseph Miller).

> Los frutos están prescritos en flujos, dispepsia, cólico, y otros trastornos abdominales de los niños. Hecho en forma de espíritu de hinojo, se emplea localmente para el dolor de espalda y de muelas (Li Shih-Chên).

El aceite del hinojo dulce (*F. vulgare* var. dulce) es uno de los remedios carminativos clásicos, y Joseph Miller lo menciona como único preparado oficial del hinojo (1722). Es incoloro, de sabor dulce y un olor similar al de las semillas de anís. Al igual que otros «aceites de semillas», el de hinojo actúa principalmente en el proceso digestivo. Este aceite contiene una pequeña cantidad de cetonas, pero en dosis normales no supone peligro alguno para los epilépticos.

El hinojo es caliente y seco en un grado moderado. Es bueno para las constituciones débiles y catarrales, y un tónico de la digestión, el hígado y el bazo. Como antiespasmódico y expectorante, puede ser útil en la bronquitis. Es un remedio excelente en todos los trastornos gástricos y digestivos, incluyendo la flatulencia, el cólico, todo tipo de indigestiones, náuseas y vómitos y tiene fama como remedio del hipo. En opinión de varias autoridades el aceite de hinojo es a la vez espasmódico y antiespasmódico en lo que atañe al intestino. Su efecto contráctil, que acelera y refuerza los movimientos peristálticos, es beneficioso en el estreñimiento y da resultado siempre que el colon anda escaso de tono. Su acción antiespasmódica se ha traducido en su empleo en los cólicos desde hace cientos de años. Se emplea además para los retortijones en combinación con purgantes más fuertes. Esta aparente contradicción se debe a un efecto normalizador, no dependiente de la dosis. Podemos interpretarlo como una calidad tónica que alivia espasmos de intensidad anormal al tiempo que refuerza las contracciones anormalmente débiles. Esto haría de él un remedio buenísimo para las colitis y los prolapsos del colon.

El hinojo es un buen diurético y se debe tomar cuando hay una excreción insuficiente de orina. Ayuda también a disolver los cálculos nefríticos. A pesar de su contenido en cetonas, posee cierto efecto antitóxico. Culpeper dice que las semillas del hinojo son «buenas para los que sufren mordeduras de serpientes o han comido hierbas venenosas o setas», y el *Herbario* de Banckes lo recomienda en «toda suerte de veneno». En tiempos recientes se ha comprobado que tanto la tintura de hinojo como el anetol (principal ingrediente del aceite de hinojo) reducen considerablemente los efectos tóxicos del alcohol en el organismo humano.

En un experimento hecho en ratones para probar la toxicidad del aceite de hinojo se comprobó que unas dosis relativamente grandes causaban una reducción del peso del cuerpo. Es tradicional su empleo para reducir la obesidad, y al parecer hay en ello algo más que su efecto diurético; podría ser algo relacionado con una acción hormonal, pues se ha comprobado que ejerce una acción estrogénica, debida probablemente a su contenido de anetol. Esto lo hace indicado en los problemas menopáusicos y también podría estar relacionado con el efecto del aceite de hinojo en el aumento de secreción láctea en las madres que amamantan. En un experimento hecho en cabras se halló que incrementaba tanto la cantidad como el contenido en grasa de la leche. Es una lástima que no pueda ayudar a las mujeres que, no teniendo hijos, desearían tener el busto más pujante.

Hisopo

Nombre latino	*Hyssopus officinalis*
Familia	Labiadas
Cualidad	Yang
Planeta regente	Júpiter
Índice de evaporación	65
Intensidad de olor	6
Esencia extraída de	La hierba

Propiedades	*Usos*	
Antiséptico	Amenorrea	Leucorrea
Antiespasmódico	Asma	Pérdida del apetito
Carminativo	Bronquitis	Otitis
Cicatrizante	Contusiones	Anginas
Digestivo	¿Cáncer?	Reumatismo
Diurético	Catarro	Escrófula
Emenagogo	Cólico	Cálculos (urinarios)
Expectorante	Tos	Sifílide
Febrífugo	Dermatitis	Tuberculosis
Nervino	Disnea	Tos ferina
Regula la presión sanguínea	Dispepsia	Heridas
Sedante	Eczema	
Sudorífico	Fiebres	
Tónico (especialmente del corazón y la respiración)	Flatulencia	
Vermífugo	Hipertensión	
Vulnerario	Hipotensión	
	Histeria	
	Gripe	

El hisopo es una modesta hierbecilla que vive habitualmente en sitios secos y montuosos. Alcanza de 30 a 60 cm de altura y tiene las hojas delgadas y puntiagudas y unas flores color azul pálido. Prospera al máximo en un clima seco y caliente. Es una de las hierbas aromáticas mencionadas en la Biblia. El *Herbario* de Banckes nos dice sobre el mismo:

> Tiene la virtud de que, si un hombre toma un jugo y se lo pone en la boca, le cura toda suerte de males de la boca. También mata los gusanos del vientre de un hombre y se lo suaviza. También, si se toma fresco o en polvo, da buen color al hombre. Es caliente y seco.

Y según Culpeper:

> Es bueno para lavar las inflamaciones y se lleva por delante las marcas azules y negras que llegan por los golpes, cardenales o caídas [...]. Es una medicina excelente para las anginas o inflamación de la garganta, lavándolas y haciendo gárgaras [...]. Los vapores calientes del cocimiento, tomados por un tubo introducido en los oídos, alivian las inflamaciones y el ruido cantador de ellos [...]. Es bueno para la epilepsia, hace expectorar la flema rebelde y es efectivo en todos los males del frío o enfermedades del pecho y los pulmones.

Joseph Miller escribe:

> Sana, abre y atenúa; bueno para limpiar los pulmones de humores tártaros; útil contra las toses, asmas, dificultad de respirar y destemplanzas frías de los pulmones; se le considera asimismo cefálico y bueno para las enfermedades de la cabeza y los nervios.

El aceite esencial de hisopo es de color amarillo dorado claro; bastante caro, se le emplea en los perfumes y licores de clase alta; es un importante elemento constitutivo del Chartreuse. Su aroma es difícil de describir porque no se parece a ningún otro, y recuerda sin embargo los de otros muchos, como si fuera una mezcla de los olores de la albahaca, el geranio y el tomillo. No es tan agradable como el del geranio, pero tampoco es desagradable. Tiene un sabor caliente y amargo, y un potente efecto en la mente, que despeja rápidamente de «basura». Da una sensación de estar despabilado y lleno de claridad. Me recuerda la albahaca, pero no es tan vivo ni penetrante.

El aceite de hisopo muestra cierta toxicidad debido a su contenido de «pin-canfona». Se trata de una cetona y se cree que las dosis altas de cetonas pueden producir convulsiones en las personas propensas a la epilepsia. Sin embargo, a dosis normales, no es probable que este aceite ofrezca peligro alguno. Los antiguos herboristas prescribían de hecho el hisopo en el tratamiento de la epilepsia, pero empleaban por supuesto la hierba y no el aceite. Sabiéndolo, y teniendo en cuenta que el efecto tóxico de un aceite es enteramente proporcional a la cantidad empleada, podemos suponer que una cantidad pequeña, insuficiente para ocasionar una reacción convulsiva, puede ser beneficiosa en los casos de epilepsia y de trastornos convulsivos parecidos.

El aceite de hisopo es yang y tiene un amplio abanico de acción, básicamente estimulante. Tiene un efecto regulador poco corriente en la presión sanguínea: tiende a reducirla si está alta y la sube si está baja. En un experimento hecho con perros, el aceite de hisopo causó un pequeño incremento de la presión sanguínea y de la respiración, seguido de un descenso de la presión sanguínea y un aumento del ritmo cardíaco, seguido por un regreso gradual a la normalidad. Su efecto es más tónico que estimulante. Jethro Kloss dice que el hisopo es un «excelente regulador de la sangre y un tónico de primera cuando el sistema se halla debilitado». Lo recomienda también en los problemas relacionados con el bazo y la señora C. F. Leyel escribe que «se dice que el hisopo cura las penas, aunque su acción es sobre el bazo». El hisopo es un tónico excelente en los trastornos que involucran el sistema cardiovascular, siendo de gran valor como tónico general en las convalecencias.

Su acción sobre el sistema nervioso es similar, en el sentido de que actúa a la vez como sedante suave y como tónico de los nervios. Los fortalece y calienta, produciendo una sensación relajante. Ese efecto fortalecedor o ligeramente estimulante puede transformarse en convulsivo en algunas personas. En los casos de histeria, donde no hay asomo alguno de epilepsia, ayuda a despolarizarse el yin y el yang, produciendo un estado de relativa normalidad.

El hisopo es muy valioso en los trastornos del tracto respiratorio; su esencia se elimina principalmente por los pulmones. Fluidifica el *mucus*, estimula la expectoración y alivia el espasmo bronquial. Es un excelente antitusígeno y tiene también mucha utilidad en el asma, bronquitis, gripe y todas las afecciones catarrales. Es un eficaz agente antibacteriano en la tuberculosis y se le considera efectivo en la escrófula.

El efecto del hisopo en el sistema digestivo es tal vez menos interesante. Es un laxante suave, alivia los espasmos, expele los vientos, favorece la digestión y mata las lombrices intestinales. Por vía externa es muy bueno para las contusiones y similares, contra el eczema, la sífilis y las heridas. Es preferible no emplear el aceite de hisopo durante el embarazo.

ILANG-ILANG

Nombre latino	*Cananga odorata*
Familia	Anonáceas
Cualidad	Yin
Planeta regente	Venus
Índice de evaporación	91
Intensidad de olor	6
Esencia extraída de	Las flores

Propiedades	*Usos*	
Antidepresivo	Depresión	Insomnio
Antiséptico	Frigidez	Tensión nerviosa
Afrodisíaco	Hiperpnea	Palpitaciones
Hipotensor	Hipertensión	Cuidado de la piel
Sedante	Impotencia	

El ilang-ilang es un árbol que alcanza una altura de 18 metros y da hermosas flores amarillas. Se cultiva en Java, Sumatra, Reunión, Madagascar y las Comores; el aceite más fino solía venir de las Filipinas, pero, por desgracia, ya no se puede conseguir. El ilang-ilang no se debe confundir con el «aceite de cananga», que es un producto inferior. Sugieren algunos que el cananga y el ilang-ilang son una misma planta, pero su cultivo en distintas partes del mundo produce diferencias en el aceite esencial respectivo.

Ilang-ilang significa flor de las flores, y desde luego tiene un aroma exótico y voluptuoso. Parece una mezcla de jazmín y almendro, y es muy dulce. Mezcla bien con el sándalo y el jazmín, y constituye un fijador muy efectivo. El aceite tiene un ligero matiz amarillo, y un sabor francamente suave, ligeramente amargo y dulce; es un ingrediente del otrora famoso aceite de Macasar para el pelo. R. W. Moncrieff escribe en su libro *Olores*:

> Los efectos de algunos olores sobre las emociones son bastante fuertes. El autor, tras haber trabajado con materiales aromáticos durante más de veinte años, notó hace mucho tiempo [...] que el aceite de Ilang-ilang calma e inhibe el enojo nacido de la frustración.

El ilang-ilang es uno de los aceites más agradables que existen y se puede usar cómodamente como perfume duradero o como un exótico aceite de baño. Su efecto en el sistema nervioso es eufórico, sedante e hipotensor, estando indicado en situaciones de ansiedad, tensión y presión sanguínea alta. Es un afrodisíaco buenísimo que se puede emplear en la impotencia o la frigidez. A la vez que reduce la hipertensión sanguínea, alivia la taquicardia (latidos normalmente rápidos) y la hiperpnea (respiración anormalmente rápida).

Como antiséptico general tiene un valor discreto, pero es particularmente útil en las infecciones intestinales. Ejerce un efecto calmante en la piel y se le emplea mucho en los aceites para masajes faciales debido a su aroma. Tiene también fama de ser bueno para los tipos de piel grasa.

El ilang-ilang nunca debe usarse muy concentrado: desprende un olor dulce y fuerte y su abuso ocasiona enseguida dolor de cabeza o náuseas.

Nombre latino	*Boswellia thurifera* (árbol del incienso)
Familia	Burseráceas
Sinónimos	Olíbano, orobias
Cualidad	Yang
Planeta regente	El Sol
Índice de evaporación	75
Intensidad de olor	7
Esencia extraída de	La goma

Propiedades	*Usos*	
Antiséptico	Bronquitis	Escrófula
Astringente	Carbuncos	Cuidado
Carminativo	Catarro	de la piel
Cicatrizante	Toses	Espermatorrea
Digestivo	Dispepsia	Úlceras
Diurético	Gonorrea	Heridas
Sedante	Hemorragia	
Tónico	Laringitis	
Uterino	Leucorrea	
Vulnerario	Metrorragia	

Inevitablemente nos recuerda las liturgias eclesiásticas de más solera y con la mirra se nos asocia a la imagen de los Reyes Magos. Fue importado ya por los egipcios, de la tierra de Punt, hace casi 5.000 años. Lo emplearon primero para incensar, después le dieron entrada en los artículos cosméticos y de aseo. Desde primitivos incensarios lo emplearon también para fumigar a las personas enfermas a fin de expulsar de ellas los espíritus malvados que les ocasionaban la enfermedad. Los egipcios no lo emplearon para embalsamar, pero sí en muchas de sus mascarillas rejuvenecedoras. Ovidio, el entrañable poeta romano, en su libro *Medicamina faciei*, dedicado al cuidado del cutis facial, incluye el incienso como «Un excelente preparado para usos cosméticos».

El incienso fue una de las sustancias más apreciadas del mundo antiguo. Siempre lo hubo en abundancia, y muchos fueron también sus usos y su influencia en las expresiones lingüísticas. En aquella época y junto con algunas otras sustancias aromáticas, era tan valioso como las piedras y los metales preciosos; recordemos la ofrenda de oro, incienso y mirra al Niño Jesús. Era tal su valor, que tuvo considerable influencia en la economía de algunos países y ni que decir tiene que dio origen a menudo a disputas políticas.

Esta goma procede de un arbolillo que crece en Arabia y Somalia. Se extrae practicando en el tronco una incisión profunda, bajo la cual se pela una tira estrecha de la corteza. En las semanas siguientes el árbol exuda un jugo lechoso que se endurece lentamente al contacto con el aire. El árbol tiene abundantes hojas y flores blancas o rosa pálido.

El incienso se menciona en un manuscrito medieval francés escrito a comienzos del siglo XIII:

> *Olibanum ceo est encens, il est chaud et Seche el secunde de grei; il ad verru de conforter et de afermer, de traire ensemble, et de retteindre. Il est bon, en auttre, les fermer des oyls et la dolur de denz, et encontre le hunel et encontre la grossesse et la rouillor des nariles et encontre in digestiun et amer eruc tuations et pur les mameles en greder un podre confit ad eysil e enplastre sur un dray e nus sur les mameles. Roine chaude et seche el secunde de grei. Ele advertu a de faire e a degant.* (El olíbano es conocido como incienso, es caliente y seco en segundo grado; tiene la capacidad de confortar y fortalecer, de juntar y de estreñir. Es también bueno para adormecerse, el dolor de muelas y contra *le hunel* [?], y contra el embarazo, la inflamación de las narices y también la indigestión y los eructos agrios. Para los pechos, haga un polvo preparado con vinagre y emplástelo sobre una tela y póngalo sobre los pechos desnudos. Un excelente remedio, caliente y seco en segundo grado, tiene la propiedad de formar y [?].)

Se le menciona también en el *Herbario* de Banckes:

> El olíbano es llamado incienso. Es caliente y seco en el tercer grado. Es una goma de un árbol de la India [...]. Tiene la virtud de reconfortar

por su dulce sabor, y también de cerrar y estreñir. Para el dolor de muelas que viene de la superfluidez de humores de la cabeza y especialmente por las venas, haga un emplasto del polvo de incienso con vino y la clara de un huevo, mézclelo todo y emplástelo en torno a las sienes.

También, para cerrar el escape de las venas de arriba, coge incienso, máscalo bien en tu boca y eso hará parar y retener el flujo de los humores que bajan por las narices. Haz píldoras de incienso y trágalas de mañana; después hierve incienso en vino y bébelo por la noche cuando vayas a la cama. También estas píldoras son buenas para ayudar a la digestión del estómago y buenas contra eructos agrios; también para el alivio y limpieza de la matriz y ayuda para concebir recibiendo el humo del incienso por debajo. También, hierve polvo de él en vino y cuando esté moderadamente caliente, empapa un paño en él y ponlo caliente sobre el pubis de la paciente y le alivia grandemente la matriz.

Joseph Miller escribe:

> Es caliente, seco y astringente, útil contra las enfermedades del pecho, como toses, escasez de respiración, fluxiones catarrosas y escupir sangre; ayuda en la diarrea o en un flujo de sangre, y corta una gonorrea y el flujo blanco; externamente usado en fumigaciones, corta la fluxión del catarro en las narices y es bueno para cicatrizar heridas y úlceras.

La esencia de incienso recuerda a la del alcanfor o la trementina, pero tiene además una nota picante y como de madera que le da un olor mucho más agradable que el de uno y otra. Es desde luego un aceite yang, y sin embargo no quema en la lengua como el benjuí ni es amargo como la mirra. Tiene una calidad más dulce y ligera que estos dos y es más «cefálico»; mezcla con la mayoría de las demás esencias incluyendo el alcanfor, el sándalo, la pimienta y la albahaca.

No se ha escrito mucho sobre las virtudes medicinales del incienso desde el siglo XVIII. Parece haber perdido su popularidad, a pesar de la gran difusión de que gozara en las antiguas civilizaciones. Hay muchas afirmaciones de que posee las mismas propiedades que la mirra. Cierto es que las propiedades de las dos sustancias tienen alguna semejanza, pero es extraño que una sustancia aromática, especialmente teniendo una fama como la del incienso, haya sido tan relegada últimamente. Podría ser inferior a la mirra en determinados aspectos, por ejemplo, en el tratamiento de las úlceras o inflamación, y esa comparación podría ser la causa de su decadencia terapéutica. Con todo, tiene algunas virtudes particulares propias, no siendo la última su aroma. Por los motivos que acabo de esbozar, las fuentes de información que presento aquí son anteriores al siglo XIX.

En común con la mayoría de las resinas balsámicas, el incienso tiene un acusado efecto en todas las afecciones catarrales, ya sean de la cabeza, los pulmones, el estómago o los intestinos. Muestra afinidad hacia las vías pulmonares y genitourinarias, y es eficaz en las toses, bronquitis, laringitis y escasez respiratoria, así como en la leucorrea, gonorrea y espermatorrea, y en las infecciones del tracto urinario, como la cistitis y nefritis.

En China se le ha empleado para la escrófula (tuberculosis de los ganglios linfáticos) y la lepra. Sus propiedades astringentes lo hacen útil en las hemorragias, especialmente uterinas o pulmonares. Es también bueno para la digestión, y para la dispepsia con eructos agrios. Por vía externa se puede emplear en las heridas, úlceras, granos, etc., indolentes del mismo modo que la mirra. Es bueno para todos los trastornos del útero y de empleo seguro en el embarazo y el parto. En estos casos se le puede emplear por vía interna, y también en duchas, compresas y fumigación. Como remedio interno, el incienso es mucho más agradable de tomar que las demás esencias gomorresinosas.

En común con el benjuí posee un efecto elevador, cálido y calmante de la mente y las emociones. Esto nos recuerda su aplicación tradicional para expulsar los espíritus malignos, comprensible si consideramos tales espíritus obsesiones, miedos y ansiedades que muy bien podrían manifestarse al final en forma de afecciones físicas.

El incienso ha sido también empleadísimo en preparados para el cuidado de la piel en siglos anteriores. Es astringente, puede ser ligeramente antiinflamatorio y ayuda a conservar, al parecer, un semblante juvenil, previniendo (¿nos atreveríamos a decir, suprimiendolas un poco?) las arrugas y otras cosas abominables de ésas que traen los años.

Jazmín

Nombres latinos	*Jasminum officinale* (Jazmín común, morisco o blanco) *Jasminum grandiflorum* (Jazmín real)
Familia	Jazmináceas
Cualidad	Yang
Planeta regente	Júpiter
Índice de evaporación	95
Intensidad de olor	7
Esencia extraída de	Las flores

Propiedades	*Usos*	
Antidepresivo	Ansiedad	Escalofríos nerviosos
Antiséptico	Tos	Cuidado de la piel
Antiespasmódico	Depresión	Trastornos uterinos
Afrodisíaco	Dismenorrea	
Galactagogo	Frigidez	
Obstétrico	Ronquera	
Sedante	Impotencia	
Tónico (especialmente uterino)		

El jazmín produce una de las esencias más caras y siempre he creído que merece el título de «Rey de los aromáticos». Su nombre se deriva del árabe *yasmin*. El jazmín chino, *J. sambac*, se emplea mucho para dar aroma al té; en China lo conocen como *mo li*, y los hindúes lo llaman «claro de luna de bosquecillo». En China emplean las flores en la cosmética, para adornar el pelo de las chicas bonitas, y en otros tiempos empleaban un aceite infundido para dar masaje al cuerpo después del baño.

La planta del jazmín es una trepadora que da flores blancas o amarillas. Se cultiva en Argelia, Marruecos, Francia, China, Egipto, Italia y Turquía; el aceite francés es el más caro. El aceite de jazmín se ha extraído durante muchos años por *enfleurage*, aunque los aceites extraídos mediante disolventes volátiles son los únicos disponibles hoy en día. El jazmín es el más exquisito de los aromas y se emplea en los perfumes más caros. Su aceite es de color pardorrojizo profundo, un bonito caoba. Mezcla muy bien con los de rosa y los cítricos. Tiene un *bouquet* exótico y dulce que agrada infaliblemente.

> El jazmín es una planta caliente y cordial [...]. Calienta la matriz y la sana de espasmos que hay dentro y facilita el parto; es útil para la tos, la dificultad respiratoria, etc. Dispersa los humores crudos y es bueno para las constituciones frías y catarrosas, pero no para las calientes.
>
> El aceite es bueno también para los entesamientos y contracciones de extremidades; abre, calienta y suaviza los nervios y los tendones [...]. Elimina las enfermedades del útero y da buen servicio en los cólicos pituíticos (Nicholas Culpeper).

El aceite de jazmín actúa principalmente a nivel emocional, siendo de gran valor en los problemas psicológicos y psicosomáticos. Aunque ejerce de hecho efectos fisiológicos, su uso está especialmente indicado cuando éstos se hallan vinculados a un problema emocional. El jazmín es un sedante nervioso, y al mismo tiempo un gran euforizante. Es antidepresivo y produce una sensación de optimismo, confianza y euforia. Su mayor utilidad reside en los casos en que hay apatía, indiferencia o desmayo.

Igual que el de rosa, ejerce un marcado efecto en el aparato reproductor femenino. Alivia el espasmo uterino así como el dolor menstrual, tanto abdominal como lumbar. Ayuda a aliviar los dolores de parto y a facilitar éste. Favorece también el flujo de la leche materna, siendo por lo mismo un aceite valiosísimo para el masaje anterior y posterior al parto. En Malaya prescriben siete flores de jazmín como remedio contra la septicemia puerperal. Es un afrodisíaco notable que calienta y relaja el organismo. Por este motivo, y debido a su acusado efecto en la esfera emocional, el jazmín es a veces una baza importante para tratar la impotencia o la frigidez. Es útil en las afecciones que incluyen algún flujo, como la espermatorrea, la gonorrea y la prostatitis.

El aceite de jazmín actúa sobre la respiración aliviando la tos, la dificultad de respirar, la ronquera, y los espasmos nerviosos del fondo de la garganta y de los bronquios. Calienta y fortalece también un estómago frío y débil, y es de gran valor en la debilidad nerviosa general y en las situaciones que surgen de ella.

La acción del jazmín reside sobre todo en un calentamiento yang que abre y alivia el espasmo. Está indicado donde hay frío, apatía, espasmos, depresión, catarro u otro flujo. Como todos los absolutos, es un aceite bastante potente. No encierra peligro de toxicidad, pero si se abusa de él deja de ser de provecho y puede provocar un aumento del catarro. Un exceso de yang, en último término se convierte en yin.

Empleado con moderación, el jazmín es provechoso para las pieles calientes, secas y sensibles, especialmente si muestran enrojecimiento o prurito. Esto no excluye su empleo en otros tipos de piel, y como tiene un aroma tan delicioso, constituye un grato ingrediente de cualquier aceite facial. En ocasiones es útil en afecciones como las dermatitis y erisipelas, sobre todo cuando las acompaña una depresión.

Manzanilla

Nombre latino	*Matricaria chamomilla* (manzanilla, manzanilla de Aragón, camamilla) *Anthemis nobilis* (manzanilla romana)
Familia	Compuesta
Cualidad	Yin
Planeta regente	La Luna
Índice de evaporación	47
Intensidad de olor	9
Esencia extraída de	Las flores

Propiedades

Analgésica
Anticonvulsiva
Antidepresiva
Antiflogística
Antiséptica
Antiespasmódica
Carminativa
Colagoga
Cicatrizante
Digestiva
Diurética
Emenagoga
Febrífuga
Hepática
Nervina
Sedante
Esplenética
Estomacal
Sudorífica
Tónica
Vasoconstrictora (local)
Vermífuga
Vulneraria

Usos

Alergias
Anemia
Diviesos
Quemaduras
Cólico
Colitis
Conjuntivitis
Convulsiones
Depresión
Dermatitis
Diarrea
Dismenorrea
Dispepsia
Dolor de oídos
Fiebres
Flatulencia
Gastralgia
Gastritis
Gingivitis
Cefalalgia
Histeria
Insomnio
Irritabilidad
Ictericia
Problemas menopáusicos
Menorragia
Migraña
Nefritis
Neuralgia
Reumatismo
Cálculos (urinarios)
Dentición (dolores)
Dolor de muelas
Úlceras (pépticas)
Urticaria
Vaginitis
Vértigo
Vómitos
Prurito vulvar
Heridas

Conocida también como camomila, es una de las hierbas medicinales más antiguas que conocemos y también de las más populares. La fragancia de las flores de la manzanilla ha sido comparada con la de las manzanas y los griegos la llamaron *kamai melon* = manzana de tierra o *enanan* (manzanilla). En nuestro antiguo mundo se consideraba a la manzanilla como la «médica de las plantas» y se creía que mantenía a las demás plantas en buena salud. Pertenece a la familia de la margarita y se parece muchísimo a ésta, tanto que los novatos llegan a confundirlas. Si se pisa, nos hace sentir su perfume. En la

Edad Media se la empleaba bastante como «hierba de siembra», y la plantaban junto a los senderos de los huertos y jardines.

Hay muchas especies de manzanillas que se dan en Europa, África del Norte y la zona templada de Asia. Entre nosotros se dan cuatro en estado silvestre, pero sólo una de ellas se emplea normalmente en la medicina; se trata de la *Anthemis nobilis*, conocida también como manzanilla romana. Llega a alcanzar unos 30 cm de altura, sus hojas son finas y «plumosas»; la flor se compone de un botón central amarillo, rodeado por pétalos blancos menudos (lígulas periféricas). La *Matricaria chamomilla*, que se da también en la parte oriental de Europa, es similar en aspecto, pero con la cabezuela más pequeña y menos lígulas. Es el tipo más empleado en forma de tisana y se le conoce también como manzanilla de Aragón.

El interés por las manzanillas se ha reavivado últimamente al haberse descubierto que contienen azuleno. Al ser aislada esta sustancia, adquiere la forma de unos cristales de un azul intenso. El azuleno se ha revelado como un excelente agente antiinflamatorio, del que hacen falta sólo cantidades pequeñísimas para aliviar el dolor. Se le emplea cada vez más en los preparados farmacéuticos y artículos de tocador. El azuleno no existe como tal en la flor fresca: se forma al destilar el aceite esencial. Se puede formar también al secarse las flores de manzanilla.

Las flores de la manzanilla romana contienen alrededor del 1 % de aceite esencial y las de la manzanilla de Aragón un 0,25 %. El azuleno aparece en ambos aceites, pero predomina más en el aceite de la manzanilla de Aragón. El color de estos aceites varía del ligerísimo azul de la manzanilla romana al azul profundo de la manzanilla de Aragón. El olor del aceite romano es ligero, refrescante y recuerda al de las manzanas. El sabor es amargo, pero relativamente agradable. El aceite de manzanilla hace buena mezcla con los de rosa, geranio y espliego, dando lugar a un aceite de baño suave y relajante.

> Este aceite se llama camomila. La virtud de esta hierba es así: si se toma con vino, romperá la piedra. Destruye también la ictericia. Ayuda

en los dolores y enfermedad del hígado. Filtrándola, ayuda y mitiga el dolor de las llagas bucales del hombre. Es buena para el dolor de cabeza del hombre y para la migraña (*Herbario* de Banckes).

Tiene unas flores amarillas de brillo prodigioso que recuerdan la forma de un ojo [...] la hierba se puede llamar flor de oro. Le devuelve enseguida el color a una persona cuando, después de haber estado mucho tiempo en el baño, la bebe (William Turner).

Un cocimiento hecho de manzanilla hace desaparecer todos los dolores y punzadas de costado; las flores de la manzanilla machacadas y hechas bolas con aceite, eliminan toda suerte de fiebres malarias si la parte agraviada se unta con ese aceite, tomado de las flores, desde la coronilla de la cabeza a la planta de los pies y se acuesta a sudar en la cama y se suda bien; esto es «Nechessor», una medicina de Egipto.

Es buena para toda clase de fiebres que procedan de la flema o la melancolía, o de una inflamación en las entrañas, aplicándola cuando los humores que las causan estén fraguados: y no hay nada más provechoso a los costados y la región del hígado y bazo que ella [...] calma todos los dolores del cólico y la piedra y todos los dolores y tormentos de la barriga y provoca gentilmente la orina. Las flores hervidas en bebida de ponche provocan sudor y ayudan a expulsar todos los fríos, dolores y penas existentes: es una ayuda excelente para hacer bajar las reglas de las mujeres. El jarabe hecho del jugo de la manzanilla, con las flores en vino blanco, es un remedio contra la ictericia y la hidropesía.

El aceite hecho de las flores de la manzanilla se emplea mucho contra todas las inflamaciones, dolores y penas duras, encogimiento de los tendones, calambres o dolores de las coyunturas o cualquier otra parte del cuerpo. Utilizado en lavativas, ayuda a disolver los vientos y dolores de la barriga; untado también, ayuda en los dolores y punzadas de los costados.

También esto es verdad, que rompe la piedra de la manera más prodigiosa; algunos la toman en jarabe o en cocimiento, otros inyectan el jugo de ella en la vejiga con una jeringa [...]. Que es excelente para la piedra aparece en lo que yo he visto, o sea, experimentado: que una piedra que ha sido sacada del cuerpo de un hombre, metiéndola en manzanilla se disuelve con el tiempo, y también en poco tiempo (Nicholas Culpeper).

Joseph Miller describe la manzanilla romana como una «planta de muchas virtudes, siendo estomacal, hepática, nervina, emoliente y carminativa». La recomienda para el cólico, ictericia, cálculos urinarios, fiebres malarias y en fomentos contra las inflamaciones y tumores. William Whitla la describe como una sustancia aromática estimulante y un tónico amargo estomacal, que «aumenta el apetito y ayuda a la digestión aumentando la vascularidad de la membrana mucosa. Su uso principal está en la dispepsia atónica». Dice que el aceite esencial es estimulante y antiespasmódico y afirma que disminuye la excitabilidad refleja. La señora Grieve afirma que la manzanilla es tónica, estomacal, anodina y antiespasmódica. La recomienda como remedio para las afecciones histéricas y nerviosas de las mujeres y como emenagogo: «Ejerce un efecto maravillosamente calmante y sedante y absolutamente inofensivo».

La esencia de manzanilla tiene una toxicidad relativamente baja, habiendo sido un preparado oficial de botica durante más de 250 años. Está indicadísima en cualquier afección inflamatoria, tanto interna como externa; de aquí su empleo en las quemaduras, la conjuntivitis, dermatitis, gastritis, diarrea, colitis, nefritis, etc. Es un antiespasmódico y diurético suave, que puede ser útil en el asma, la bronquitis y la cistitis. Es un remedio muy bueno en los trastornos digestivos, especialmente eficaz en las úlceras pépticas debido a sus propiedades antiflogísticas y vulnerarias y a su acción sedante general. En algunos casos alivia los vómitos debidos a gastritis o envenenamiento de la sangre cuando fallan todos los demás remedios. En la práctica homeopática la manzanilla está indicada en los eructos fétidos, cuando el ácido asciende hasta la boca, o en los vómitos biliosos.

La manzanilla suele estar indicada cuando hay dolores en general, ya sean musculares, de los huesos o de los órganos. Podemos mencionar en particular el dolor de oídos, el de cabeza, la migraña, el dolor de riñones, los del hígado o el bazo, los abdominales en general, los de la regla, los reumáticos, el de muelas, los de la salida de los dientes en los niños y la neuralgia facial. La manzanilla es un buen remedio para los cálculos urinarios y está muy indicada cuando hay una inflamación de la pelvis renal o los uréteres debido a la presencia de cálculos. Un aceite para masaje hecho con esencia de manzanilla es bueno para los dolores musculares debidos a actividades deportivas o a un calor excesivo en los músculos. El doctor Valnet cita el aceite de manzanilla como estimulante de la leucocitosis y por su buen resultado en la hinchazón del bazo; Culpeper afirma que es «excelente para el bazo». Por lo tanto es útil para casi cualquier tipo de infección (igual que otras esencias estimulantes de la leucocitosis) especialmente si está asociada a una escasa resistencia y una susceptibilidad repetida a la infección. El aceite de manzanilla es además muy bueno para el hígado. El doctor Valnet menciona su empleo en la anemia y la inflamación del hígado y Culpeper lo recomienda para la ictericia. Su acción antiinflamatoria puede ser útil en la colecistitis.

La manzanilla es buena para muchos trastornos femeninos, incluyendo la menstruación escasa, los períodos dolorosos o irregulares, la excesiva pérdida de sangre durante los períodos, las hemorragias uterinas, la vaginitis, el prurito vulvar y los problemas menopáusicos. Está indicada especialmente cuando éstos se hallan asociados a trastornos nerviosos. Su eficacia en los trastornos femeninos dio origen al nombre alemán de *Mutterkraut,* que traducido significa «hierba madre».

La manzanilla ejerce un acusado efecto en la mente y en el sistema nervioso. Culpeper asegura que da alivio a la cabeza y al cerebro, y se ha empleado tradicionalmente en las afecciones histéricas y nerviosas. Es a la vez sedante y antidepresiva. Da buen resultado en dolores y padecimientos tanto mentales como físicos, y está indicada cuando existe desasosiego, irritabilidad nerviosa o impaciencia. Asociada con su acción en el hígado está su utilidad en las situaciones coléricas —aquel humor colérico o lívido de los antiguos herboristas (esta cualidad aparece también en el aceite de rosa, otro aceite antiflogístico)—. La manzanilla está indicada cuando hay hipersensibilidad, tanto fisiológica como emocional, y su aceite ha demostrado su valor antialérgico, así como antiflogístico.

El aceite de manzanilla es un remedio muy conocido en las enfermedades de los niños, en primer lugar por su baja toxicidad y por su acción antiinflamatoria y sedante. Está indicada en los casos de caprichos, rabietas, hipersensibilidad, cólicos, diarrea, espasmos gástricos, asma, dolores de la erupción de los dientes, dolores de oídos y otras afecciones que incluyen inflamación o dolor.[3]

Los antiguos egipcios empleaban la manzanilla contra las fiebres intermitentes, y desde entonces la han empleado de manera similar los herboristas. En un estudio hecho en Polonia (1966) se comprobó que el aceite de manzanilla reducía la temperatura de las ratas en 3-3,5 °C. Diferentes herboristas han recomendado su empleo en los tumores, especialmente Joseph Miller. El aceite de manzanilla reduce el alto nivel de la urea hemática en ratas, debida a glomerulonefritis experimental.

Aplicado a la piel, el aceite de manzanilla es analgésico, antiflogístico, cicatrizante y antiséptico. Hemos mencionado ya su múltiple utilidad como analgésico. Su combinación de propiedades lo convierten en un excelente remedio en las quemaduras y se puede emplear en las heridas, úlceras o diviesos inflamados. Está indicado en cualquier tipo de inflamación de la piel y es bueno para la dermatitis, el acné o la hipersensibilidad cutánea; su acción antiflogística es sinónimo de su constricción de los capilares sanguíneos. Es bueno también para la sequedad de la piel, sobre todo cuando hay enrojecimiento o sensibilidad. Como agente antialérgico, la manzanilla es útil en las erupciones dérmicas debidas a las alergias, y es buenísima para la urticaria. Se utiliza mucho en los champús herborísticos y es cosa muy sabida que aclara el pelo.

Hay que recordar siempre que la manzanilla de Aragón, debido a su elevado contenido en azuleno, es un remedio más potente cuando hay inflamaciones que la manzanilla romana.

3. A los bebés se les administra siempre en uso interno y diluido.

Nombre latino	*Orig*
Familia	Labi
Cualidad	Yang
Planeta regente	Merc
Índice de evaporación	40
Intensidad de olor	5
Esencia extraída de	La hierba

Propiedades

Analgésica
Anafrodisíaca
Antiséptica
Antiespasmódica
Carminativa
Cordial
Digestiva
Emenagoga
Expectorante
Hipotensora
Laxante
Nervina
Sedante
Tónica
Vulneraria

Usos

Artritis
Asma
Resfriados
Cólico
Estreñimiento
Dismenorrea
Dispepsia
Flatulencia
Eretismo genital
Cefalalgia
Hipertensión
Histeria
Insomnio
Leucorrea
Migraña
Tensión nerviosa
Neurastenia
Tics

La mejorana, como el orégano (*Origanum vulgare*), es una conocida hierba de cocina, teniendo ambas una gran tradición medicinal. Las emplearon ya los antiguos griegos en sus medicinas, perfumes y otros artículos de tocador, y como remedios contra las convulsiones, hidropesía y envenenamiento por narcóticos. El apelativo latino *marjorana* se deriva tal vez del griego *margaron*, que significa perla —de ahí ha salido el nombre femenino de Margarita. *Origanum* se deriva a su vez de las palabras griegas *orós* («monte») y *ganos* («alegría»). Son ɔnte» y también es cierto que «no todo el monte es

, la albahaca, la mejorana tiene un aroma más refinado que ɔría de los aceites esenciales de plantas labiadas. Casa bien con spliego y la bergamota, y los tres aceites juntos hacen una mezcla relajante de lo más agradable. Su sabor es sumamente amargo, y calienta el corazón y el estómago. La mejorana es un aceite de baño relajante, calentador y fortalecedor.

> Esta hierba es caliente y seca en segundo grado [...]. Tiene la virtud de reconfortar, aflojar, retirar flujos y limpiar. Si se toma su polvo con vino —o se le hace hervir en vino—, calentará el estómago. También conforta la digestión. También: tome las hojas y flores de la marjorana y macháquelas un poco y póngalas muy calientes en una sartén y échelas donde hay agravio y se llevarán la enfermedad del vientre que proviene del viento. También, para el catarro de la cabeza, tome esta hierba y véndela en caliente alrededor de la cabeza. También seca la matriz y consume la superfluidez de ella (*Herbario* de Banckes).

> Nuestra mejorana calienta y alivia en las enfermedades frías de la cabeza, estómago, músculos y otras partes, tomada interiormente o aplicada exteriormente. Si se bebe su cocimiento, ayuda en las enfermedades del pecho, obstrucciones del hígado y bazo, padecimientos fríos del vientre y la ventosidad de él, y la pérdida del habla, por resolución de la lengua [...]. Provoca los cursos de las mujeres si se coloca como pesario [...]. Los aceites son muy calientes y consoladores en las coyunturas que están tiesas y los músculos que se endurecen, y los afloja y suaviza (Nicholas Culpeper).

> Una planta cefálica, apropiada para la cabeza y los nervios [...] como convulsiones, apoplejía, parálisis, vértigo, dolor de cabeza y cosas por el estilo (Joseph Miller).

El aceite de mejorana es predominantemente yang y sedante. Calienta, alivia el espasmo, ayuda a la digestión y la menstruación, y hace bajar la hipertensión sanguínea; estimula la función nerviosa parasimpática y reduce la simpática, produciendo una vasodilatación general. La mayoría de sus funciones se centran alrededor de esa acción sobre el sistema nervioso autónomo. Su efecto antiespasmódico-sedante-calentador lo convierte en un utilísimo ingrediente de los aceites de masaje para el cuerpo de empleo general. Culpeper llega incluso a recomendarlo en «sitios dislocados».

Culpeper considera que ese efecto calefactor es útil para enfermedades de casi cualquier parte del organismo que se relacionen con frialdad o espasmo. Se pueden calificar muchas esencias como calentadoras, pero existe algo especial en lo que respecta al reconfortante efecto de la mejorana. Observemos la referencia de Culpeper a las «aflicciones» frías de la matriz. La mejorana es muy buena en las afecciones causadas por la aflicción, y ejerce un efecto reconfortante y calentador especialmente en el corazón: al producir una vasodilatación, alivia la carga o presión que gravita sobre el corazón, permitiéndolo descansar. Su sabor, amargo en extremo, apunta a una afinidad con el corazón. John Gerarde sugiere dar mejorana a «aquellas personas que son dadas a mucho suspirar».

Por vía externa, la mejorana es calentadora y analgésica, y excelente para el espasmo muscular, los dolores reumáticos, esguinces, distensiones, etc. Ayuda también a eliminar los cardenales. En los resfriados puede emplearse en forma de inhalaciones o de masaje sobre las zonas sinuosas y las sienes. En los dolores de cabeza y migrañas se puede tomar también por vía interna. Como emenagogo calentador está indicado en forma de duchas vaginales, siendo bueno para la leucorrea y los períodos dolorosos.

Es un remedio muy bueno contra el exceso de impulsos sexuales. No podemos considerarlos como una anormalidad o enfermedad, pero esa propiedad anafrodisíaca ha pasado a formar parte de la panoplia de la hierba desde su descubrimiento por un clérigo que tenía un asilo de huérfanos. Puede ser útil en casos de orgasmo nocturno, masturbación obsesiva, ninfomanía, etc., especialmente cuando están asociados a una histeria o ansiedad.

La mejorana actúa como laxante al estimular y reforzar la peristalsis intestinal, cosa que se relaciona también con su acción digestiva y carminativa. Al mismo tiempo, alivia el espasmo intestinal, siendo útil por lo tanto en el cólico, la flatulencia y la indigestión espasmódica. Su acción sobre el sistema nervioso es sedante y tónica. Es eficaz para el insomnio y los estados de ansiedad, especialmente si hay hipertensión sanguínea, y se ha empleado con éxito en los tics y la histeria. Es preferible abstenerse de su empleo durante el embarazo.

Melisa

Nombre latino	*Melissa officinalis*
Familia	Labiadas
Sinónimos	Toronjil, cidronela, limonera, verde-limón
Cualidad	Yang
Planeta regente	Júpiter
Índice de evaporación	?
Intensidad de olor	4 ?
Esencia extraída de	La planta

Propiedades	*Usos*	
Antidepresiva	Alergias	Tensión nerviosa
Antiespasmódica	Asma	*Shock*
Carminativa	Resfriados	Esterilidad (mujeres)
Cordial	Cólico	Vértigo
Digestiva	Depresión	Vómitos
Febrífuga	Disentería	
Hipotensora	Fiebres	
Nervina	Indigestión	
Sedante	Hipertensión	
Estomacal	Problemas menstruales	
Sudorífica	Migraña	
Tónica	Palpitaciones	
Uterina	Náuseas	
Vermífuga		

Las hojas de la melisa tienen un delicioso aroma alimonado y la planta es acaso más conocida como toronjil. Comparado con el de limón, el aceite de melisa tiene un olor herbáceo, más delicado, realmente exclusivo. El toronjil se da en toda Europa, Asia Central, y América del Norte. Tiende a difundirse, tanto el cultivado, como el que crece en estado silvestre. Las hojas son pequeñas y serradas, y las flores son blancas o amarillas. Su aroma es más fuerte a principios del verano, justo antes de aparecer la flor.

El nombre de melisa viene del que daban los griegos a la abeja, y es que las abejas tienen predilección por sus flores para hacer miel, y las atrae mucho el olor de esta planta (en Asturias se le llama abejera). Los nombres de toronjil, cidronela, limonera... señalan una afinidad aromática con los cítricos. Es una de las hierbas medicinales más antiguas; ya Paracelso la tenía en alta estima, y la llamó «elixir de la vida», y la combinó con carbonato potásico en una medicina conocida como *primum ens melissae* (primera esencia de la melisa), que no era esencia. Como esencia ha estado al servicio de la medicina desde finales del siglo XVII.

Todos los antiguos herboristas ensalzaron sus virtudes como remedio de la melancolía y tonificante del cerebro y los nervios. Joseph Miller escribió:

> Es buena para todos los trastornos de la cabeza y nervios; anima el corazón y cura sus palpitaciones; previene el desmayo, la melancolía, los trastornos hipocondríacos e histéricos, resiste la putrefacción y es útil en los padecimientos malignos y contagiosos.

La recomienda también para las picaduras de abejas y avispas. John Gerarde dice lo siguiente:

> La época posterior, junto con los árabes y mauritanos, asegura que este bálsamo es singularmente bueno para el corazón y que es un remedio contra sus enfermedades; porque Avicena, en su libro escrito sobre las enfermedades del corazón, enseña que el bálsamo hace alegre el corazón y gozoso, y fortalece todos los espíritus vitales.

Culpeper lleva su información más allá:

> Es una hierba de Júpiter, está bajo el signo de Cáncer, y fortalece la naturaleza mucho en sus acciones [...]. Serapio dice que hace que la mente y el corazón se pongan alegres y hace revivir el corazón y quita desmayos y desvanecimientos, especialmente aquellos que sobrevienen en el sueño, y ahuyenta todos los cuidados y pensamientos preocupantes de la mente, procedentes de la melancolía y la ira negra, lo que también confirma Avicena.
>
> Es muy buena para ayudar a la digestión y abrir obstrucciones del cerebro [...] es buena para el hígado y el bazo.

Es digno de atención el que estos dos autores asocien el corazón físico con el corazón emocional.

La acción de este aceite es más tónica que estimulante; es un tónico del corazón y los sistemas nervioso y digestivo, y del útero. Es sedante, calmante y antidepresivo. Decelera la respiración y el pulso, hace bajar la presión sanguínea y ejerce un efecto antiespasmódico en el músculo liso.

Su efecto en el corazón es tónico y antiespasmódico, y lo opuesto a un estimulante cardíaco. Desacelera el ritmo del corazón y alivia el espasmo; de ahí su utilidad en la taquicardia. Da la impresión de que la melisa puede servir de algo en todas las situaciones cardíacas donde hay una sobreestimulación, o calor, que conducen a un debilitamiento del corazón y con él a alteraciones patológicas.

Muy relacionado con su acción cardíaca está el efecto del aceite de melisa sobre el sistema nervioso. Es a través de éste como manifiesta su acción hipotensora y antiespasmódica. Es un fuerte sedante y, al mismo tiempo, debido en parte a su alivio de la tensión y del espasmo, tiene también ese efecto euforizante y jubiloso sobre el espíritu, tan común a los aceites aromáticos. Su empleo en los trastornos nerviosos se relaciona especialmente con los casos de hipersensibilidad que conducen a un tipo de ansiedad constante y muy asustadiza. Está indicado en todas las afecciones histéricas o nerviosas.

Digestivo, estomacal y carminativo, la acción del aceite de melisa recuerda muchísimo la de los de la menta piperita o el hinojo. También aquí su característica principal es más tónica que estimulante. Al aliviar el espasmo, deja libre el flujo natural de los jugos digestivos. Es excelente para las náuseas, los vómitos y la indigestión, especialmente de origen nervioso, y es eficaz sin duda contra la flatulencia.

En los casos de fiebre, induce a una transpiración suave y ejerce un efecto enfriante. Por este motivo es útil en los resfriados y la gripe, donde es beneficioso también su efecto antiespasmódico en los bronquios, lo que indica su empleo en el asma y posiblemente en la bronquitis. Tiene un efecto yin en la respiración, a la que decelera, aliviando el espasmo y enfriando el exceso de calor.

La melisa parece tener afinidad con el sistema reproductor femenino. Tiene una acción emenagógica moderada y es útil en los períodos dolorosos. En estos dos casos podemos ver cómo funciona su efecto calmante, relajador y antiespasmódico. Como ayuda a la naturaleza o la deja funcionar a su propio ritmo al eliminar tensiones y bloqueos, la melisa es también muy útil en la irregularidad menstrual y la infertilidad femenina.

El efecto total de la melisa es el de un tónico general suave pero eficaz, un moderado remedio yang. Debido a su notable efecto sobre el corazón, la presión sanguínea y el sistema nervioso y —por relacionarse íntimamente con ellos— sobre las emociones, la melisa es lo más parecido a un rejuvenecedor que podemos hallar —no es algo que nos hace jóvenes de nuevo; simplemente nos ayuda a amortiguar el efecto de nuestra mente y del mundo exterior sobre nuestro organismo—. Tal vez Paracelso no estuviese muy desencaminado cuando la llamó «Elixir de la vida».

Menta piperita *(Menta)*

Nombre latino	*Mentha piperita*
Familia	Labiadas
Cualidad	Yang
Planeta regente	Mercurio
Índice de evaporación	70
Intensidad de olor	7
Esencia extraída de	La planta

Propiedades	*Usos*	
Analgésica	Asma	Gripe
Antiflogística	Bronquitis	Fatiga mental
Antiséptica	Cólera	Migraña
Antiespasmódica	Resfriados	Náuseas
Astringente	Cólico	Trastornos nerviosos
Carminativa	Tos	Neuralgia
Cefálica	Dermatitis	Palpitaciones
Colagoga	Diarrea	Parálisis
Digestiva	Dismenorrea	Pruritos
Emenagoga	Dispepsia	Tiña
Expectorante	Desmayos	Sarna
Febrífuga	Fiebres	Shock
Hepática	Flatulencia	Sinusitis
Nervina	Cálculos biliares	Dolor de muelas
Estomacal	Gastralgia	Tuberculosis
Sudorífica	Halitosis	Vértigo
Vasoconstrictora	Cefalalgias	Vómitos
Vermífuga	Histeria	Repele mosquitos
Cordial		

El aceite de menta es uno de los que tienen mayor importancia terapéutica y un mayor empleo comercial: en dulces, refrescos, pastas dentífricas, etc. La piperita no fue diferenciada entre las demás mentas (poleo, hierbabuena, etc.) hasta el siglo XVII. Plinio nos relata que los griegos y romanos se coronaban con menta en sus fiestas y que la empleaban para dar sabor a sus salsas y vinos. La utilizaron, junto con otras mentas, los antiguos médicos griegos, y hay algunos indicios de que la cultivaron incluso los egipcios.

Se cultiva en muchas partes del mundo, incluyendo España, Italia, Estados Unidos, Japón, etc. Estados Unidos produce más aceite de piperita que ningún otro país, pero los aceites europeos se consideran de más calidad que los demás.

La menta es originaria del Mare Nostrum, aunque la mitología griega presenta una leyenda más poética de su origen. Menta era una ninfa a la que Plutón halló atrayente al máximo. Perséfone, su celosilla esposa, persiguió a la pobre Menta y la pisó ferozmente estrujándola contra el suelo. Entonces Plutón transformó a la ninfa Menta en una deliciosa hierba aromática.

> Para promover el apetito cuando un impedimento del estómago viene por tener humores fríos en la boca del estómago, haga una salsa de menta y vinagre con un poco de canela y pimienta y úsela bien contra los vómitos que vienen de la debilidad de estómago o de causas frías. Ponga mentas en agua de salvia y vinagre y moje un paño en ello y póngalo sobre la boca del estómago con las mentas que lo empapan. También déle al paciente a tomar de las mismas mentas para el desvanecimiento y debilidad de las fiebres y sin fiebres, ya sea causante una medicina o la causa que sea. Machaque mentas en vinagre, y un poco de vino si el paciente está sin fiebre, y si está con fiebre machaque mentas en vinagre solo; después haga una tostada de pan ácimo y tuéstela hasta que esté casi quemada; entonces póngala en ese líquido y déjela allí hasta que quede bien empapada; entonces póngasela en la nariz y frótele con ella los labios, encías, dientes y sienes y emplástesela en las venas del pulso de los brazos y haga que el paciente tome el líquido que quede y que lo pase. Para limpiar a la madre (matriz), coja mentas tiernas, hiérvalas en agua o vino y emplástelas sobre el pubis y los riñones. Contra la congestión en los pechos de una mujer, tome tallos pequeños de mentas y hiérvalos en vino y aceite y emplástelos sobre los pechos. También es sabido que cuando hay que dar cualquier medicina contra veneno, se debe dar con el jugo de menta, porque las mentas tienen una suerte de fuerza para sacar el veneno, o si no se debe dar en vino donde hayan es-

tado mentas en maceración. Contra la congestión del bazo y del hígado y de las vías de la orina por un humor frío y por un calor sin fiebre, tome el jugo de mentas solas o mentas maceradas en vino o el jugo de mentas mezclado con miel y déselo al paciente. Para matar lombrices en la barriga, bebe el jugo de mentas y te pondrás bien (*Herbario* de Banckes).

Esta hierba tiene un olor fuerte, agradable y aromático y un sabor amargucio moderadamente caliente; es útil para padecimientos del estómago, como vientos, vómitos, etc., para los que hay pocos remedios de mayor eficacia. Es buena en emplastos y fomentos para dispersar la leche cuajada en los pechos y también empleada con dietas de leche. Todas las mentas son astringentes y de partes sutiles calientes; grandes fortalecedoras del estómago. Su fragancia anuncia que son cefálicas; quitan eficazmente la nauseabundez y las bascas de vomitar; son también buenas en la diarrea. El agua sola dada a los niños quita los retortijones (Nicholas Culpeper).

Algunos estiman que es un remedio excelente contra la piedra y las arenillas (Joseph Miller).

Estas agradables aromáticas [es decir, las esencias de mentas] son absorbidas rápidamente por el sistema y se comportan como estimulantes suavemente difusibles. Al entrar en contacto con la membrana mucosa gástrica, ejercen al principio un efecto estimulante y después uno sedante local, disipando la náusea y remediando el malestar. Por su acción estimulante local en el intestino corrigen las sensaciones dolorosas irregulares causadas por la acumulación de la flatulencia, dando rápido alivio, probablemente mediante un acto reflejo que hace salir el gas aprisionado. A menudo, tras una dosis grande desaparece el dolor instantáneamente, y se expele la flatulencia, y eso se puede observar frecuentemente en niños pequeños y mujeres débiles (William Whitla).

El aceite de menta piperita no necesita realmente descripción, puesto que nos es familiar a todos su refrescante sabor y olor. No es fácil, en cambio, especificar las cualidades esenciales de este aceite, dado que tiene una gama de acción enorme, cosa que confirma su sabor, consistente en una combinación de dulce, amargo y ácido. Su cualidad más evidente al probar la menta piperita o aplicarla a la piel es un efecto refrescante y, sin embargo, se la describe tradicionalmente como calentadora y secante. Su efecto calentador se debe en realidad a la reacción del cuerpo ante un estímulo frío, pareciéndose mucho en esto al alcanfor. Si nos fijamos en el mentol, hallaremos que tiene las cualidades yin de la menta, sólo que todavía más acusadas. El mentol es su principal compuesto constitutivo, causante de la mayor parte de su acción terapéutica.

Tome siempre menta en vez de aspirina.

Para que prevalezcan sus efectos analgésicos, sedantes y refrescantes, hay que emplear dosis de aceite de menta bastante grandes y/o repetidas. Es bueno en las afecciones tanto calientes como frías, lo que lo hace ideal en la mayoría de los tipos de fiebre, resfriados, gripe, etc. Donde más se acusa su acción es en el sistema digestivo: constituye el remedio principal de todos los trastornos digestivos, incluyendo la indigestión, cólico, flatulencia, dolores de vientre, diarrea (en cuyo caso es además un antiséptico muy bueno). Es un remedio eficaz para las náuseas y vómitos; alivia las náuseas casi instantáneamente, y es bueno también para el mareo en los viajes. Es un remedio excelente en los dolores de cabeza y migrañas relacionados con fenómenos digestivos o hepáticos. En este contexto es eficaz también para los padecimientos de la piel; alivia la congestión tóxica interna, actúa como sudorífico y por vía externa ejerce un efecto antiséptico/antiinflamatorio.

Visto como expectorante enfriador, antiséptico y antiespasmódico, el aceite de menta es utilísimo en las afecciones respiratorias. Es un agente antibacteriano francamente bueno en la tuberculosis. Es muy bueno para la tos seca. Especialmente bueno para la congestión, infección o inflamación sinusal, y para el dolor de cabeza congestivo. Si usted piensa demasiado, o tiene la cabeza caliente, se la enfriará. Si siente vahídos, le estabilizará la cabeza y le quitará la náusea. Como analgésico/emenagogo es buenísimo en caso de dismenorrea y también de menstruación escasa. Por vía externa, alivia los pechos del cuajamiento o congestión láctea y previene su infección. Por vía interna, pone coto al flujo de leche a los pechos. Fortalece y tranquiliza los nervios, y en dosis grandes, lo hará dormir. Es eficaz en muchos trastornos nerviosos del tipo de la histeria, las palpitaciones, temblores y parálisis. Favorece la desintegración de los cálculos biliares y puede ser bueno también en los renales. Los menominees, un pueblo nativo norteamericano, empleaban la menta piperita para tratar la neumonía. Se ha empleado también para tratar la anemia.

El aceite de menta piperita alivia cualquier tipo de irritación o prurito cutáneo, pero hay que emplearlo con moderación (a menos del 1 %), o puede empeorar la irritación. Se puede utilizar en caso de enrojecimiento cutáneo debido a inflamación, o en el acné. Enfría mediante constricción de los capilares y es un tónico cutáneo muy refrescante. La menta piperita es eficaz contra la tiña y la sarna, y se emplea en la homeopatía contra el herpes. Constituye un aceite de baño vigorizador y refrescante, que ayuda a enfriar un poco el cuerpo en el verano. Es un agente repelente de mosquitos y ratas.

Mirra

Nombre latino	*Commiphora myrrha* *Balsamodendron myrrha*
Familia	Burseráceas
Cualidad	Yang
Planeta regente	El Sol
Índice de evaporación	100 ?
Intensidad de olor	7
Esencia extraída de	La goma

Propiedades	*Usos*	
Antiséptica	Amenorrea	Estomatitis
Antiflogística	Aftas	Ubrera
Astringente	Catarro	Tuberculosis
Carminativa	Clorosis	Úlceras (bucales, cutáneas)
Emenagoga	Tos	Heridas

Expectorante	Diarrea
Sedante	Dispepsia
Estimulante (especialmente pulmonar)	Flatulencia
Estomacal	Gingitivis
Tónica	Hemorroides
Uterina	Leucorrea
Vulneraria	Pérdida del apetito
	Piorrea

La goma de la mirra (de la que se extrae el aceite) exuda de las ramas del arbusto de la mirra: por grietas naturales o cortes hechos *ad hoc*. Fluye en forma de un líquido denso, amarillo claro, que se vuelve pardorrojizo al secarse y endurecerse. El arbusto en cuestión no llega a alcanzar los tres metros de alto; tiene unas ramas gruesas y nudosas, hojas trifoliadas (que también son aromáticas), y unas flores pequeñas y blancas. Se da en el nordeste de África, en condiciones de suma sequedad y abunda sobre todo en Arabia meridional. Crece también en el «Jardín del Edén» —Mesopotamia (Irak), la tierra situada entre los ríos Tigris y Éufrates, donde floreció la Babilonia de los tiempos bíblicos—. No se la identifica en general como la mirra de la Biblia, aunque es tal la incertidumbre reinante al respecto, que bien pudiera de hecho serlo.

En la Antigüedad la mirra fue empleada probablemente mucho más que ninguna otra sustancia aromática en forma de incienso, perfume o medicina. Su popularidad como perfume no es del todo fácil de entender, pues no es desde luego el más fragante de los aceites. Tiene un olor rancio, balsámico, como a incienso, y proporciona un agradable fondo ahumado a las mezclas aromáticas empleado en pequeñas cantidades. La esencia tiene un hermoso color pardo rojizo.

En Heliópolis los antiguos egipcios quemaban mirra a diario, al mediodía, como parte de su ritual de adoración del Sol. La emplearon también muchísimo para embalsamar los cadáveres, en primer lugar para rellenar el abdomen. Debido a su poder conservante de la carne, el aceite de mirra ofrece cierta utilidad como ingrediente de cosméticos. No hace desaparecer milagrosamente las arrugas, pero se dice que ayuda a conservar un semblante juvenil. Las mujeres egipcias la emplearon sin duda en forma de mascarillas faciales y otros mejunjes. Ejerce un efecto ligeramente refrescante en la piel, lo que la haría sumamente útil en un clima tan tórrido y seco. El *Libro de Esther* relata que seis de los doce meses dedicados a la purificación de las mujeres incluían el empleo de aceite de mirra.

Uno de los perfumes más célebres de la antigua Grecia se conocía como *megaleion* (megaleon) e incluía aceite de mirra en su composición. Se le empleaba también por sus propiedades curativas, sobre todo para aplicarlo a las heridas en las batallas, para estimular su curación y reducir la inflamación. Según una leyenda griega, se creía que la mirra tenía su origen en las lágrimas de Mirra, hija de Ciniro, rey de Chipre, que había sido metamorfoseada en un arbusto.

Joseph Miller se extiende bastante en su información sobre las propiedades de la mirra:

> El aceite de mirra es de naturaleza abridora, calentadora y secante, se opone a la putrefacción, y es de gran servicio en los trastornos uterinos, al abrir la obstrucción de la matriz, procurar las menstruaciones, facilitar el parto y expulsar las secundinas. Es igualmente bueno para los catarros y ronqueras viejas, y la pérdida de voz, y muy útil contra los padecimientos pestilentes e infecciosos, tanto tomada por vía interna como echada sobre carbones encendidos y recibiendo el humo.
>
> En aplicación externa cura heridas y úlceras y previene las gangrenas y «mortificaciones».

Li Shih-Chên dice:

> Se le considera un alterador (del proceso de nutrición) y un sedante, y como antes en Occidente, se emplea en el tratamiento de heridas y úlceras. Se cree que es sumamente útil en los flujos uterinos y loquios viciosos; también en el tratamiento de una enfermedad que se parezca a la manía histérica.

Richard Lucas en *Nature's Medicines* menciona la fricción del cuerpo con tintura de mirra como medio de protección contra el resfrío y afirma que:

> Fortalece y mejora la condición de la piel. Esta práctica es útil, sobre todo en los casos donde la piel está aflojada y el paciente débil, como en la bronquitis crónica, la pleuresía crónica, el asma, el reumatismo crónico, la diarrea crónica, el marasmo, y en cualquier otra forma de enfermedad acompañada por debilidad general.

El aceite de mirra no es muy calentador —desde luego es antiinflamatorio—, pero es básicamente de naturaleza yang. Estimulante y fortalecedor, su área principal de acción reside en el sistema pulmonar. Está especialmente indicado en los estados yin que incluyan consunción o degeneración, como las heridas y úlceras indolentes, la gangrena, la piorrea, la tuberculosis y la tisis pulmonar (una enfermedad consuntiva de los pulmones). Se diría que esta esencia color rojo profundo habría captado la energía vital del sol norteafricano.

El aceite de mirra es un buen expectorante y como tal da buen servicio en las toses, bronquitis, resfriados y cualquier afección que incluya un exceso de *mucus* denso, pues además de favorecer la evacuación del *mucus*, alivia las mucosas inflamadas. La mirra no sólo es buena en las afecciones mucosas de los bronquios, sino también en la leucorrea, la diarrea y otros flujos y evacuaciones similares.

Su acción en el aparato digestivo es estimulante y carminativa, abriendo el apetito y estimulando el jugo gástrico, y corrigiendo la flatulencia. Es eficaz en los estómagos débiles, donde el alimento propende a fermentar. Al corregir esa situación, la mirra ayuda a eliminar la fetidez del aliento (halitosis), debida por lo general a la mala digestión y fermentación indebida. La acción de la mirra en la garganta y la boca es bastante acusada: constituye un excelente remedio para las úlceras bucales, la inflamación de la boca (estomatitis) y la piorrea. Jethro Kloss la recomienda también para la difteria, Wren para la ubrera, y Joseph Miller para la afonía.

Es legendaria la eficacia de la mirra en las traidoras heridas y úlceras indolentes. Esto se debe probablemente a una combinación de propiedades antisépticas, astringentes y antiflogísticas. Su astringencia la hace también efectiva en su aplicación externa a las hemorroides. La señora Grieve la recomienda en casos de clorosis, un tipo de anemia acompañada de color verdoso en el semblante, que aqueja sobre todo a las mujeres jóvenes.

El arbusto de la mirra tiene que ser muy resistente puesto que es capaz de sobrevivir en el desierto. El aceite de la mirra es igual de fuerte, igual de potente; al mismo tiempo su empleo es de lo más seguro, y ha soportado la prueba del tiempo acaso mejor que ninguna otra sustancia aromática. Lo han utilizado muchos pueblos, de muchas maneras, durante un mínimo de 3.000 años, y sigue siendo un remedio muy popular. Su empleo debe evitarse durante el embarazo.

Pachulí

Nombre latino	*Pogostemon patchouli*
Familia	Labiadas
Cualidad	Yang
Planeta regente	El Sol
Índice de evaporación	100
Intensidad de olor	5
Esencia extraída de	La planta

Propiedades	*Usos*
Antidepresivo	Ansiedad
¿Antiflogístico?	Depresión
Antiséptico	Cuidado de la piel
Afrodisíaco	Heridas
¿Astringente?	
Cicatrizante	
Desodorante	
Sedante	
Tónico	

El pachulí viene de la India, donde lo conocen como *puchaput*. Aunque es una planta labiada, el aceite es distinto de los demás aceites de labiadas. Las hojas del pachulí son ovales, de unos 10 cm de largo por 13 de ancho. Los tallos alcanzan casi un metro de alto y las flores son blanquecinas, con un toque púrpura. Llegó a Europa ya en 1820, donde se empleó para perfumar los chales indios importados. Éstos se pusieron tan de moda entre la gente chic que sus diseños fueron copiados en Inglaterra, y exportados a todas partes. Pero no había quien los comprara si no estaban perfumados con pachulí. Los chales pasaron de moda, el aroma del pachulí no. En Oriente emplean este aceite para perfumar la ropa blanca y ponen las hojas en saquitos de olor y en «popurrís».

El aceite de pachulí tiene la peculiarísima propiedad de mejorar de olor con el tiempo. Es de color pardo rojizo profundo; tiene exactamente el mismo color y consistencia que los aceites de benjuí y de mirra. Su olor se ha comparado con el del macho cabrío, de los desvanes cerrados y mohosos y de los abrigos viejos. Tiene un olor muy persistente, y es un fijador excelente; se emplea en cantidades minúsculas en los perfumes de rosa y orientales. Tiene un sabor decididamente agrio, lo que apunta a un posible empleo en el proceso digestivo. Son el pachulí y el alcanfor los que le dan su olor característico a la tinta china.

No se sabe demasiado sobre las propiedades terapéuticas del aceite de pachulí. Posee un efecto bactericida suave aunque bastante general y es, desde luego, un afrodisíaco notable. Favorece además la formación de tejido cicatrizal. Es uno de los aceites citados por Rovesti en conexión con la ansiedad y la depresión, sobre todo con la primera. Se emplea a veces en productos para el cuidado de la piel.

Aunque no es picante o abrasador como la mostaza o la pimienta, el aceite de pachulí da la impresión de ser muy yang. Al parecer es uno de esos aceites que estimulan en dosis pequeñas y son sedantes en dosis grandes, como el Sol. Su efecto yang se acusa más en el sistema nervioso; parece ser un estimulante de los nervios muy fuerte, que recuerda al ginseng en que, si uno toma lo suficiente, lo ayuda a mantenerse despierto toda la noche. La señora Grieve afirma que el pachulí ocasiona a veces falta de apetito y de sueño. Esto está relacionado probablemente con su efecto afrodisíaco y, al igual que el ginseng, puede incluir una acción sobre las glándulas endocrinas. Su efecto sedante o estimulante no sólo depende de la dosis, sino también del estado del individuo.

El aroma del pachulí recuerda al de la mirra; ambos comparten una especie de *bouquet* pesado, dulzón tirando a rancio. El pachulí tiene a todas luces las propiedades astringentes y antiflogísticas de la mirra, además de una calidad muy secante, y es probablemente un buen estíptico. Retiene, concentra, agudiza el ingenio y es muy bueno para los tipos mucosos, lentos y flemáticos. Se puede aplicar donde hay enrojecimientos cutáneos, heridas llorosas y piel agrietada. La señora Grieve asegura que contiene «ceruleína», refiriéndose aquí probablemente al azuleno: de ahí su efecto antiflogístico.

El pachulí no produce obstrucciones ni «tapones» donde existe un flujo natural y constriñe únicamente las «flojedades» anormales. En este aspecto se le puede emplear como tónico en las diarreas y estreñimientos debidos a una dilatación atónica del colon. Puede dar también resultado en el tratamiento de edema, obesidad, retención de agua, saturación de la piel y acaso también en la flaccidez cutánea de las personas mayores. En los casos de ansiedad y depresión esta propiedad puede ocasionar un ligero efecto sedante y, también, lo que es más importante, una coordinación de los pensamientos, ayudándonos a clarificar nuestros problemas y centrándonos hasta el punto de que seamos capaces de ver las cosas con más objetividad y obrar en consecuencia.

Pimienta negra

Nombre latino	*Piper nigrum*
Familia	Piperáceas
Cualidad	Yang
Planeta regente	Marte

Índice de evaporación	60
Intensidad de olor	7
Esencia extraída del	Fruto (conocido como grano de pimienta)

Propiedades	*Usos*	
Analgésica	Catarro	Náuseas
Antiséptica	Cólera	Anginas
Antiespasmódica	Resfriado	Dolor de muelas
Antitóxica	Cólico	Vértigo
Afrodisíaca	Estreñimiento	Vómitos
Carminativa	Tos	
Digestiva	Diarrea	
Diurética	Disentería	
Febrífuga	Dispepsia	
Laxante	Disuria	
Rubefaciente	Fiebres	
Estimulante	Flatulencia	
Estomacal	Indigestión	
Tónica (especialmente del bazo)	Gripe	
	Pérdida del apetito	

La pimienta negra se cultiva en Malabar, Java, Sumatra y Penang. La planta alcanza normalmente 6 m o más de altura, pero se la limita a 3,5 m por conveniencias comerciales. Los granos de pimienta negra son sus bayas rojas secadas al Sol —las recogen antes de que maduren—. Los granos de pimienta blanca proceden de la misma planta, pero entonces no se recogen las bayas hasta que están totalmente maduras y se les quita el pericarpo (capa exterior) antes de secarlas.

La palabra latina *piper* procede del sánscrito *pippali*. La pimienta, como la canela y el clavo, es una de las especias más antiguas que se conocen y ya se empleaba en la India hace más de 4.000 años. Fue también muy empleada en la antigua Grecia y en Roma, y hace 3.000 años ya se había convertido en un importante artículo comercial.

El aceite de la pimienta negra tiene un color ámbar claro y un olor muy parecido al del clavo, pero su aroma es más refinado y agradable. Hace buena mezcla con el sándalo y el incienso. Al estar bajo la regencia de Marte tiene una cualidad muy caliente y su sabor es moderadamente amargo.

> Se la llama pimienta. Es caliente y seca en cuarto grado. Hay tres clases de pimientas, negra, blanca y los pimientos [...]. Pero de todas las pimientas la negra es la mejor y la más completa. Tome pimienta y póngala en las fosas nasales y lo hará estornudar [...]. Es buena para el catarro que se coge con el frío [...]. La pimienta negra también tiene la virtud de soltar, aliviar y extraer. Limpia los miembros espirituales del frío, la flema y los humores viciosos, sobre todo cuando su polvo se toma con higos, porque tiene una gran fuerza para calentar y tonificar el estómago y abrir el apetito, pero no es bueno que consuman pimienta las personas demasiado sanguíneas y coléricas (*Herbario*, de Banckes).

> Todas las pimientas se hallan bajo el dominio de Marte y son de temperatura caliente y seca, casi del cuarto grado; pero la blanca es la más caliente. Restablece y calienta un estómago frío, consume los humores crudos y húmedos y estimula el apetito. Disuelve los vientos del estómago y los intestinos, provoca la orina, ayuda a la tos y demás enfermedades del pecho y es un ingrediente de los grandes antídotos [...] empleada para las fiebres malarias, para calentar el estómago antes de que llegue el acceso. Todas se emplean contra las anginas, mezcladas con miel, tomadas y aplicadas también externamente, para dispersar las amígdalas de la garganta y otras partes (Nicholas Culpeper).

> La pimienta es calentadora y secadora, expele los vientos y es de gran utilidad contra la frialdad y ventosidad del estómago y el cólico; fortalece los nervios y la cabeza y ayuda a la vista; externamente es buena para el dolor de muelas y para las afecciones frías de los nervios y dolores de las extremidades (Joseph Miller).

> Se atribuye a esta droga propiedades carminativas, calentadoras y eliminadoras, y se la administra en el cólera, disentería, vómitos, diarrea de verano y disuria. Se dice que corrige la intoxicación por pescado, ma-

riscos y por setas [...]. La esencia de pimienta es estomacal, péptica, estimulante y tónica para el bazo (Li Shih-Chên).

Aromática, estimulante, carminativa; se dice que posee propiedades febrífugas. Su acción como estimulante se evidencia sobre todo en la mucosa del recto y por eso es buena para el estreñimiento, también de los órganos urinarios; externamente es rubefaciente, útil cuando el recto se prolapsa por relajamiento; se emplea a veces en lugar de los cubebas para la gonorrea; dada en combinación con laxantes para facilitar su acción y para prevenir los retortijones (La señora Grieve) [cubeba = una baya aromática de Java].

El doctor Chandrashenkhar recomienda la pimienta negra para la dispepsia, el cólico, la tos, las hemorroides, los trastornos urinarios, enfermedades del pecho y resfriados. En las zonas rurales de la India se da pimienta negra como inhalación en los casos de desmayo e histeria. Wren recomienda la pimienta para la flatulencia, los resfriados congestivos y las fiebres intermitentes. Marguerite Maury nos dice que «en Grecia se empleaba esta planta contra la fiebre intermitente, que era en realidad una forma benigna de la malaria mediterránea». Culpeper recomienda también la pimienta «en las fiebres malarias, para calentar el estómago antes de que llegue el acceso». La malaria es una fiebre intermitente. Madame Maury prosigue: «La experiencia nos ha enseñado que el aceite esencial de la pimienta ejerce una gran influencia en el tono muscular. Lo empleamos a menudo en el caso de atonía muscular».

En la práctica homeopática se emplea la pimienta negra para la dificultad de concentración, cefalalgia fuerte con dolor en los globos oculares, hemorragias nasales, flatulencias, cólicos, tos con dolor de pecho, palpitación, dolor cardíaco, micción ardiente o difícil y los estados mentales tristes y aprensivos.

El aceite de pimienta negra es ardiente, calentador, muy yang. Sus principales zonas de acción son el sistema urinario, el respiratorio y el digestivo. Es un aceite estimulante e inevitablemente tiene cierta calidad cefálica, actuando sobre la mente. Estimula la emisión de la orina y la digestión y es un afrodisíaco estimulante. Ejerce una acusada acción estimulante del tracto digestivo, de ahí su empleo en la dispepsia atónica, el estreñimiento, la flatulencia, la pérdida del apetito, etc. Devuelve a todas luces el tono a las musculaturas lisas laxas —prolapso del colon, del útero, etc.

La pimienta negra está indicada dondequiera que haya un exceso de frío o agua. Cuando hay un exceso de calor se debe emplear sólo en cantidades pequeñas, diluida a menos del 1 % (como en las aguas aromáticas). Es un buen remedio en las afecciones agudas, y también en las crónicas, pero en éstas da más resultado combinada con otras esencias.

Como esencia calentadora la pimienta negra, como todas las especias ardientes, es buena para los resfriados y la gripe; es un buen remedio para las fiebres, sobre todo de tipo intermitente. Estimula la circulación, es un tónico esplénico y actúa como agente antitóxico, sobre todo en ciertos tipos de intoxicación por alimento, según indicaba la cita de Li Shih-Chên. El comentario de Culpeper de que «es un ingrediente de todos los grandes antídotos» hace referencia a la utilización clásica de determinadas sustancias aromáticas como antídoto de los intentos de envenenamiento.

Por vía externa es rubefaciente y un analgésico suave, especialmente bueno en los distintos dolores musculares y en dolores agudos como el de muelas y la angina de pecho. Como rubefaciente y estimulante da resultado a veces en casos de artritis reumatoide o de parálisis. Siendo un remedio muy yang está indicado en los casos de un frío extremo: físico o emocional.

Romero

Nombre latino	*Rosmarinus officinalis*
Familia	Labiadas
Cualidad	Yang
Planeta regente	El Sol
Índice de evaporación	18

Intensidad de olor	6
Esencia extraída de	La planta

Propiedades

Estimulante de las suprarrenales
Analgésico
Antiséptico
Antiespasmódico
Astringente
Carminativo
Cefálico
Colagogo
Colerético
Cicatrizante
Cordial
Digestivo
Diurético
Emenagogo
Hepático
Hipotensor
Nervino
Estimulante
Estomacal
Sudorífico
Vulnerario

Usos

Asma
Arteriosclerosis
Alopecia
Bronquitis
Clorosis
Colecistitis
Cirrosis
Resfriados
Colitis
Debilidad
Diarrea
Dismenorrea
Dispepsia
Epilepsia
Desmayos
Flatulencia
Cálculos biliares
Gota
Cefalalgia
Trastornos hepáticos
Hipercolesterol
Hipotensión
Histeria
Gripe
Ictericia
Leucorrea
Fatiga mental
Migraña
Trastornos nerviosos
Palpitaciones
Pediculosis
Tisis
Reumatismo
Sarna
Cuidado de la piel
Tos ferina
Heridas
Hipotonía vaginal

Otra hierba medicinal prodigiosa, el romero es una de las más antiguas y famosas dentro de nuestra farmacopea herborística. Los antiguos emplearon ya ramitas de romero para ahuyentar a los espíritus malévolos, y lo quemaban como incienso —tanto que los franceses lo llamaron *incensier*—. Lo utilizaron tradicionalmente como fumigatorio en las habitaciones con enfermos. Se empleó en la Europa de antes para dar sabor a licores, vinos y cervezas; entre la ropa para alejar la polilla, e incluso como adorno navideño. Al igual que la ruda, lo ponían en los banquillos de los acusados de los tribunales de justicia para evitar el contagio de la «peste de las crujías». En el Mediterráneo abunda al natural, pero casi nunca faltaba en huertos y jardines para tener lo a mano como condimento. La medicina lo empleó sobre todo para fortalecer la memoria y los nervios y para calentar el corazón.

El agua de romero, también proverbial, se empleó siempre como lavado facial para limpiar y hermosear. Fue también uno de los ingredientes principales del agua de Hungría, bautizada así porque la reina Isabel de Hungría la empleó como loción rejuvenecedora y se lavaba la cara con ella cada día. Se habla de su empleo multisecular como remedio de las extremidades gotosas y paralizadas y no tanto del que le dieron tantas celestinas medievales y menos medievales como astringente para la dilatación vaginal. El romero es también uno de los ingredientes del agua de Colonia clásica, que, aplicada a las sienes, sigue aliviando dolores de cabeza. Ya en el siglo VIII Carlomagno decretó —por algo sería— que nunca faltase romero en ningún jardín de su Sacro Imperio romano germánico.

El nombre de romero viene del latín *ros marinus* («rocío marino»), porque le encanta el agua. Es una planta perenne muy conocida, de tallos largos y derechos, adornada de hojas muy estrechas y puntiagudas como de 3 cm de largo. El haz es verde fuerte y el envés de un gris plateado. Alcanza hasta metro y medio de alto y tiene flores pequeñas, de color azul pálido.

El aceite de «romero» es incoloro y tiene un sabor caliente, acerbo, inconfundible, pues sorprendentemente casi carece de amargor. Es notable su parecido al alcanfor. Hace buena mezcla con otros aromas frescos como la bergamota, la albahaca y la menta piperita, y constituye un aceite de baño muy vigorizante y refrescante.

> Rosmarino. Para la debilidad de su cerebro. Contra la debilidad del cerebro y la frialdad de él, ponga romero en vino y haga que el paciente reciba el humo en su nariz y le conserve caliente la cabeza (*Herbario de Grete*).

> Esta hierba es caliente y seca [...]. También, coge las flores y haz polvo con ellas y emplástalo en el brazo derecho en un paño de lino, y te

pondrá despejada y alegre [...]. También, hierve las flores en leche de cabra y déjalas al sereno toda la noche, bien tapadas; después de eso, dale a beber eso al que tenga tisis y lo librará. También, hierve las hojas en vino blanco y lava tu cara con ello, tu barbilla y tus cejas, y no te saldrán granos sino que tendrás una cara hermosa. También, pon las hojas debajo de tu cabecera y te librarán de todos los malos sueños [...].

También, si tienes el flujo, hierve las hojas en vinagre fuerte y después líalas en un paño de lino y véndatelas sobre la matriz y luego se retirará el flujo. También, si tus piernas se hinchan con la gota, hierve las hojas en agua y después coge las hojas y véndatelas en un paño de lino alrededor de las piernas y eso te hará mucho bien. También, coge las hojas y hiérvelas en un vinagre fuerte y aplícatelas dentro de una tela sobre el estómago y te librarán de todos los males (*Herbario*, de Banckes).

Los árabes y otros físicos [médicos] después de ellos, escriben que el romero fortalece el cerebro, la memoria, los sentidos interiores, y devuelve el habla a los que están poseídos de la parálisis muda, especialmente la conserva hecha de las flores y azúcar o confitada con azúcar de cualquier otra manera, tomándola cada día en ayunas.

Las flores confitadas en platos con azúcar a la manera del dulce de rosas y comidas fortalecen el corazón y lo ponen alegre, avivan los espíritus y los hacen estar más animados (John Gerarde).

El cocimiento de romero en vino ayuda al lagrimeo del catarro en los ojos y otras enfermedades frías de la cabeza y el cerebro como el vértigo y los desvanecimientos de él, la somnolencia torpe, la parálisis muda o pérdida del habla, el aletargamiento, la epilepsia, bebiéndolo y mojando las sienes con él [...]. Ayuda a la memoria débil y despeja los sentidos.

El aceite químico [esencial] sacado de las hojas y flores, es una ayuda soberana para todas las enfermedades antedichas, para tocar las sienes y la nariz con dos o tres gotas en todas las enfermedades de la cabeza y cerebro mencionadas antes; como también tomar una gota, dos o tres, según requiera el caso, en las enfermedades internas; pero hay que hacerlo con discreción, porque es muy vivo y penetrante y por lo tanto hay que tomarlo en el momento justo (Nicholas Culpeper).

A comienzos del siglo XVIII el aceite de romero se había convertido en preparado oficial. Es un aceite yang, muy penetrante y estimulante; pica igual que el de albahaca, sólo que con menor grado, y no quema como la mostaza o la pimienta. Su naturaleza estimulante recomienda su empleo en el caso de pérdida del sentido del olfato y en la pérdida del habla, aunque su eficacia en este caso depende desde luego de la causa de dicha pérdida. Culpeper lo recomienda también para los «ojos turbios», y afirma que «proporciona una vista clara». Está regido por el Sol, y ejerce un efecto calentador y estimulante en el corazón. Y un efecto similar en la mente y en los nervios, habiéndosele empleado tradicionalmente en la pérdida de memoria, en casos de vértigo y de modorra general.

El aceite de romero es un estimulante nervioso muy bueno y se puede emplear en todas las afecciones que comportan una reducción o pérdida de la función nerviosa. En el caso de los nervios sensoriales ello puede acarrear un deterioro de la percepción sensitiva, y en el caso de los motores una parálisis, pérdida del habla, etc. El romero es también eficaz en la mayoría de los demás trastornos nerviosos, incluyendo la histeria y la epilepsia. Es un estimulante valioso cuando existe una lentitud, debilidad o apatía general, y normaliza la presión sanguínea baja. Ejerce también una acusada acción en el cerebro, similar a la de la albahaca; limpia la mente de la confusión y la duda, siendo además un remedio clásico del desvanecimiento, el dolor de cabeza y la migraña.

Es un tónico cardíaco excelente, con una acción estimulante suave, y da buen resultado en afecciones cardionerviosas como las palpitaciones. Es asimismo bueno en muchos padecimientos hepáticos, incluyendo la clorosis, el hepatismo, la cirrosis, y como colagogo se le puede emplear en la colecistitis, los cálculos biliares y la ictericia debida a hepatitis o bloqueo del canal biliar. El aceite de romero ayuda a normalizar el exceso de colesterol sanguíneo, de ahí su utilidad en la arterioesclerosis.

La acción antiséptica del romero se presta especialmente a la infección intestinal y a la diarrea. Su acción sobre la indigestión es estimulante, antiespasmódica, carminativa y estomacal. Se puede emplear en casos de colitis, dispepsia atónica, flatulencia y gastralgias.

Como antiespasmódico, el romero tiene cabida en el asma y la bronquitis crónica; al ser un aceite calentador y antiséptico, es eficaz en los resfriados, la gripe y toses acompañantes. Al estar bajo la égida del Sol, el romero es muy bueno en las enfermedades consuntivas; Culpeper nos dice: «Las hojas secas, desmenuzadas y fumadas como tabaco, ayudan a las personas que tienen cualquier tos, tisis o consunción, porque calienta y seca las delgadas fluxiones que causan esas enfermedades».

En aplicación externa, el aceite de romero es muy bueno para los dolores reumáticos o musculares, y se puede emplear como remedio general de la gota y el reumatismo. Es bueno contra los piojos, ladillas y la sarna, y un excelente remedio para las heridas. Los árabes espolvorean la planta pulverizada en el cordón umbilical de los recién nacidos como antiséptico astringente. Es tradicional el empleo del aceite de romero en las afecciones del cuero cabelludo. Lo estimula y limpia, siendo muy bueno contra la pérdida de pelo y contra la caspa. En el cuidado de la piel se puede emplear como tónico astringente, especialmente en forma de agua aromática.

Rosa

Nombre latino	*Rosa damascena* (Rosa de Alejandría o rosal damasquino) *Rosa centifolia* (Rosa de cien hojas o rosal romano)
Familia	Rosáceas
Cualidad	Yin
Planeta regente	Venus
Índice de evaporación	99
Intensidad de olor	7
Esencia extraída de	Las flores

Propiedades	*Usos*	
Antidepresiva	Colecistitis	Esterilidad
Antiflogística	Conjuntivitis	Trastornos uterinos
Antiséptica	Estreñimiento	Vómitos
Antiespasmódica	Depresión	
Afrodisíaca	Frigidez	
Astringente	Hemorragia	
Colerética	Cefalalgia	
Depurativa	Congestión hepática	
Emenagoga	Impotencia	
Hemostática	Insomnio	
Hepática	Menstruación irregular	
Laxante	Leucorrea	
Sedante	Menorragia	
Esplenética	Náuseas	
Estomacal	Tensión nerviosa	
Tónica (corazón, estomago, hígado, útero)	Oftalmía	
	Cuidado de la piel	

> Destila la rosa un bálsamo que cura,
> capaz de calmar el pulso agitado del dolor.
>
> Anacreonte

Si el jazmín es el rey de los aromas, la rosa es desde luego la reina. Hay algo inconfundiblemente femenino en la fragancia de las rosas, y una de sus aplicaciones medicinales principales se centra en lo que se califica vagamente como «padecimientos femeninos». Se dice que la rosa surgió de la sangre de Adonis, mientras que Gerarde nos cuenta que los turcos creen que nació de la sangre de Venus, y los mahometanos creen que nació del sudor de Mahoma. En los pueblos hispanos y culturas prehispánicas la mitología de las rosas es infinita.

Las rosas se han usado por su aspecto, por su aroma y por sus propiedades terapéuticas desde tiempo inmemorial. Los romanos las prodigaban en guirnaldas, perfumes, baños perfumados, confituras y como remedio de la ingrata resaca.

El aceite de rosa en sí, dicen, fue descubierto accidentalmente en Persia en las fiestas nupciales de la princesa Nour-Djihan y el emperador Djihanguyr. Excavaron una zanja que rodeaba los jardines y la llenaron de agua de rosas. El calor del sol hizo que el aceite se separase y flotara arriba, donde llamó la atención porque parecía una especie de nata. Cuando examinaron aquella «nata», y descubrieron su naturaleza verdadera, no tardó mucho en iniciarse la producción del aceite de rosas persa.

Los guerreros persas acostumbraban a adornar sus escudos con rosas en la época de su supremacía y, según Ibn Jaldun, la provincia de Farnistan tributaba anualmente 30.000 botellas de agua de rosas a la tesorería fiscal de Bagdad.

La producción del aceite de rosas persa, lo mismo que la del de la India, ha dejado de tener la importancia comercial de antaño. El aceite de rosa más fino y caro viene de Bulgaria y se conoce como rosa búlgara otto. Se extrae de la rosa de Alejandría, que sólo se puede cultivar con éxito en un distrito montañoso de unos 620 km^2 de extensión, situado a 400 m sobre el nivel del mar. De esta planta, que se cultiva además en Turquía y Marruecos, se extraen un aceite absoluto y un aceite otto. La rosa romana (*Rosa centifolia*) se cultiva en la región de Grasse, en el Sur de Francia, pero se usa en exclusiva para producir aceite absoluto y no otto.

El color del aceite de rosa es verde-naranja, y no rojo, como uno podría suponer. Hacen falta 30 rosas para obtener una gota de aceite búlgaro de rosa otto y 60.000 (unos 82 kilos) para obtener una onza (28 g).

El *Herbario* de Banckes contiene recetas para hacer *mell roset* (miel de rosas), jarabe de rosas, un agua de rosas y aceite de rosas. Dedica más espacio a la rosa que a ninguna otra planta del libro. Reproducimos a continuación algún comentario suyo:

> Ésta es la rosa roja. Es fría en primer grado y seca en segundo grado [...]. Algunos machacan rosas frescas en aceites, y las ponen en un recipiente de vidrio y lo ponen al sol 50 días, y ese aceite es bueno contra la irritación del hígado si se unta con él. También es bueno para la enferme-

dad de la cabeza que viene del calor; unte la frente y las sienes con aceite de rosas. El agua de rosas tiene la virtud de aliviar y constreñir contra el flujo de la matriz y el vómito [...]. También, el agua de rosas es buena para el síncope y la cardialgia: désela a beber y rocíele el agua en la cara. También, el agua es buena para los ojos y en ungüentos para la cara, porque quita las manchas y la superfluidez y estira la piel. También, rosas secas dadas a oler junto a la nariz confortan el cerebro y el corazón y avivan el espíritu.

Gerarde nos dice que el agua de rosas «mitiga el dolor de los ojos procedente de causa caliente, trae sueño que también provocan las rosas frescas mismas con su fragante y agradable olor».

Culpeper nos dice algunas cosas interesantes sobre las rosas:

> La rosa de Damasco, atendiendo a su fragancia, pertenece a los cefálicos; pero la siguiente virtud valiosa que posee consiste en su calidad catártica.
>
> Las flores del rosal rojo común secas se dan en infusiones y a veces en polvo contra el sobreflujo de los meses, la escupidera de sangre y otras hemorragias.

Afirma además que la tintura de rosa roja es buena para fortalecer el vientre y prevenir los vómitos.

> Las rosas blancas y rojas son enfriadoras y secantes [...]. El cocimiento de rosas rojas hecho con vino y empleado es muy bueno para el dolor de cabeza y dolores de los ojos, oídos, garganta y encías; también para las nalgas y las partes bajas de vientre y la matriz, bañándolas o poniéndolo en ellas. El mismo cocimiento [...] se aplica a la región del corazón para aliviar la inflamación de él [...].
>
> Las rosas rojas fortalecen el corazón, el estómago, el hígado y la facultad retentiva; mitigan los dolores que salen del calor, las inflamaciones frías, procuran descanso y sueño [...].
>
> El aceite de rosas se emplea él solo para enfriar la inflamación o hinchazones calientes, y para detener y parar los flujos de humores a las llagas.

Joseph Miller escribe sobre los tres tipos de rosa. La rosa blanca es «secante, astringente y enfriadora». De la rosa de Alejandría dice:

«Las flores son de una naturaleza catártica gentil, purgando los humores coléricos y serosos, dándoselas a los niños o personas enfermizas, y mezcladas frecuentemente con catárticos más fuertes». La rosa roja «es más astringente y restringente que ninguna de las demás especies, buena contra toda suerte de flujos; fortalecen el estómago, previenen los vómitos y atajan las toses cosquillosas, evitando la fluxión del catarro, y son de gran servicio en las consunciones».

El doctor Chandrashekhar nos explica:

> La rosa es enfriadora, mitigadora y beneficiosa para el corazón y los ojos. Es laxante y tónica, incrementa el semen y aumenta la belleza del semblante. Tiene un sabor combinado amargo y dulce. Es digestiva, restaura el equilibrio de los tridochas (cualidades primarias) y es sumamente eficaz en las impurezas de la sangre.

Li Shih-Chên nos habla de una rosa muy fragante, la *Rosa rugosa*, que se cultiva en China:

> Su naturaleza es enfriadora, su sabor dulce con un ligero amargor, y actúa especialmente en el bazo y el hígado, estimulando la circulación de la sangre. Se prescribe en forma de extracto para los vómitos de sangre, y las flores se usan en todas las enfermedades del hígado, para dispersar abscesos y en las enfermedades de la sangre en general [...]. La esencia de rosa se hace destilando las flores de la Rosa rugosa. Su acción medicinal se ejerce a través del hígado, el estómago y la sangre. Ahuyenta la melancolía.

Menciona también la esencia de la *Rosa indica*: «Se utiliza como remedio para el corazón y en el tratamiento de la melancolía».

Marguerite Maury escribe:

> Como un afrodisíaco muy conocido, la farmacopea hindú la emplea reforzada con sándalo. Las propias experiencias nos han enseñado que la rosa ejerce una influencia considerable en los órganos sexuales femeninos. No a fuerza de estímulos, sino al contrario, por medio de limpiar y regular sus funciones. Hemos podido comprobar su influencia en el ritmo cardíaco y en la circulación sanguínea. Los capilares —esos pequeños corazones

con latidos independientes— vuelven a activarse, y la capilaropatía, con sus a veces trágicas consecuencias, puede quedar perfectamente curada.

Los pueblos mexicanos —de ello fueron testigos los grandes cronistas de la conquista— incluían a menudo las rosas en su avanzada y obliterada medicina natural, y hasta hace poco, por ejemplo, los apaches mezcaleros hervían capullos de rosas salvajes y daban a beber la tisana resultante para tratar la gonorrea.

Son citas que hablan elocuentemente por sí solas. Pero, resumiendo, la rosa tonifica los sistemas vascular y digestivo más a través de una acción purgante y limpiadora que de una estimulante. La rosa ejerce además una acción calmante en los nervios, que puede inducir al sueño, sin ser demasiado sedante. Debido a su estupenda fragancia podemos considerarla también antidepresiva. Es un afrodisíaco muy conocido; dicen que hace aumentar el semen y podría muy bien ser útil en casos de impotencia o esterilidad. Al estar bajo la égida de Venus es de gran utilidad para la regulación de la función menstrual; es un emenagogo suave y limpia de impurezas la matriz. Se puede emplear en todos los trastornos del sistema genitourinario. Su acción en el sistema vascular es múltiple: estimula la circulación, depura la sangre, alivia la congestión cardíaca, regula la acción del bazo y el corazón y tonifica los capilares. También es importante la acción que ejerce en el aparato digestivo: fortalece el estómago, estimula el flujo de la bilis y la eliminación de las heces. Es útil además en los casos de náuseas, vómitos, y toses o vómitos con sangre. El empleo externo del agua de rosas en los ojos reduce la inflamación y es eficaz en la conjuntivitis.

La triple acción de la rosa en los sistemas vascular, digestivo y nervioso, y más especialmente la naturaleza de su acción, la hacen particularmente recomendable en las situaciones de estrés que se generalizan hoy en día cada vez más: la tensión nerviosa, las úlceras pépticas, las cardiopatías y un creciente etcétera.

La investigación moderna tiene poco que añadir a lo que sabían ya sobre la rosa los médicos herboristas del siglo XVII. En 1972 se publicó en la antigua URSS un artículo sobre la acción colerética del aceite de rosas. Se comprobó que la adición de aceite de rosas al alimento de las ratas incrementaba la secreción biliar y de los componentes orgánicos principales de la bilis. Se saca en conclusión que el aceite de rosas puede estimular la formación hepática de bilis en los seres humanos, en especial la síntesis de ácidos biliares y fosfolípidos. Puede ser eficaz en el tratamiento de la colecistitis y posiblemente de la ictericia.

El aceite de rosas, acaso nos sorprenda, es una de las esencias más antisépticas. Esto, combinado con sus cualidades ligeramente tónicas y mitigadoras y su acción sobre los capilares, lo hacen efectivo virtualmente en todos los tipos de piel. Es particularmente bueno en el de piel madura, seca o sensible, y en cualquier caso de enrojecimiento o de inflamación.

La de rosas es la menos tóxica de todas las esencias. En la mayoría de los cometidos terapéuticos, especialmente tomada por vía interna, se debe dar preferencia a la esencia u otto (obtenida por destilación), respecto del absoluto, producido por extracción con disolventes químicos.

SÁNDALO

Nombre latino	*Santalum album*
Familia	Santaláceas
Cualidad	Yang
Planeta regente	Urano
Índice de evaporación	100 ?
Intensidad de olor	5
Esencia extraída de	La madera

Propiedades	*Usos*	
Antidepresivo	Acné	Náuseas
Antiflogístico	Blenorrea	Tensión nerviosa
Antiséptico	Bronquitis	Cuidado de la piel
Antiespasmódico	Catarro	Tuberculosis

Afrodisíaco	Tos	Vómitos
Astringente	Cistitis	
Carminativo	Depresión	
Diurético	Diarrea	
Expectorante	Gonorrea	
Sedante	Hipo	
Tónico	Insomnio	
	Laringitis	

¿Das olor a ese destral
que te hiere y asesina,
pobre sándalo? ¡Si tal,
cumplo con la Ley Divina,
le devuelvo bien por mal!

Decía bien el poeta mexicano Juan de Dios Peza: el sándalo cura además a los humanos. Es un árbol de 6 a 9 m de altura, y sus flores son rojas, amarillas o rosa/morado. Sólo se utiliza de él la madera interna, conocida como madera del corazón. Se la empleó desde tiempos remotos como incienso, para embalsamar y en cosmética. En la antigua India se utilizó mucho en ceremonias religiosas (incineraciones) y se veía en ella una panacea, aunque primó enseguida el valor específico del sándalo en las afecciones genitourinarias. Se le menciona ya en el *Nirukta*, el comentario védico más antiguo, escrito en el siglo v a.C. Se utilizó como perfume en la India y en Egipto, donde fue ingrediente de muchos cosméticos. Los chinos lo importaron primero, para emplearlo de manera similar; ahora lo cultivan en su tierra. Todavía se hacen en Oriente una serie de muebles, curiosidades y otros artículos de esta preciosa madera. Como es uno de los pocos árboles inmunes al ataque de las termitas, su madera se utilizaba mucho en la construcción. Ello fue la causa de que se talara en exceso. Actualmente todos los árboles de esta especie son propiedad del gobierno de la India y la mayor parte de su madera se dedica a la obtención de esencia por destilación. El nombre del sándalo se deriva probablemente del sánscrito *chandana*.

El *Santalum album* crece en la India suroccidental (Mysore) y en la región de Lingnan, en China. El aceite chino no se puede adquirir comercialmente. El aceite de sándalo de la India occidental, conocido como aceite de amyris, procede de una especia completamente distinta, la *Schimmelia oleifera*. Su aroma es decididamente inferior al del sándalo de Mysore y se conocen poco sus propiedades terapéuticas. Existe también el aceite de sándalo australiano, obtenido por destilación del *Santalum spicatum*. Es más afín al de Mysore, tanto en la botánica como por el aroma, y se emplea en medicina. Sus propiedades terapéuticas no están en general a la altura del aceite de sándalo de Mysore.

El aceite de sándalo ha sido empleado más que ninguna otra esencia como perfume por derecho propio. Es además un fijador excelente, que se emplea mucho en los perfumes de gran clase. Su aroma es «de madera», dulce, recuerda al de la rosa, con un exótico toque oriental. Hace buena mezcla con la mayoría de los demás aceites, especialmente los de rosa, azahar y benjuí. Tiene una consistencia densa, aceitosa, y un débil color amarillo verdoso. Su sabor es amargo en extremo. Esto es muy interesante, porque la parte posterior de la lengua, donde se registran los sabores amargos, está inervada por una ramificación del vago. El vago, o décimo nervio craneal, inerva la faringe, la laringe, los pulmones, el corazón, la vesícula biliar y el estómago. La medicina herborística utiliza los tónicos amargos para estimular la digestión. El sándalo ejerce una acción muy acusada en las mucosas de las vías genitourinarias, respiratorias y pulmonares, y se emplea a menudo en las infecciones crónicas de esas áreas. Es eficaz contra los estreptococos y el *Staphylococcus aureus*, por lo que está indicado en la mayoría de los tipos de afecciones de garganta, incluyendo la laringitis. Sus propiedades expectorantes y antiespasmódicas lo hacen también muy útil en las bronquitis y toses crónicas. Es eficaz contra el tipo aviario del *Mycobacterium tuberculosis*. Se lo puede usar en todas las afecciones pulmonares que incluyen catarro, y puede aliviar también una tos seca.

El aceite de sándalo es eficaz en todas las situaciones genitourinarias que incluyen una fluxión mucosa, especialmente la gonorrea. No ejerce un efecto bactericida categórico en la infección por gonococos, pero es eficaz en tanto que elimina las contracciones espontáneas del cordón espermático, mitiga la motilidad de los músculos del tracto genital, posee un efecto diurético e inhibe las secreciones. Es más bien un remedio para el hombre, pero se puede emplear también en la leucorrea. Tiene un efecto antiinflamatorio y un efecto analgésico suave en la inflamación de la mucosa.

Li Shih-Chên recomienda el sándalo para el hipo, los vómitos, las dificultades coléricas y el acné. Este aceite alivia el espasmo e inflamación del intestino y puede ser útil en los cólicos y la gastritis. Sirve de mucho en la diarrea, tanto aguda como crónica. Por su mismo sabor amargo y una posible acción refleja a través del nervio vago, el sándalo puede servir también para facilitar la digestión y puede tener una acción específica en la vesícula biliar. Abogan en pro de ésta las «dificultades coleraicas» mencionadas por Li Shih-Chên.

El sándalo es un aceite yang suave. Es emoliente, tónico, sedante, y muy útil en los trastornos crónicos e inflamatorios. Por su agradable aroma puede ser útil en los estados de ansiedad y depresión, y al ser un aceite bastante pesado es más sedante que euforizante. Su acción en el nervio vago hace suponer que pueda ejercer un efecto sedante, tónico y antiespasmódico en el corazón, cosa muy apreciable en situaciones de tensión nerviosa. Escribe madame Maury: «El aceite de rosa y sándalo compensa las deficiencias cardíacas y renales», aunque podría referirse al de sándalo únicamente por sus efectos sobre los riñones. La medicina oriental asocia un sabor amargo con el corazón y el intestino delgado.

El aceite de sándalo es uno de los más útiles que hay para la piel. Es la receta clásica para una piel seca, y en el caso de piel deshidratada se debe aplicar en forma de compresas calientes. Alivia el prurito y la inflamación de la piel, y actúa como antiséptico en el acné. Al ser un astringente suave, puede emplearse con beneficio en los cuadros de piel grasa. ¡No es por casualidad que los antiguos lo apreciasen tanto como cosmético!

Tablas

TABLA I

Aceite esencial	Intensidad de olor	Índice de evaporación	Cualidad	Planeta regente
Albahaca	7	78	Yang	Marte
Benjuí	4	100?	Yang	El Sol
Bergamota	4	55	Yang	El Sol
Pimienta negra	7	60	Yang	Marte
Manzanilla	9	47	Yin	La Luna
Alcanfor	5	?	Yin	Saturno
Cardamomo	9	68	Yang	Mercurio
Cedro	4	97	Yang	Urano
Amaro	5	82	Yang	Mercurio
Ciprés	4	30	Yin	Saturno
Eucalipto	8	5	Yin	Saturno
Hinojo	6	85	Yang	Mercurio
Incienso	7	75	Yang	El Sol
Geranio	6	87	Yin	Venus
Hisopo	6	65	Yang	Júpiter
Jazmín	7	95	Yang	Júpiter
Enebro	5	30	Yang	Júpiter
Espliego	4	85	Yang	Mercurio
Mejorana	5	40	Yang	Mercurio
Melisa	4?	17	Yang	Júpiter
Mirra	7	100?	Yang	El Sol
Azahar	5	79	Yang	El Sol
Pachulí	5	100	Yang	El Sol
Menta piperita	7	70	Yang	Mercurio
Rosa	7	99	Yin	Venus
Romero	6	18	Yang	El Sol
Sándalo	5	100?	Yang	Urano
Ilang-ilang	6	91	Yin	Venus

TABLA II

Esencia	Nombre latino	Familia
Albahaca	*Ocymum basilicum*	Labiadas
Benjuí	*Styrax benzoin*	Estiráceas
Bergamota	*Citrus bergamia*	Rutáceas
Pimienta negra	*Piper nigrum*	Piperáceas
Manzanilla	*Anthemis nobilis*	Compuestas
	Matricaria chamomilla	Compuestas
Alcanfor	*Cinnamomum camphora*	Lauráceas
Cardamomo	*Elettaria cardamomum*	Zingiberáceas
Cedro	*Juniperus virginiana*	Coníferas
Amaro	*Salvia sclarea*	Labiadas
Ciprés	*Cupressus sempervirens*	Coníferas
Eucalipto	*Eucalyptus globulus*	Mirtáceas
Hinojo	*Foeniculum vulgare*	Umbelíferas
Incienso	*Boswellia thurifera*	Burseráceas
Geranio	*Pelargonium odorantissimum*	Geraniáceas
	Pelargonium graveolens	Geraniáceas
Hisopo	*Hyssopus officinalis*	Labiadas
Jazmín	*Jasminum officinale*	Jasmináceas
	Jasminum grandiflorum	Jasmináceas
Enebro	*Juniperus communis*	Coníferas
Espliego	*Lavandula officinalis*	Labiadas
	Lavandula angustifolia	Labiadas
Mejorana	*Origanum marjorana*	Labiadas
Melisa	*Melissa officinalis*	Labiadas
Mirra	*Commiphora myrrha*	Burseráceas
	Balsamodendron myrrha	Burseráceas
Azahar	*Citrus aurantium*	Rutáceas
Pachulí	*Pogostemom patchuli*	Labiadas
Menta piperita	*Mentha piperita*	Labiadas
Rosa	*Rosa centifolia*	Rosáceas
	Rosa damascena	Rosáceas
Romero	*Rosmarinus officinalis*	Labiadas
Sándalo	*Santalum album*	Santaláceas
Ilang-ilang	*Cananga odorata*	Anonáceas

Tabla III

Índice de intensidad de olor

4	Benjuí
	Bergamota
	Cedro
	Ciprés
	Espliego
	¿Melisa?
5	Alcanfor
	Amaro
	Enebro
	Mejorana
	Azahar
	Pachulí
	Sándalo
6	Hinojo
	Geranio
	Hisopo
	Romero
	Ilang-ilang
7	Albahaca
	Pimienta negra
	Incienso
	Jazmín
	Mirra
	Menta piperita
	Rosa
8	Eucalipto
9	Manzanilla
	Cardamomo

Tabla IV

Índice de volatilidad

5	Eucalipto
18	Romero
30	Ciprés
30	Enebro
40	Mejorana
47	Manzanilla
55	Bergamota
60	Pimienta negra
65	Hisopo
68	Cardamomo
70	Menta piperita
75	Incienso
78	Albahaca
79	Azahar
82	Amaro
85	Hinojo
85	Espliego
87	Geranio
91	Ilang-ilang
95	Jazmín
97	Cedro
99	Rosa
100	Pachulí
100	¿Benjuí?
100	¿Mirra?
100	¿Sándalo?

Tabla V

Índices de evaporación
(Poucher)

3	Mirra	15	Rosa (damasquina)		Rosa (gallica)
4	Eucalipto	17	Melisa	50	Azahar
	Espliego	18	Mejorana	100	Benjuí
6	Bergamota	20	Amaro		Pimienta negra
8	Cedro	21	Romero		Ciprés
	Rosa (centifolia)	24	Ilang-ilang		Incienso
9	Menta piperita	29	Geranio		Pachulí
10	Manzanilla	30	Cardamomo		Sándalo
14	Albahaca	40	Hisopo		
	Hinojo	43	Jazmín		

Los números 1-14 se consideran notas altas
15-60 son notas medias, y
61-100 son notas bajas

Tabla VI

Aceites Yang y Yin

Aceites Yang		Aceites Yin	
Mercurio (aire)	Cardamomo	*Venus* (tierra)	Geranio
	Amaro		Rosa
	Hinojo		Ilang-ilang
	Espliego		
	Mejorana	*Saturno* (tierra)	Alcanfor
	Menta piperita		Ciprés
			Eucalipto
Urano (aire)	Cedro		
	Sándalo	*La Luna* (agua)	Manzanilla
Júpiter (fuego)	Hisopo		
	Jazmín		
	Enebro		
	Melisa		
El Sol (fuego)	Benjuí		
	Bergamota		
	Incienso		
	Mirra		
	Azahar		
	Pachulí		
	Romero		
Marte (fuego)	Albahaca		
	Pimienta negra		

Algunas relaciones complementarias del Yin y el Yang

YIN	YANG
Femenino	Masculino
Pasivo	Activo
Introvertido	Extrovertido
Contrae	Expande
Vacío	Plenitud
Oscuridad	Luz
Frío	Caliente
Húmedo	Seco
Sedante	Estimulante
Inhalación	Exhalación
Sangre venenosa	Sangre arterial
Nervios parasimpáticos	Nervios simpáticos
Miedo	Enojo
Cautela	Valor
Azul	Rojo

Glosario de términos médicos

Acetilcolina	un líquido que transmite mensajes de una terminación nerviosa a otra
Aftas	pequeñas manchas blancas, dentro de la boca, causadas por hongos
Albuminuria	presencia de albúmina en la orina
Alopecia	calvicie
Amenorrea	ausencia de menstruación
Angina	un absceso grande de la garganta
Arteriosclerosis	endurecimiento de las arterias
Ataraxia	paz de la mente
Auricular	hace referencia a las aurículas del corazón
Blefaritis	inflamación de los párpados
Blenorrea	flujo mucoso de los genitales
Celulitis	«piel como pellejo de naranja» causada por acumulaciones locales de grasa y materia tóxica
Cicatrización	formación de tejido cicatrizal
Cirrosis	inflamación crónica (más comúnmente en el hígado)
Clorosis	una forma de anemia
Colecistitis	inflamación de la vesícula biliar
Cutáneo	perteneciente a la piel (cutis)
Dismenorrea	menstruación dolorosa
Disnea	escasez respiratoria
Disuria	dificultad o dolor al emitir la orina
Edema	exceso de líquido debajo de la piel

Endocrino	perteneciente a las glándulas internas
Enfisema	enfermedad degenerativa de los pulmones, consistente en una hipertrofia de los sacos aéreos por dis tensión gaseosa
Enuresis	micción involuntaria
Eretismo	estado anormal de excitación o irritación
Escrófula	tuberculosis de los ganglios linfáticos
Espermatorrea	emisión involuntaria de semen sin orgasmo
Estomatitis	inflamación de la membrana mucosa de la boca
Estranguria	micción-emisión de la orina dolorosa o difícil
Exocrino	perteneciente a una glándula que excreta a través de un conducto
Fagocitosis	absorción de cuerpos extraños por los glóbulos blancos (leucocitos)
Farmacopea	libro oficial de los medicamentos de uso común
Fibrilación	contracción anormal rápida de las fibras musculares
Fístula	un canal anormal que conduce de una cavidad natural al exterior
Gingivitis	inflamación de las encías
Glomeronefritis	una forma de nefritis similar a la enfermedad de Bright
Glositis	inflamación de la lengua
Halitosis	aliento desagradable
Hematuria	presencia de sangre en la orina
Herpes	una erupción vesicular de la piel
Hidropesía	acumulación anormal de líquido en una cavidad del cuerpo
Hipercolesterolemia	exceso de colesterol en la sangre
Hiperglucemia	exceso de azúcar en la sangre
Hiperpnea	respiración anormalmente profunda y rápida
Hipertensión	presión sanguínea anormalmente alta
Hipofisial	perteneciente a la glándula pituitaria
Hipotensión	presión sanguínea anormalmente baja
Histeria	estado mental anormal caracterizado por exageración del comportamiento y trastornos físicos
In vitro	dentro de un tubo de ensayo
In vivo	dentro de un organismo vivo

Leucocitosis	formación de leucocitos (glóbulos blancos dentro del cuerpo)
Leucorrea	flujo vaginal blanquecino
Menorragia	pérdida de sangre excesiva durante la menstruación
Nefritis	inflamación del riñón
Neurastenia	agotamiento nervioso
Oftalmía	inflamación del ojo
Olfacción	ejercicio del sentido del olfato
Oliguria	producción escasa de orina
Otitis	inflamación del oído
Parturifaciente	que ayuda al parto y lo facilita
Pielitis	inflamación de la pelvis renal (de los riñones)
Piorrea	flujo de pus en las encías
Pirosis	ardor de estómago
Pólipo	cierta formación blanda (no maligna) de las mucosas
Potenciación	término empleado en homeopatía para describir la dilución y dinamización de una sustancia para que desprenda su energía
Profiláctico	preventivo
Psicosomático	perteneciente a la mente y al cuerpo
Psoriasis	tipo de enfermedad crónica de la piel
Sifílide	una manifestación cutánea de la sífilis
Tic	movimiento convulsivo repetitivo
Urticaria	erupción cutánea con prurito; recuerda a veces los pinchazos de la ortiga

Términos utilizados por los antiguos herboristas

Catamenia	menstruación
Cefálico, a,	referente a la cabeza, especialmente al cerebro
Cuartanas	fiebre intermitente cada cuatro días
Cursos	períodos menstruales
Destemple	dolencia
Flujo	fluxión acuosa. Puede referirse a (la) sangre, *mucus*, orina, etc., o a los fluidos corporales en general
Mal amarillo	ictericia

Migraña	hemicránea
Reaños	riñones
Secundinas	placenta después del parto
Sincopino	desmayo, desvanecimiento
Tercianas	fiebre intermitente cada tres días

Índice terapéutico

Absceso	bergamota, espliego
Acné	
trat. local:	bergamota, alcanfor, cedro, enebro, espliego, sándalo
trat. general:	dieta no tóxica y esencias depurativas
Aftas	geranio, mirra
Albuminuria	enebro
Alcoholismo	hinojo, rosa (véase también *hígado*, cirrosis)
Alergias	manzanilla, melisa
Alopecia	espliego, romero
Amenorrea	véase *menstruación*
Anemia	manzanilla
Anginas	pimienta negra, hisopo
Ansiedad	véase *tensión nerviosa*
Apendicitis	(sólo primeros auxilios) compresas de espliego
Apetito (pérdida)	averiguar causa y tratar en consecuencia. Conviene probablemente un ayuno. Muchas esencias estimulan el apetito, incluyendo la manzanilla, cardamomo, hinojo
Ardor de estómago	véase *estómago*
Arteriosclerosis	enebro, romero
Arteritis	mejorana
Artritis	véase *reumatismo*

Asma	benjuí, ciprés, eucalipto, hisopo, espliego, mejorana, melisa
Blefaritis	véase *conjuntivitis*
Blenorrea	bergamota, cedro, eucalipto, incienso, enebro, espliego, sándalo
Bronquitis	albahaca, benjuí, bergamota, alcanfor, cardamomo, cedro, eucalipto, incienso, hisopo, espliego, menta piperita, romero, sándalo
Cálculos biliares	véase *vesícula biliar*
Cálculos urinarios	manzanilla, hinojo, geranio, hisopo, enebro
Calvicie	véase *alopecia*
Cáncer en general:	¿cedro?, ¿ciprés?, eucalipto, hisopo
Cáncer uterino:	bergamota, eucalipto, geranio (no sugerimos estas esencias como curación completa por sí solas)
Carbuncos	
trat. local:	bergamota, incienso, espliego
trat. general:	dieta no tóxica, esencias depurativas
Cardenales	alcanfor, hisopo
Catarro	cedro, eucalipto, incienso, hisopo, espliego, mirra, sándalo
Cefalalgia	manzanilla, cardamomo, espliego, mejorana, menta piperita, rosa, romero
Celulitis	
trat. local:	enebro, espliego, romero
trat. general:	dieta no tóxica
Circulación	
hipertensión:	amaro, hisopo, espliego, mejorana, melisa, ilang-ilang
hipotensión:	alcanfor, hisopo, romero
Cirrosis	véase *hígado*
Clorosis	véase *hígado*
Colecistitis	véase *vesícula biliar*
Cólera	pimienta negra, alcanfor, eucalipto, menta piperita
Cólico	benjuí, bergamota, pimienta negra, manzanilla, alcanfor, cardamomo, amaro, hinojo, hiso-

	po, enebro, espliego, mejorana, melisa, menta piperita
Colitis	pimienta negra, bergamota, manzanilla, espliego, azahar, romero, ilang-ilang
Conjuntivitis	manzanilla, espliego, rosa (compresas)
Convulsiones	manzanilla, amaro, espliego
Corazón	
insuficiencia cardíaca:	alcanfor
palpitaciones:	espliego, melisa, azahar, menta piperita, romero, ilang-ilang
Cuidado de la piel	
agrietada:	benjuí, manzanilla, geranio, pachulí, rosa, sándalo
seca:	manzanilla, geranio, jazmín, espliego, azahar, rosa, sándalo, ilang-ilang
inflamada:	manzanilla, amaro, geranio, mirra, menta piperita, rosa, sándalo
envejecida:	benjuí, amaro, ciprés, incienso, espliego, mirra, azahar, pachulí, rosa
normal:	geranio, jazmín, espliego, azahar, rosa
grasa:	bergamota, alcanfor, cedro, ciprés, incienso, geranio, enebro, espliego, sándalo, ilang-ilang
sensible:	manzanilla, jazmín, azahar, rosa
Dentición (niños pequeños)	manzanilla
Depresión	albahaca, bergamota, manzanilla, alcanfor, amaro, geranio, jazmín, espliego, melisa, azahar, pachulí, rosa, sándalo, ilang-ilang
Dermatitis	benjuí, manzanilla, hisopo, geranio, enebro, espliego, menta piperita
Desinfección (de habitaciones)	bergamota, eucalipto, enebro, espliego
Desmayo	albahaca, pimienta negra, manzanilla, espliego, melisa, menta piperita, romero
Diabetes	eucalipto, geranio, enebro
Diarrea	pimienta negra, alcanfor, manzanilla, ciprés,

	eucalipto, geranio, espliego, mirra, azahar, menta piperita, romero, sándalo
Difteria	bergamota, eucalipto, espliego
Disentería	pimienta negra, manzanilla, ciprés, eucalipto, melisa
Dismenorrea	véase *menstruación*
Disnea	alcanfor, hisopo
Dispepsia	véase *estómago*
Disuria	pimienta negra, cedro, enebro
Dolor de cabeza	véase *cefalalgia*
Dolor de muelas	manzanilla, alcanfor, menta piperita
Dolor de oídos	véase *otitis*
Eczema	bergamota, manzanilla, geranio, hisopo, enebro, espliego
Edema	enebro, pachulí
Embarazo	incienso, jazmín, melisa, rosa
Enfisema	eucalipto
Enuresis	ciprés
Epilepsia	albahaca, espliego, romero
Eretismo genital	mejorana
Escarlatina	eucalipto
Escrófula	incienso, hisopo, espliego
Esguinces	alcanfor, eucalipto, espliego, romero
Espermatorrea	benjuí, incienso
Esterilidad	geranio, rosas
Estómago	
dispepsia (indigestión):	albahaca, bergamota, pimienta negra, manzanilla, cardamomo, amaro, eucalipto, hinojo, incienso, hisopo, enebro, espliego, mejorana, melisa, mirra, menta piperita, romero
gastralgia:	manzanilla, geranio, menta piperita
gastritis:	manzanilla
hipo:	albahaca, hinojo, sándalo
náuseas:	albahaca, pimienta negra, cardamomo, hinojo, espliego, melisa, menta piperita, rosa, sándalo
pirosis (ardor de estómago):	pimienta negra, cardamomo

Estomatitis	bergamota, geranio, mirra
Estranguria	véase *disuria*
Estreñimiento	pimienta negra, alcanfor, hinojo, mejorana, rosa
Fatiga mental (poca concentración, memoria débil)	albahaca, cardamomo, menta piperita, romero
Fiebre del heno	¿eucalipto?, rosa (véase también *alergias*)
Fiebre malaria	albahaca, eucalipto
Fiebre tifoidea	eucalipto, espliego
Fiebres	albahaca, pimienta negra, bergamota, manzanilla, alcanfor, eucalipto, hisopo, melisa, menta piperita
intermitentes:	albahaca, bergamota, pimienta negra, manzanilla, eucalipto
Fístula (anal)	espliego
Flatulencia	bergamota, pimienta negra, manzanilla, alcanfor, cardamomo, amaro, hinojo, hisopo, enebro, espliego, mejorana, mirra, menta piperita, romero
Forunculosis	dieta no tóxica, esencias depurativas
Forúnculos	manzanilla, amaro, espliego
Frigidez	véase *impotencia*
Gastralgia	véase *estómago*
Gastritis	véase *estómago*
Gingivitis	manzanilla, mirra
Glositis	bergamota, geranio
Gonorrea	bergamota, cedro, eucalipto, incienso, espliego, sándalo
Gota	albahaca, benjuí, alcanfor, hinojo, enebro, romero
Gripe	pimienta negra, ciprés, eucalipto, hisopo, espliego, menta piperita, romero
Halitosis	bergamota, cardamomo, espliego, menta piperita
Hemorragia	ciprés, eucalipto, incienso, geranio, rosa
Hemorragia nasal	ciprés, incienso

Hemorroides	ciprés, incienso, enebro, mirra
Heridas	benjuí, bergamota, manzanilla, alcanfor, eucalipto, incienso, geranio, hisopo, enebro, espliego, mirra, pachulí, romero
Herpes	bergamota, eucalipto, geranio, menta piperita
Hidropesía	enebro
Hígado	
cirrosis:	enebro, romero
clorosis:	espliego, mirra, romero
congestión:	manzanilla, ciprés, rosa, romero
hepatitis:	romero
ictericias:	geranio, romero
Hipercolesterolemia	romero
Hiperglucemia	eucalipto
Hiperpnea	ilang-ilang
Hipertensión	véase *circulación*
Hipo	véase *estómago*
Hipotensión	véase *circulación*
Histeria	albahaca, manzanilla, alcanfor, amaro, hisopo, espliego, mejorana, azahar, menta piperita, romero
Ictericia	véase *hígado*
Impotencia	amaro, jazmín, rosa, ilang-ilang
Indigestión	véase *estómago* (dispepsia)
Infecciones de la garganta	amaro, eucalipto, geranio, lavanda
Insolación	espliego (véase también *shock*)
Insomnio	albahaca, alcanfor, manzanilla, espliego, mejorana, azahar, rosa, sándalo, ilang-ilang. Puede deberse a una mala digestión, a «malestar hepático» u otro trastorno gastrointestinal. Puede deberse también a un exceso de calor en alguna parte del cuerpo; en ese caso, aplíquese una compresa de manzanilla y rosa
Laringitis	benjuí, incienso, espliego, sándalo
Leucorrea	bergamota, amaro, eucalipto, incienso, hi-

	sopo, enebro, espliego, mejorana, mirra, rosa, romero
Lombrices	bergamota, manzanilla, alcanfor, eucalipto, hinojo, hisopo, espliego, menta piperita
Memoria (debilidad)	véase *fatiga mental*
Menopausia (problemas de la)	manzanilla, ciprés, hinojo
Menorragia	véase *menstruación*
Menstruación	
amenorrea:	manzanilla, amaro, hinojo, hisopo, enebro, mirra
dismenorrea:	manzanilla, amaro, ciprés, jazmín, enebro, mejorana, melisa, menta piperita, romero
irregular:	amaro, melisa, rosa
menorragia:	ciprés, rosa
escasa:	véase *amenorrea*. También: albahaca, espliego, mejorana, melisa, menta piperita, rosa, romero
Migraña	albahaca, manzanilla, eucalipto, espliego, mejorana, melisa, menta piperita, romero. Puede estar relacionada con trastornos nerviosos o digestivos (congestión/intoxicación intestinal o hepática)
Mordedura de ofidios	espliego
Náuseas	véase *estómago*
Nefritis	véase *riñones*
Neumonía	alcanfor
Neuralgia	manzanilla, eucalipto, geranio, menta piperita
Neurastenia	amaro, espliego, mejorana
Obesidad	hinojo, enebro, pachulí
Oftalmía	manzanilla, amaro, geranio, rosa
Oliguria	hinojo, enebro, espliego
Otitis	albahaca, manzanilla, hisopo, espliego
Palpitación	véase *corazón*
Parálisis	albahaca, espliego, menta piperita
Parto	jazmín, espliego

Pechos, insuficiencia láctea en madres que amamantan	hinojo, jazmín
Pediculosis (piojos)	eucalipto, geranio, espliego, romero
Pérdida de la voz	ciprés, espliego
Pérdida del apetito (anorexia)	véase *apetito*
Picazón	véase *prurito*
Pielitis	véase *riñones*
Piojos	véase *pediculosis*
Piorrea	ciprés, mirra
Pirosis	véase *estómago*
Plenitud mamaria	geranio, menta piperita
Pólipos (nasales)	albahaca
Prurito (picazón, comezón)	manzanilla, cedro, jazmín, menta piperita (para uso externo hay que emplear las esencias en concentraciones de menos del 1%)
Psoriasis	bergamota, espliego
Quemaduras	
trat. local:	manzanilla, alcanfor, eucalipto, geranio, espliego
trat. general:	véase *shock*
Rejuvenecimiento (general)	incienso, jazmín, espliego, melisa, mirra, pachulí, rosa
Repelente de mosquitos	aceites de albahaca, cedro, geranio, menta piperita
Resfriados	albahaca, pimienta negra, alcanfor, eucalipto, mejorana, melisa, menta piperita, romero
Reumatismo (artritis reumatoide)	
trat local:	manzanilla, alcanfor, eucalipto, espliego, romero
trat. general:	benjuí, ciprés, eucalipto, hisopo, enebro, espliego, romero
Riñones en general:	cedro, amaro, eucalipto, enebro, sándalo
nefritis:	manzanilla, eucalipto
pielitis:	cedro, enebro

Sarampión	eucalipto
Sarna	bergamota, espliego, menta piperita, romero
Shock	alcanfor, melisa, azahar, menta piperita
Sifílide	hisopo
Sinusitis	eucalipto, espliego, menta piperita
Temblores	véase *convulsiones* y *palpitaciones*
Tensión nerviosa (ansiedad)	benjuí, bergamota, manzanilla, alcanfor, ciprés, geranio, jazmín, espliego, mejorana, melisa, azahar, pachulí, rosa, sándalo, ilang-ilang
Tics	mejorana
Tiña	geranio, menta piperita
Tonsilitis (aguda)	bergamota
Tos	benjuí, pimienta negra, cardamomo, ciprés, eucalipto, incienso, hisopo, enebro, mirra, menta piperita, sándalo
Tos ferina	albahaca, amaro, ciprés, hisopo, espliego, romero
Tuberculosis	bergamota, alcanfor, eucalipto, hisopo, espliego, mirra, menta piperita, sándalo
Tumores benignos	bergamota, manzanilla, cedro
Ubrera	mirra
Úlceras	
de la córnea:	espliego
de la boca:	mirra
péptica:	manzanilla, geranio
de la piel:	bergamota, alcanfor, eucalipto, incienso, geranio, enebro, espliego, mirra
varicosas:	bergamota, espliego
Urticaria	manzanilla
Vaginitis	manzanilla
Varices	
trat. local:	ciprés
trat. general:	dieta no tóxica, evítese el estreñimiento
Vértigo	véase *desmayo*
Vesícula biliar	
colecistitis:	rosa, romero

cálculos:	bergamota, eucalipto, espliego, menta piperita, romero
Vías urinarias (infecciones)	véase *cistitis*
Vómitos	albahaca, pimienta negra, manzanilla, alcanfor, cardamomo, hinojo, espliego, melisa, menta piperita, rosa, sándalo

Índice de propiedades

Véase prefacio, y págs. 201 y 363 en lo tocante a sugerencias e información sobre el empleo de los aceites esenciales.

Afrodisíaco (estimula el deseo sexual) pimienta negra, cardamomo, amaro, jazmín, enebro, azahar, pachulí, rosa, sándalo, ilang-ilang

Anafrodisíaco (reduce el deseo sexual) ¿alcanfor?, mejorana

Analgésico (calma dolores, normalmente de uso local) bergamota, manzanilla, alcanfor, eucalipto, geranio, espliego, mejorana, menta piperita, romero

Anticonvulsivo manzanilla, amaro, espliego

Antidepresivo (euforiza y contrarresta la melancolía) albahaca, bergamota, manzanilla, alcanfor, amaro, geranio, jazmín, espliego, melisa, azahar, pachulí, rosa, sándalo, ilang-ilang

Antiespasmódico (mitiga el espasmo del músculo liso) albahaca, bergamota, pimienta negra, manzanilla, alcanfor, cardamomo, amaro, ciprés, eucalipto, hinojo, hisopo, enebro, espliego, mejorana, melisa, azahar, menta piperita, rosa, romero, sándalo

Antiflogístico (reduce la inflamación, asociada normalmente a una vasoconstricción) manzanilla, amaro, mirra, rosa

Antihelmíntico véase *vermífugo*

Antiséptico (sustancia que inhibe el desarrollo de las bacterias; todas las esencias son antisépticas frente a uno o más organismos). Entre los antisépticos generales más eficaces están: bergamota, eucalipto, enebro

Antisudorífico (reduce la transpiración) ciprés

Antitóxico (sustancia que contrarresta el envenenamiento) pimienta negra, enebro, espliego

Astringente («retiene», causa una contracción de los tejidos; para aplicación local se emplea para detener flujos, hemorragia, seborrea, etc.) cedro, ciprés, incienso, geranio, enebro, mirra, pachulí, menta piperita, romero, sándalo

Carminativo (alivia retortijones y expulsa gases de los intestinos) albahaca, benjuí, bergamota, pimienta negra, manzanilla, alcanfor, cardamomo, amaro, hinojo, incienso, hisopo, enebro, espliego, mejorana, melisa, mirra, menta piperita, romero, sándalo

Cefálico (relacionado con trastornos de la cabeza, especialmente estimulantes de la mente; útil en casos de memoria débil, poca concentración) albahaca, cardamomo, menta piperita, romero

Cicatrizante (favorece la formación de tejido cicatrizal) bergamota, camomila, eucalipto, incienso, geranio, hisopo, enebro, espliego, pachulí, romero

Citofiláctico (estimulante de la regeneración de las células) las esencias en general, especialmente el espliego y el azahar

Colagogo (estimula el flujo de la bilis de la vesícula al intestino) manzanilla, espliego, menta piperita, romero

Colerético (estimula y aumenta la secreción biliar) espliego, rosa, romero

Cordial (tónico del corazón) benjuí, alcanfor, hisopo, espliego, mejorana, melisa, azahar, menta piperita, rosa, romero

Depurativo (purifica la sangre) eucalipto, enebro, rosa

Desodorante (reduce el olor del cuerpo) benjuí, bergamota, amaro, ciprés, eucalipto, espliego, azahar, pachulí

Digestivo (ayuda a hacer la digestión) albahaca, bergamota, pimienta negra, manzanilla, cardamomo, amaro, hinojo, incienso, hisopo, mejorana, melisa, menta piperita, azahar, romero

Diurético (aumenta la secreción de orina) benjuí, pimienta negra, manzanilla, alcanfor, cardamomo, cedro, ciprés, eucalipto, hinojo, incienso, geranio, hisopo, enebro, espliego, romero, sándalo

Emenagogo (induce la menstruación) albahaca, manzanilla, amaro, hinojo, hisopo, enebro, espliego, mejorana, mirra, menta piperita, rosa, romero

Esplenético (tónico del bazo) pimienta negra, manzanilla, hinojo, espliego, rosa

Estimulante (ejerce una acción general, predominantemente excitante, en el organismo) pimienta negra, alcanfor, eucalipto, menta piperita, romero

Estimulantes de la circulación benjuí, pimienta negra, alcanfor, enebro, romero

Estimulantes de la leucocitosis todas las esencias, en especial bergamota, manzanilla, espliego

Estomacal (tónico del estómago, se emplea en general en los trastornos del estómago) albahaca, pimienta negra, manzanilla, amaro, hinojo, enebro, melisa, mirra, menta piperita, rosa, romero

Expectorante (facilita la eliminación de las secreciones broncopulmonares, especialmente el catarro) albahaca, benjuí, bergamota, cedro, eucalipto, hinojo, hisopo, mejorana, mirra, menta piperita, sándalo

Febrífugo (reduce la fiebre) albahaca, bergamota, pimienta negra, manzanilla, alcanfor, eucalipto, hisopo, melisa, menta piperita

Galactogogo (aumenta el flujo de leche) hinojo, jazmín

Hemostático (detiene la hemorragia, estimulando la coagulación de la sangre) geranio, rosa

Hepático (tónico del hígado) manzanilla, ciprés, menta piperita, rosa, romero

Hipertensor (eleva la presión de la sangre arterial) alcanfor, hisopo, romero

Hipoglucemiante (reduce el nivel de azúcar en la sangre) eucalipto

Hipotensor (reduce la presión de la sangre arterial) amaro, hisopo, espliego, mejorana, melisa, ilang-ilang

Laxante (favorece la evacuación intestinal. La acción de las esencias es relativamente suave) pimienta negra, alcanfor, hinojo, mejorana, rosa

Nervino (posee una acción específica en el sistema nervioso —un tónico de los nervios; se emplea en los trastornos nerviosos en general) albahaca, manzanilla, amaro, hisopo, enebro, espliego, mejorana, melisa, menta piperita, romero

Parturifaciente (favorece y facilita la expulsión del feto y la placenta) jazmín, espliego

Repelente de mosquitos albahaca, cedro, geranio, menta piperita

Rubefaciente (estimulante local de la circulación, ocasiona enrojecimiento de la piel) pimienta negra, alcanfor, eucalipto, enebro, romero

Sedante (agente nervino con un efecto predominantemente calmante a dosis normales) benjuí, bergamota, manzanilla, alcanfor, cedro, amaro, ciprés, incienso, geranio, hisopo, jazmín, enebro, espliego, mejorana, melisa, azahar, mirra, pachulí, rosa, sándalo, ilang-ilang

Sudorífico (estimula la transpiración) albahaca, manzanilla, alcanfor, hisopo, enebro, espliego, melisa, menta piperita, romero

Tónico (que da tono al organismo en general o a una parte específica; vigorizante moderado) albahaca, pimienta negra, manzanilla, cardamomo, amaro, hinojo, incienso, geranio, hisopo, jazmín, enebro, espliego, mejorana, melisa, mirra, azahar, pachulí, rosa, sándalo

Tónicos para la piel bergamota, alcanfor, ciprés, geranio, enebro, menta piperita, rosa, romero

Uterino (tónico del útero) amaro, incienso, jazmín, melisa, mirra, rosa

Vasoconstrictor (su aplicación local produce una constricción de los capilares) manzanilla, ciprés, menta piperita

Vasoconstrictor general (produce una vasoconstricción sistemática) alcanfor

Vermífugo (expulsa o elimina lombrices y otros gusanos intestinales) bergamota, manzanilla, alcanfor, eucalipto, hinojo, hisopo, espliego, melisa, menta piperita

Vulnerario (agente de uso externo, que cura cortaduras, llagas y otras heridas abiertas) benjuí, bergamota, manzanilla, alcanfor, eucalipto, incienso, geranio, hisopo, enebro, espliego, mirra, romero

Prescripción de esencias para uso interno

POSOLOGÍA TERAPÉUTICA RECOMENDADA

Grupo de edad	N.° de gotas solas	N.° de gotas junto con otros aceites	Dosis por día	Máximo período de tratamiento
Adultos (15 +)	3	2	3	3 semanas
10-14 años	2	1	3	2 semanas

Importante

En la mayoría de los casos una o dos esencias ya serán suficientes, y tres deberán ser consideradas como el máximo.

Todas las esencias deberán tomarse en agua de miel, después de las comidas (véase la pág. 205 referente al agua de miel). Nunca tome esencias sin diluir o con el estómago vacío.

Como el jazmín, el rosa absoluto y el benjuí *no son aceites esenciales*, su administración debe limitarse al uso externo.

Tandas de tratamiento

La duración de tratamientos indicada arriba se refiere a *máximos*. En la mayoría de los casos bastará con una semana y suelen ser suficientes unos pocos días para el tratamiento de los casos agudos. En los muy crónicos se deben dejar dos semanas de descanso entre tanda y tanda de tratamiento. Evite el empleo de determinadas esencias durante períodos largos —véase *toxicidad crónica*.

En los niños

No se recomienda el uso interno de determinadas esencias en niños de menos de 10 años, a no ser por indicación profesional. (Se puede hacer una excepción con el aceite de menta piperita, diluido en agua de miel, como «agua para dolor de tripas», siendo suficiente entonces una dosis de 1 gota.) Los niños responden enseguida a la aromaterapia, y en todos los demás casos se consiguen resultados estupendos con baños, compresas, inhalaciones o masajes con aceites.

Toxicidad aguda

Dosis extremadamente altas (10-20 ml = cc) de algunos aceites esenciales pueden producir una intoxicación. Sin embargo, ninguno de los aceites que se estudian en este libro es tóxico.

Toxicidad crónica

El empleo prolongado de algunas esencias *en dosis anormalmente altas* puede traducirse en una intoxicación aguda, pudiendo causar degeneración de los tejidos.

Epílogo

Toxicidad y embarazo

Los aceites de cálamo, poleo, salvia (el de amaro, no) y gualteria pueden causar los dos tipos de toxicidad. Debe usted evitar por completo el empleo de esos aceites. Con algunos aceites existe el peligro, bastante remoto, de producir un aborto, sobre todo, claro está, si la dosificación o la dilución es demasiado alta. Por ese motivo es preferible evitar los de albahaca, hisopo, mirra, mejorana y tomillo durante el embarazo.

Reacción alérgica

En algunas personas (aunque esto es sumamente raro) existe una reacción idiosincrásica, o alérgica, a una esencia determinada. En esos casos una dosis terapéutica normal puede producir síntomas de intoxicación: por ej., el aceite de eucalipto podría producir síntomas que afectasen la piel y/o el sistema nervioso.

Resumiendo

Existe un peligro mínimo de reacción alérgica, y no hay ninguno de que haya toxicidad si se prescriben las esencias en las dosis recomendadas y durante un tiempo no mayor del indicado.

El peligro es incluso menor cuando se emplean por vía externa (diluidas al 2-3%) y no es recomendable emplear concentraciones más altas durante un tiempo prolongado. En el tratamiento de casos muy crónicos puede ser preferible recurrir al uso externo de la receta (debidamente diluida) y aun en ese caso se recomienda limitar cada tanda de tratamiento a unas 10 semanas cuando se aplica la esencia a diario, y 30 semanas cuando se aplica una vez por semana.

Siempre se pueden emplear cantidades inferiores a las indicadas (véanse las págs. 99-100).

Bibliografía

A. Obras de consulta

Los libros están clasificados por orden cronológico, muchos de ellos con la fecha de la edición original. Las fechas entre paréntesis se refieren a la edición consultada. Los libros del siglo XIII y XV no tienen título y son anónimos, por lo cual facilito el número de referencia de la biblioteca del Trinity College, Cambridge, lugar en el que el lector podrá localizarlos fácilmente.

Naturalmente, hay muchas otras obras que han influido en mí o que me han proporcionado una información muy útil. Espero, por lo menos, haber acreditado las más importantes. Si, inconscientemente, me he olvidado de alguna de ellas, pido humildemente disculpas a su autor.

Hacia 2650 a.C.	*The Yellow Emperor's Classic of Internal Medicine* (traducido por Ilza Veith en 1949)
?d.C.	La Sagrada Biblia
Siglo XIII	Una obra médica en francés aparentemente basada en la *Chirurgia* de Roger de Salerno (MS 0.1.20)
Siglo XV	MSS 0.1.13; 0.1.57; 0.7.20; 0.8.35; R. 14.32: *An Herbal* (Trinity College, Cambridge)
1525	*Here begynnyth a newe mater, the wiche sheweth and treateth of ye vertues and proprytes of herbes the wiche is called an Herball* (publicada por Rycharde Banckes, Londres)
1527	*The Vertouse boke of Distyllacyon of the waters of all maner of*

	Herbes, Hieronymus Braunschweig (traducida del holandés por Laurence Andrewe, publicada en 1517)
1633	*The Herball or Generall Historie of Plantes. Gathered by John Gerarde of London Master in Chirurgerie Very much Enlarged and Amended by Thomas Johnson Citizen and Apothecarye of London,* John Gerarde
1652	*The English Physitian, or an Astrologo-physical discourse of the vulgar herbs of this nation. Being a compleat method of physick, whereby a man way preserve his body in health; or cure himself, being sick,* Nicholas Culpeper (hay ediciones ampliadas posteriores *Culpeper's British Herbal* (1805 etc.)
1660	*ARTS Master-Piece or the beautifying part of PHYSICK. Whereby all defects of nature in both sexes are amended, age renewed, Youth continued, & All imperfections fairly remedied. With many the most approved physical experiments, so far discovered, that every man may be his own apothecary,* Nicholas Culpeper
1722	*Botanicum Officinale; or a compendious HERBAL Giving An account of all such PLANTS as are now used in the Practice of PHYSICK with their Descriptions and Virtues,* Joseph Miller
1865	*The Book of Perfumes*, Eugene Rimmel (trad. cast.: *El libro de los perfumes*, Madrid, Hiperión, 1990)
1882	*Elements of Pharmacy, Materia Medica and Therapeutics,* William Whitla, MD
1891	*Piesse's Arts of Perfumery*, Charles H. Piesse
1907 (1971)	*Potter's New Cyclopaedia*, R. C. Wren
1918 (1973)	*The Herbalist*, Joseph E. Meyer
1922 (1972)	*The Old English Herbals*, Eleanour Sinclair Rohde
1923	*Aromatics and the Soul*, Daniel McKenzie
1927	*The Mystery and Lure of Perfume*, C. J. S. Thompson
1928	*Aromathérapie*, René-Maurice Gattefossé
1931 (1971)	*A Modern Herbal*, M. Grieve
1931	*Heal Thyself*, Edward Bach
1937 (1973)	*The Gospel of Peace of Jesus Christ*, el discípulo Juan
1937	*Fragrant and Radiant Symphony*, Roland Hunt

1939	*Les Produits aromatiques utilisés en pharmacie*, Albert Couvreur
1949	*Technique of Beauty Products*, R. M. Gattefossé y doctor H. Jonquières
1963	*Die physiologischen und pharmakologischen Wirkungen der Ätherischen öle, Reichstoffe und verwandten Producte*, Arno Müller
1964	*The Secret of Life and Youth*, Marguerite Maury (traducido de *Le Capital Jeunesse*, pub. 1961)
	Aromathérapie, doctor Jean Valnet
	The Aquarian Gospel of Jesus the Christ, Levi
1966	*Let's Get Well*, Adelle Davis
	Nature's Medicines, Richard Lucas
1967	*Ayurveda for You*, doctor Chandrashekhar
1970	*Odours*, R. W. Moncrieff
1971	*Back to Eden*, Jethro Kloss
	Diet for a Small Planet, Frances Moore Lappé
1972	*Phytothérapie*, doctor Jean Valnet
	A History of Scent, Roy Genders
	Of Men and Plants, Maurice Mességué
1973	*The Magic of Perfume*, Eric Maple (trad. cast.: *La magia del perfume*, Madrid, EDAF, 1983)
	Supernature, Lyall Watson
	The Secret Life of Plants, Peter Tompkins y Christopher Bird
	Acupuncture, Marc Duke (trad. cast.: *Acupuntura*, Barcelona, Bellaterra, 1978)
	Chinese Medicinal Herbs, traducido y compilado por F. Porter Smith, MD y G. A. Stuart, MD (basado en el gran tratado chino conocido como el *Pên T'sao*, publicado en 1578 por Li Shih-Chên)
1974	*The Kirlian Aura*, Stanley Krippner y Daniel Rubin
1985	*The Essencial Oil Safety Data Manual*, Robert Tisserand

B. Artículos

Amoore, J. E., *Nature*, 1967, nº 216, págs. 1.084-1.087.
Appel, Louis, *Amer. Perfum. Cosmet.*, 1969, vol. 84, n.º 2, págs. 53-56.
—, *Amer. Perfum. Cosmet.*, 1968, vol. 83, n.º 11, págs. 37-47.
Arnold, W., *Arch. Exptl. Path: Pharm.*, 1927, n.º 123, págs. 129-159.
Atanasova-Shopova, S. y otros, *Izu. Inst. Fisiol. Bulg. Akad. Nauk.*, 1970, n.º 13, págs. 67-77.
—, S. y otros, *Ibid.*, págs. 89-95.
Bassiri, T., *Soap, Perfum. Cosmet.*, 1975, vol. 48, n.º 7, págs. 314-315.
Beets, M. G. J., *Parfum. Cosmet. Savon.*, 1962, n.º 5, págs. 167-184.
Bergwein, K., *Amer. Perfum. & Cosmet.*, 1968, n.º 83, págs. 41-43.
Boedecker, F. y otros, *Pharm. Ztg.*, 1928, n.º 73, pág. 738.
Bonn, H. L., *Dent. med. Wochschr.*, n.º 39, pág. 690.
Boyd, E. M. y otros, *Am. J. Medi. Sci.*, 1946, n.º 211, págs. 602-610.
—, *J. Pharmacol. Exp. Ther.*, 1968, vol. 163, n.º 1, págs. 250-256.
—, *Pharmacol. Res. Commun.*, 1970, vol. 2, n.º 1, págs. 1-16.
Braun, H., *Fortschr. Therap.*, 1942, n.º 18, pág. 80.
Braun, H., *Ibid.*, pág. 83.
Carvel, L., *Compt. Rend. Acad. Sc.*, 1918, n.º 166, págs. 827-829.
Caujolle, F. y otros, *Compt. Rend. Soc. Biol.*, 1945, n.º 139, págs. 210-213.
—, *Ibid.*, págs. 1.109-1.111.
Clerk, C. y otros, *Compt. Rend. Soc. Biol.*, 1934, n.º 116, págs. 864-865.
Courmont, P. y otros, *La Parfum. Moderne*, 1928, n.º 21, págs. 161-167.
Dandiya, P. C. y otros, *Can. Pharm. J. Sci. Sect.*, 1958, n.º 91, págs. 607-610.
—, *J. Pharmacol. Exptl. Therap.*, 1959, n.º 125, págs. 353-359.
Das, P.K. y otros, *Arch. Intern. Pharmacodynamie*, 1962, n.º 135, págs. 167-177.
Debelmas, A. M. y otros, *Plant. Med. Phytother.*, 1967, vol. 1, n.º 1, págs. 23-27.
Dhalla, N. S. y otros, *J. Pharm. Sci.*, 1961, n.º 50, págs. 580-582.
Dinckler, K., *Pharm. Zentralhalle*, 1936, n.º 77, págs. 281-290.
Fingerling, G., *Landw. Vers. Sta.*, n.º 67, págs. 253-289.
Fukuda, T., *Arch. Exptl. Path. Pharmakol.*, 1932, n.º 164, págs. 685-694.
Fulton, G. P. y otros, *J. Invest. Dermatol.*, 1959, n.º 33, págs. 317-325.
Gattefossé, R. M., *La Parfum. Moderne*, 1937.
Gattefossé, R. M. & H. M., *Perf. & Ess. Oil Rec.* 1954, Dec., págs. 406-409.
Gatti & Cajola, *Riv. Ital. Ess. Prof.*, 1922, págs. 16-23.
—, *ibid.* 1923, págs. 133-135.

—, *ibid.* 1925, págs. 101-102.

—, *ibid.* 1930, págs. XXI-XXIII.

—, *ibid.* 1931, págs. 158-160.

—, *ibid.* 1932, págs. 108-109.

—, *ibid.* 1937, págs. 139-143.

—, *ibid.* 1937, págs. 216-222.

—, *ibid.* 1937, págs. 248-255.

—, *ibid.* 1937, págs. 291-297.

Grisogani, *N. Atti. accad. Lincai*, 1925, vol. 6, n.° 1, págs. 602-604.

Grochulski, A. y otros, *Planta Med.*, 1972, vol. 21, n.° 3, págs. 289-292.

Gyergyay, F. y otros, *Histochim. Cytochim. Lipides*, Simp. In. Histol. 5th Sofia., 1963, págs. 591-595.

Haginiwa, J. y otros, *Yakugaku Zasshi*, 1963, n.° 83, págs. 624-628.

Hanzlik, P. J. J. *Pharmacol.*, 1923, n.° 20, págs. 463-479.

Hollander, F. y otros, *Am. J. Physiol.*, 1948, n.° 152, págs. 645-651.

Inaseki, I. y otros, *Yukugaku Zasshi*, 1962, n.° 82, págs. 1.326-1.328.

Jain, S. R. y otros, *Planta Med.*, 1971, vol. 20, n.° 2, págs. 118-123.

Janistyn, H. *Amer. Perfumer*, 1961, enero, págs. 19-21.

Jannu, I. y otros, *Arch. Exptl. Pathol. Pharmacol.*, 1960, n.° 238, págs. 112-113.

Jaretzky, R. y otros, *Arch. Pharm.*, 1939, n.° 277, págs. 50-53.

Jenner, P. M. y otros, *Food Cosmet. Toxicol.*, 1964, vol. 2, n.° 3, págs. 327-343.

Jerzy, Maj. y otros, *Dissertationes Pharm.*, 1964, vol. 16, n.° 4, págs. 447-456.

Jordan, A. *Biochem.* J., n.° 5, págs. 274-290.

Kar, A. y otros, *Qual. Plant. Mater. Veg.*, 1971, vol. 20, n.° 3, págs. 231-237.

Karlin, M. *Farm. Vestn.* (Ljubljana), 1968, vol. 19, n.ºs 5-8, págs. 163-170.

Katz, A. E. *Spice Mill*, 1946, n.° 69, págs. 46-51.

Kudrzycka-Bieloszabska, F.W. y otros, *Diss. Pharm.Pharmacol.*, 1966, vol. 19, n.° 5, págs. 449-454.

Macht, D. I. J. *Pharmacol.*, n.° 4, págs. 547-552.

—, *Am. Med. Assoc.*, 1938, n.° 110, págs. 409-414.

Madan, B. R. y otros, *Arch. Intern. Pharmacodynamie*, 1960, n.° 124, págs. 201-211.

Marino, V. *Ann. igiene*, 1935, n.° 45, págs. 158-176.

Maruzella, Jasper y otros, J. *Am. Pharm. Assoc.*, n.° 45, págs. 378-381.

—, J. *Am. Pharm. Assoc.*, 1958, n.° 47, págs. 294-296.

—, J. *Am. Pharm. Assoc.*, 1958, n.° 47, págs. 471-476.

—, J. *Am. Pharm. Assoc. Sci.* Ed., 1960, n.° 49, págs. 692-694.

Mashino, K. y otros, *Sogo Igaka*, 1953, n.° 10, págs. 805-809.
Meer, G. y otros, *Am. Perfumer Aromat.* 1960, vol. 75, n.° 11, págs. 38-40.
Morel, A. y otros, *Compt. Rend. Soc. Biol.*, 1922, n.° 86, págs. 933-934.
Necheles, H. y otros, *Am. J. Physiol.*, 1935, n.° 110, págs. 686-691.
Okanishi, T., *Folin Pharmacol. Japon.*, 1928, n.° 7, págs. 77-85.
Okazaki, Kanzo y otros, *J. Pharm. Soc. Japan*, 1953, n.° 73, págs. 344-347.
Perutz, A., *Med. Klin.*, 1923, n.° 19, págs. 348-350.
Piacenti, G., *Ann. igiene*, 1948, n.° 58, págs. 1-11.
Pusztai, F. y otros, *Pharmazie*, 1963, n.° 18, págs. 238-241.
Ramadan, F. M. y otros, *Chem. Mikrobiol. Technol. Lebensin*, 1972, n.° 2, págs. 51-55.
Rao, B. G. V. y otros, *Flavour Ind.*, 1970, vol. 1, n.° 10, págs. 725-729.
Rovesti, Paolo, *Riv. Ital. Ess. Profum.*, 1960, n.° 42, págs. 333-342.
—, *Riv. Ital. Ess. Profum.*, 1962, n.° 44, págs. 266-281.
—, *Fruits*, 1963, vol. 18, n.° 9, págs. 407-411.
—, *Riv. Ital. Ess. Profum.*, 1964, págs. 79-81.
—, *Riv. Ital. Ess. Profum.*, 1971, vol. 53, n.° 5, págs. 251-269.
—, *Soap, Perfum. and Cosmet.*, 1973, vol. XLVI, n.° 8, págs. 475-478.
Rovesti, Paolo y Gattefossé, H.M., *Labo-Pharma, Probl. et. Techn.*, 1973, n.° 223, págs. 32-38.
Ruckebusch, Y., *La France et ses Parfums*, 1964, págs. 291-298.
Sapoznik, H. I. y otros, *J. Am. Med. Assoc.*, 1935, n.° 104, págs. 1.792-1.794.
Short, G. R., *Manuf. Chemist*, 1956, marzo, págs. 96-98.
Schweissheimer, W., *Parf. Cosmet. Savons*, 1958, págs. 353-356.
Shipochliev, T., *Vet.-Med. Nauki*, 1968, vol. 5, n.° 6, págs. 63-69.
—, *Ibid.*, vol. 5, n.° 10, págs. 87-92.
Skramlik, E. V., *Discovery*, 1958, n.° 19, págs. 373-376.
—, *Pharmazie*, 1959, n.° 14, págs. 435-445.
Slavenas, J., *Obshch. Zakonomer. Rosta Razu. Rast. Dokl. Nauch. Konf. Vilynus*, 1963, págs. 313-338.
Some, Y. y otros, *Tohoku J. Exptl. Med.*, 1937, n.° 30, págs. 540-545.
Stickney, J. C., *Proc. Soc. Exptl. Biol. Med.*, 1943, n.° 52, págs. 274-275.
Valette, G., *Compt. Rend. Soc. Biol.*, 1945, n.° 139, págs. 904-906.
Vasileva, E. N. y otros, *Farmakol. Toxicol.*, (Moscú) 1972, vol. 35, n.° 3, págs. 312-315.
Vichkanova, S. A. y otros, *Farmakol. Toxicol.*, (Moscú) 1973, vol. 36, n.° 3, págs. 339-341.

Vedibeda, D. K., *Gigiena i Sant.*, 1958, vol. 23, n.° 8, pág. 80.
Wagner, H., y otros, *Dent. Apoth.-Atg.*, 1973, vol. 113, n.° 30, págs. 1.159-1.166.
Winter, A. G., *Planta Med.*, 1958, n.° 6, págs. 306-313.
Wright, R. H., *J. Appl. Chem.*, 1954, n.° 4, págs. 611-621.
Wright, R. H. y otros, *Chem. & Ind.*, 1956, págs. 973-977.
Zavarzin, G. M. y otros, *Vop. Med. Feor., Klin Prakt. Kurottnogo Lech.*, 1971, n.° 4, págs. 300-302.
Zolotov, V. S., *Arch. Sci. biol.*, 1931, n.° 31, págs. 314-321.
Zondek, B. y otros, *Biochem. J.*, 1938, n.° 32, págs. 641-645.

Información relativa a la seguridad en el uso de los aceites esenciales (actualizada en 1994)

Desde el año en que se escribió este libro hasta la presente edición han surgido nuevos datos relativos a la seguridad en el uso de los aceites esenciales. En las siguientes líneas se ofrecen una serie de consejos de seguridad y algunas recomendaciones para el buen uso de algunos de los aceites que aparecen en este libro. Los aceites tratados en este libro, aquellos que no sean mencionados a continuación, pueden ser usados por vía externa sin ninguna restricción.

Ingestión oral de aceites esenciales

Los aceites esenciales no deben ser ingeridos por vía oral. Su ingestión oral hace que lleguen al riego sanguíneo concentraciones de dichos aceites muy superiores a las alcanzadas cuando la administración se hace por otras vías —se asume que las dosis orales son de entre 0,5 ml y 2,5 ml (entre 10 y 50 gotas) en 24 horas—. Se han registrado accidentes con dosificaciones en torno a estos valores. En 1981, por ejemplo, hubo un caso de una joven francesa de 18 años que experimentó convulsiones epileptiformes después de ingerir 30 gotas de aceite de hisopo.

Niños

También se han registrado algunos accidentes ocurridos a niños (generalmente de entre 1 y 3 años) que, después de ingerir una botella entera de aceite esencial, se han saldado con la muerte. (La mayoría de las muertes constatadas ocurrieron hace más de 30 años, pero todavía hoy se dan algunos casos.) Un aceite esencial puede resultar mortal para un niño aunque no sea particularmente tóxico. Por eso los aceites esenciales no disueltos deberían guardarse siempre en frascos con dispensador de gotas incorporado o con tapones de seguridad. Mantenga siempre los aceites esenciales fuera del alcance de los niños. Los aceites de menta piperita, de alcanfor y de hisopo no deben usarse nunca en niños menores de 2 años.

Sobre los aceites tratados en el libro

Albahaca

Los aceites de albahaca que generalmente se usan en aromaterapia (o en perfumes y condimentos) contienen grandes cantidades de estragol, normalmente entre el 50 % y el 80 %. Se ha comprobado que el estragol es carcinogénico en ratones, y es muy posible que también lo sea para los humanos, si se sobrepasan unas determinadas cantidades a lo largo de un período de tiempo prolongado. Parece recomendable no utilizar aceite de albahaca en proporciones de más del 0,1 % (en torno a 1 gota de aceite por 50 ml de aceite vegetal) para masajes, etc., y no usarlo diariamente durante períodos de tiempo largos.

Alcanfor

El aceite de alcanfor contiene un 40 % de la sustancia química alcanfor. Debido a los accidentes asociados al uso del alcanfor, se recomienda no administrar este aceite por ninguna vía a personas que tengan fiebre, a mujeres embarazadas, o a epilépticos. Tampoco se debe de administrar a niños menores de 2 años. El alcanfor en grandes cantidades puede provocar convulsiones.

Bergamota

Tal y como se indica en la página 251, el aceite de bergamota es fototóxico. Esto significa que en presencia de la luz ultravioleta, puede producir reacciones cutáneas graves, incluso quemaduras. El porcentaje máximo de esencia que la industria perfumera acepta como seguro en el uso del aceite de bergamota es del 0,4 % (en torno a 4 gotas de aceite de bergamota por 50 ml de aceite vegetal). Se pueden usar concentraciones más altas siempre y cuando no se exponga la piel al sol (sea cual sea su intensidad) o a una lámpara solar durante al menos 12 horas después de la aplicación.

Hisopo

El aceite de hisopo puede provocar convulsiones. No debe ser administrado en casos de fiebre, epilepsia y embarazo; y tampoco a niños.

Melisa

El aceite de melisa se debe usar con cuidado en personas con piel sensible, herida, o con problemas, ya que puede causar reacciones cutáneas. Esto incluye a los niños, cuya piel es considerada muy sensible.

Menta piperita

El aceite de menta piperita no se debe usar en niños menores de 2 años.

Consejos generales de seguridad

- Guardar los aceites esenciales en lugares fuera del alcance de los niños.
- Usar siempre las cantidades más pequeñas posibles, y, si es necesario, ir aumentando gradualmente la dosificación aplicada.

• No administrar aceites esenciales por vía interna a no ser que haya sido prescrito por un profesional de la medicina, ya sea éste un médico generalista o un médico herborista.

• No aplicar aceites esenciales sin diluir sobre membranas mucosas (ojos, boca, vagina, recto).

• No adquirir aceites esenciales no diluidos en frascos que no tengan dispensadores de gotas incorporados y/o tapones de seguridad.

• Descartar los aceites esenciales cuyo etiquetaje presente escasa información sobre el producto (por ejemplo, con tan sólo el nombre del aceite), o sin indicaciones de seguridad (como «manténgase fuera del alcance de los niños»).

• No adquirir aceites esenciales sin diluir en frascos de cristal transparente (la luz los estropea).

• No utilizar los aceites esenciales cuando haya transcurrido más de un año desde la fecha de apertura del frasco, o dos años si se ha guardado en la nevera.

Si desea más información relativa a la seguridad en el uso de los aceites esenciales, podrá encontrarla en el libro *Essential Oil Safety*, de Robert Tisserand y Tony Balacs, publicado por Churchill Livingstone en 1995.

Cursos de formación

Para aquellos realmente interesados en aprender el arte de la aromaterapia imparto cursos especiales; también doy seminarios de un día para los no iniciados. Si le interesara alguno de estos dos cursos, le agradecería que se pusiera en contacto conmigo a través de The Tisserand Institute, P.O. Box 749, Hove, East Sussex, BN3 7BA, U.K.

Dónde obtener aceites esenciales

El lector puede consultar la página web: www.tisserand.co.uk.

AROMATERAPIA PARA MUJERES
ESENCIAS PARA LA BELLEZA, LA SALUD Y EL BIENESTAR ESPIRITUAL

MAGGIE TISSERAND

Colección: Cuerpo y Salud, 44
ISBN: 978-84-493-1032-4 - Código: 57044
Páginas: 192 - Formato: 15,5 x 23,3 cm

Este libro aborda los modos más adecuados de usar los aceites esenciales en el campo de la salud, la belleza y la vida emocional. Cada vez más popular en los últimos años, la aromaterapia ha tenido gran eco, sobre todo, entre las mujeres, que acuden día a día a ella para mejorar su salud y su bienestar. La presente guía explica, en un estilo fácil y accesible, cómo elegir y mezclar los distintos aceites para las diferentes actividades de la vida cotidiana. Por ejemplo:

—Cómo tratar nuestras dolencias cotidianas y las de nuestros hijos.
—Cómo mantener la piel y el cabello sanos y llenos de vitalidad.
—Cómo crear una atmósfera agradable en casa y en el lugar de trabajo.
—Cómo convertir nuestro mundo en un espacio bello y sensual.

Las ideas contenidas en este volumen, en cualquier caso, nos inspirarán para trasladar a nuestras vidas los maravillosos aromas y el gran poder de curación de los aceites esenciales.

EL CUERPO TIENE SUS RAZONES
AUTOCURA Y ANTIGIMNASIA

THÉRÈSE BERTHERAT Y CAROL BERNSTEIN

Colección: Vida y Salud, 4
ISBN: 978-84-493-1912-9 - Código: 57504
Páginas: 176 - Formato: 13,5 x 19,5 cm

Por lo general confiamos la responsabilidad de nuestra vida y de nuestro cuerpo a los demás, pero a veces esta confianza no se ve recompensada con más salud y libertad, sino con la represión de nuestros instintos. ¿Cómo tomar las riendas de la situación para recuperar la salud, la vitalidad y la autonomía a que tenemos derecho? No, desde luego, tratando de fortalecernos mediante la gimnasia, que sólo considera el cuerpo como un animal al que hay que domesticar.

En este libro, uno de los más exitosos de la autora, se exponen los métodos naturales apropiados para quienes consideran que el cuerpo es una unidad indisoluble, y se proponen también ejercicios que desarrollan la inteligencia muscular y exigen una gran agilidad mental.